# 司法試験予備試験 論文5年過去問

再現答案から
出題趣旨を読み解く。

法律実務基礎科目・
一般教養科目

JN111841

# は し が き

　本書は，平成27年から令和元年まで実施された司法試験予備試験の論文式試験のうち，法律実務基礎科目及び一般教養科目の問題・出題趣旨及びその再現答案を掲載した再現答案集です。

　**論文式試験において「高い評価」を得るためには，「出題趣旨」が求める内容の答案を作成する必要があります。**しかし，単に「出題趣旨」を読み込むだけでは，「出題趣旨」が求める内容の答案像を具体的にイメージするのは困難です。出題趣旨の記述量が少ない予備試験では特にそのように言えます。

　そこで，本書では，極めて高い順位の答案から，不合格順位の答案まで，バランス良く掲載するとともに，各再現答案にサイドコメントを多数掲載しました。サイドコメントは，主観的なコメントを極力排除し，「出題趣旨」から見て，客観的にどのような指摘が当該答案にできるかという基本方針を徹底したものとなっています。順位の異なる各再現答案を比較・検討し，各再現答案に付されたサイドコメントを読むことによって，**「出題趣旨」が求める内容の答案とはどのようなものなのかを具体的に知ることができます。**そして，再現答案から「出題趣旨」を読み解き，当該答案がどうして高く，又は低く評価されたのかを把握することによって，いわゆる**「相場観」**や**「高い評価」**を獲得するためのコツ・ヒントを得ることができるものと自負しております。

　本書をご活用して頂くことにより，皆様が司法試験予備試験に合格なさることを心から祈念致します。

2020年4月吉日

株式会社　東京リーガルマインド
ＬＥＣ総合研究所　司法試験部

# 目次

# 法律実務基礎（民事）

# 平成27年

［民　事］（〔設問1〕から〔設問4〕までの配点の割合は，14：10：18：8）

　司法試験予備試験用法文を適宜参照して，以下の各設問に答えなさい。


〔設問1〕

　弁護士Pは，Xから次のような相談を受けた。

　なお，別紙の不動産売買契約書「不動産の表示」記載の土地を以下「本件土地」といい，解答においても，「本件土地」の表記を使用してよい。


【Xの相談内容】

　「私は，平成26年9月1日，Yが所有し，占有していた本件土地を，Yから，代金250万円で買い，同月30日限り，代金の支払と引き換えに，本件土地の所有権移転登記を行うことを合意しました。

　この合意に至るまでの経緯についてお話しすると，私は，平成26年8月中旬頃，かねてからの知り合いであったAからYが所有する本件土地を買わないかと持ちかけられました。当初，私は代金額として200万円を提示し，Yの代理人であったAは350万円を希望したのですが，同年9月1日のAとの交渉の結果，代金額を250万円とする話がまとまったので，別紙のとおりの不動産売買契約書（以下「本件売買契約書」という。）を作成しました。Aは，その交渉の際に，Yの記名右横に実印を押印済みの本件売買契約書を持参していましたが，本件売買契約書の金額欄と日付欄（別紙の斜体部分）は空欄でした。Aは，その場で，交渉の結果を踏まえて，金額欄と日付欄に手書きで記入をし，その後で，私が自分の記名右横に実印を押印しました。

　平成26年9月30日の朝，Aが自宅を訪れ，登記関係書類は夕方までに交付するので，代金を先に支払ってほしいと懇願されました。私は，旧友であるAを信用して，Yの代理人であるAに対し，本件土地の売買代金250万円全額を支払いました。ところが，Aは登記関係書類を持ってこなかったので，何度か催促をしたのですが，そのうちに連絡が取れなくなってしまいました。そこで，私は，同年10月10日，改めてYに対し，所有権移転登記を行うように求めましたが，Yはこれに応じませんでした。

　このようなことから，私は，Yに対し，本件土地の所有権移転登記と引渡しを請求したいと考えています。」


　上記【Xの相談内容】を前提に，弁護士Pは，平成27年1月20日，Xの訴訟代理人として，Yに対し，本件土地の売買契約に基づく所有権移転登記請求権及び引渡請求権を訴訟物として，本件土地の所有権移転登記及び引渡しを求める訴え（以下「本件訴訟」という。）を提起することに

した。

弁護士Pは，本件訴訟の訴状（以下「本件訴状」という。）を作成し，その請求の原因欄に，次の①から④までのとおり記載した。なお，①から③までの記載は，請求を理由づける事実（民事訴訟規則第53条第1項）として必要かつ十分であることを前提として考えてよい。

① Aは，平成26年9月1日，Xに対し，本件土地を代金250万円で売った（以下「本件売買契約」という。）。

② Aは，本件売買契約の際，Yのためにすることを示した。

③ Yは，本件売買契約に先立って，Aに対し，本件売買契約締結に係る代理権を授与した。

④ よって，Xは，Yに対し，本件売買契約に基づき，（以下記載省略）を求める。

以上を前提に，以下の各問いに答えなさい。

(1) 本件訴状における請求の趣旨（民事訴訟法第133条第2項第2号）を記載しなさい（付随的申立てを記載する必要はない。）。

(2) 弁護士Pが，本件訴状の請求を理由づける事実として，上記①から③までのとおり記載したのはなぜか，理由を答えなさい。

〔設問2〕

弁護士Qは，本件訴状の送達を受けたYから次のような相談を受けた。

【Yの相談内容】

Ⅰ 私はAに対し，私が所有し，占有している本件土地の売買に関する交渉を任せましたが，当初希望していた代金額は350万円であり，Xの希望額である200万円とは隔たりがありました。その後，Aから交渉の経過を聞いたところ，Xは代金額を上げてくれそうだということでした。そこで，私は，Aに対し，280万円以上であれば本件土地を売却してよいと依頼しました。しかし，私が，平成26年9月1日までに，Aに対して本件土地を250万円で売却することを承諾したことはありません。ですから，Xが主張している本件売買契約は，Aの無権代理行為によるものであって，私が本件売買契約に基づく責任を負うことはないと思います。」

Ⅱ 「Xは，平成26年10月10日に本件売買契約に基づいて，代金250万円を支払ったので，所有権移転登記を行うように求めてきました。しかし，私は，Xから本件土地の売買代金の支払を受けていません。そこで，私は，念のため，Xに対し，同年11月1日到着の書面で，1週間以内にXの主張する本件売買契約の代金全額を支払うように催促した上で，同月15日到着の書面で，本件売買契約を解除すると通知しました。ですから，私が本件売買契約に基づく

責任を負うことはないと思います。」


　　上記【Yの相談内容】を前提に，弁護士Qは，本件訴訟における答弁書（以下「本件答弁書」という。）を作成した。


　　以上を前提に，以下の各問いに答えなさい。なお，各問いにおいて抗弁に該当する具体的事実を記載する必要はない。
(1)　弁護士Qが前記Ⅰの事実を主張した場合，裁判所は，その事実のみをもって，本件訴訟における抗弁として扱うべきか否かについて，結論と理由を述べなさい。
(2)　弁護士Qが前記Ⅱの事実を主張した場合，裁判所は，その事実のみをもって，本件訴訟における抗弁として扱うべきか否かについて，結論と理由を述べなさい。


〔設問3〕
　　本件訴訟の第1回口頭弁論期日において，本件訴状と本件答弁書が陳述された。また，その口頭弁論期日において，弁護士Pは，XとAが作成した文書として本件売買契約書を書証として提出し，これが取り調べられたところ，弁護士Qは，本件売買契約書の成立を認める旨を陳述し，その旨の陳述が口頭弁論調書に記載された。
　　そして，本件訴訟の弁論準備手続が行われた後，第2回口頭弁論期日において，本人尋問が実施され，Xは，【Xの供述内容】のとおり，Yは，【Yの供述内容】のとおり，それぞれ供述した（Aの証人尋問は実施されていない。）。
　　その後，弁護士Pと弁護士Qは，本件訴訟の第3回口頭弁論期日までに，準備書面を提出することになった。


【Xの供述内容】
　　「私は，本件売買契約に関する交渉を始めた際に，Aから，Aが本件土地の売買に関するすべてをYから任されていると聞きました。また，Aから，それ以前にも，Yの土地取引の代理人となったことがあったと聞きました。ただし，Aから代理人であるという委任状を見せられたことはありません。
　　当初，私は代金額として200万円を提示し，Yの代理人であったAは350万円を希望しており，双方の希望額には隔たりがありました。その後，Aは，Yの希望額を300万円に引き下げると伝えてきたので，私は，250万円でないと資金繰りが困難であると返答しました。私とAは，平成26年9月1日に交渉したところ，Aは，何とか280万円にしてほしいと要求してきました。しかし，私が，それでは購入を諦めると述べたところ，最終的には，本件土地の代金

額を２５０万円とする話がまとまりました。

　Ａは，その交渉の際に，Ｙの記名右横に実印を押印済みの本件売買契約書を持参していましたが，本件売買契約書の金額欄と日付欄（別紙の斜体部分）は空欄でした。Ａは，Ｙが実印を押印したのは２５０万円で本件土地を売却することを承諾した証であると述べていたので，Ａが委任状を提示していないことを気にすることはありませんでした。そして，Ａは，その場で，金額欄と日付欄に手書きで記入をし，その後で，私が自分の記名右横に実印を押印しました。」

【Ｙの供述内容】

　「私は，Ａに本件土地の売買に関する交渉を任せましたが，当初希望していた代金額は３５０万円であり，Ｘの希望額である２００万円とは隔たりがありました。私は，それ以前に，Ａを私の所有する土地取引の代理人としたことがありましたが，その際はＡを代理人に選任する旨の委任状を作成していました。しかし，本件売買契約については，そのような委任状を作成したことはありません。

　その後，私が希望額を３００万円に値下げしたところ，Ａから，Ｘは代金額を増額してくれそうだと聞きました。たしか，２５０万円を希望しており，資金繰りの関係で，それ以上の増額は難しいという話でした。

　そこで，私は，Ａに対し，２８０万円以上であれば本件土地を売却してよいと依頼しました。しかし，私が，本件土地を２５０万円で売却することを承諾したことは一度もありません。

　Ａから，平成２６年９月１日よりも前に，完成前の本件売買契約書を見せられましたが，金額欄と日付欄は空欄であり，売主欄と買主欄の押印はいずれもありませんでした。本件売買契約書の売主欄には私の実印が押印されていることは認めますが，私が押印したものではありません。私は，実印を自宅の鍵付きの金庫に保管しており，Ａが持ち出すことは不可能です。ただ，同年８月頃，別の取引のために実印をＡに預けたことがあったので，その際に，Ａが勝手に本件売買契約書に押印したに違いありません。もっとも，その別の取引は，交渉が決裂してしまったので，その取引に関する契約書を裁判所に提出することはできません。Ａは，現在行方不明になっており，連絡が付きません。」

以上を前提に，以下の各問いに答えなさい。

⑴　裁判所が，本件売買契約書をＡが作成したと認めることができるか否かについて，結論と理由を記載しなさい。

⑵　弁護士Ｐは，第３回口頭弁論期日までに提出予定の準備書面において，前記【Ｘの供述内容】及び【Ｙの供述内容】と同内容のＸＹの本人尋問における供述，並びに本件売買契約書に基づいて，次の【事実】が認められると主張したいと考えている。弁護士Ｐが，上記準備書面に記載す

べき内容を答案用紙１頁程度の分量で記載しなさい（なお，解答において，〔設問２〕の【Ｙの相談内容】については考慮しないこと。）。

【事実】

「Ｙが，Ａに対し，平成２６年９月１日までに，本件土地を２５０万円で売却することを承諾した事実」

〔設問４〕

弁護士Ｐは，訴え提起前の平成２６年１２月１日，Ｘに相談することなく，Ｙに対し，差出人を「弁護士Ｐ」とする要旨以下の内容の「通知書」と題する文書を，内容証明郵便により，Ｙが勤務するＺ社に対し，送付した。

---

通知書

平成２６年１２月１日

被通知人Ｙ

弁護士Ｐ

当職は，Ｘ（以下「通知人」という。）の依頼を受けて，以下のとおり通知する。

通知人は，平成２６年９月１日，貴殿の代理人であるＡを通じて，本件土地を代金２５０万円で買い受け，同月３０日，Ａに対し，売買代金２５０万円全額を支払い，同年１０月１０日，貴殿に対し，本件土地の所有権移転登記を求めた。

ところが，貴殿は，「売買代金を受領していない。」などと虚偽の弁解をして，不当に移転登記を拒否している。その不遜極まりない態度は到底許されるものではなく，貴殿はＡと共謀して上記代金をだまし取ったとも考えられる。

以上より，当職は，本書面において，改めて本件土地の所有権移転登記に応ずるよう要求する。

なお，貴殿が上記要求に応じない場合は，貴殿に対し，所有権移転登記請求訴訟を提起するとともに，刑事告訴を行う所存である。

以　上

---

以上を前提に，以下の問いに答えなさい。

弁護士Ｐの行為は弁護士倫理上どのような問題があるか，司法試験予備試験用法文中の弁護士職務基本規程を適宜参照して答えなさい。

別紙

（注）　斜体部分は手書きである。

## 不動産売買契約書

　売主Yと買主Xは，後記不動産の表示記載のとおりの土地（本件土地）に関して，下記条項のとおり，売買契約を締結した。

記

第1条　　Yは本件土地をXに売り渡し，Xはこれを買い受けることとする。

第2条　　本件土地の売買代金額は **250** 万円とする。

第3条　　Xは，平成 **26** 年 **9** 月 **30** 日限り，Yに対し，本件土地の所有権移転登記と引き換えに，売買代金全額を支払う。

第4条　　Yは，平成 **26** 年 **9** 月 **30** 日限り，Xに対し，売買代金全額の支払と引き換えに，本件土地の所有権移転登記を行う。

（以下記載省略）

　以上のとおり契約を締結したので，本契約書を弐通作成の上，後の証としてYXが各壱通を所持する。

平成 **26** 年 **9** 月 **1** 日

　　　　　　　　売　　主　住　所　　　○○県○○市○○
　　　　　　　　　　　　　氏　名　　　　　　Ｙ　　　　Y印
　　　　　　　　買　　主　住　所　　　○○県○○市○○
　　　　　　　　　　　　　氏　名　　　　　　Ｘ　　　　X印


不動産の表示

　所　在　　○○市○○
　地　番　　○○番
　地　目　　宅地
　地　積　　○○○．○○m²

　設問1は，売買契約に基づく所有権移転登記請求権及び土地引渡請求権を訴訟物とする訴訟において，原告代理人が作成すべき訴状における請求の趣旨及び請求を理由づける事実について説明を求めるものであり，債権的請求権及び代理の特殊性に留意して説明することが求められる。

　設問2は，被告本人の相談内容に基づく被告代理人の各主張に関し，裁判所が本件訴訟における抗弁として扱うべきか否かについて結論とその理由を問うものであり，無権代理の主張の位置づけや解除の主張と同時履行の抗弁権の関係に留意して説明することが求められる。

　設問3は，当事者本人尋問の結果を踏まえ，代理人が署名代理の方法により文書を作成した場合における文書の成立の真正や代理権の授与に関して準備書面に記載すべき事項について問うものである。

　設問4は，弁護士倫理の問題であり，原告代理人が依頼者に相談することなく，相手方本人の就業先に不適切な内容の文書を送付した行為の問題点について，弁護士職務基本規程の規律に留意しつつ検討することが求められる。

# ▶ MEMO

第1　設問1
1　小問(1)
　　被告は，原告に対し，本件土地を引き渡せ。被告は，原告に対し，平成２６年９月１日売買を原因とする本件土地所有権移転登記手続をせよ。との判決を求める。
2　小問(2)
　　ＸＹ間の本件土地売買契約は，Ａを代理人として締結しているため，その契約の成立の主張にあたっては，代理人の法律行為，顕名，代理人の法律行為に先立つ代理権の授与の事実を主張する必要がある（民法９９条１項）。したがって，①の事実は代理人Ａの法律行為があったことを示すために，②の事実は契約締結の際に顕名があったことを示すために，③の事実はＹがＡの法律行為に先立ってＡに売買契約締結の代理権を授与したことを示すために，それぞれ記載したものと考えられる。

第2　設問2
1　小問(1)
　　抗弁として扱うべきでない。
　　抗弁とは，請求原因事実と両立する事実により，請求原因事実により基礎づけられる法的効果を覆滅させるものをいう。本件のＡの行為は無権代理行為であるという事実は，請求原因のうち③の代理権の授与があったという事実と両立しないのであるから，無権代理の主張は抗弁ではなく，積極否認にあたる。

したがって，抗弁として扱うべきでない。
2　小問(2)
　　抗弁として扱うべきでない。
　　確かに，Ｙの解除の主張は，ＸＹ間の売買契約の成立を前提としてなされるものであり，請求原因事実と両立する事実によって，売買契約の法的効果を覆滅させるものであるから，抗弁足りうる。しかし，売買契約においては，請求原因での売買契約の成立の主張をもって，同時履行の抗弁（民法５３３条）の存在が基礎づけられ，かかる抗弁の存在効果により履行遅滞の違法性が阻却される。したがって，違法な履行遅滞があるとして解除するためには，弁済の提供により同時履行の抗弁を奪ったこともあわせて主張しなければならない。しかし，本件においてＹは，本件土地の引渡しや所有権移転登記をする等の弁済の提供の事実を主張していないのであるから，解除の抗弁を主張するために必要な事実の主張を欠く。したがって，抗弁として扱うべきでない。

第3　設問3
1　小問(1)
　　本件でＸの代理人Ｐは，本件売買契約書をＸとＡが作成した文書として提出し，Ｙの代理人Ｑが本件売買契約の成立を認める陳述をしている。そこで，本件売買契約書につき，ＸとＡの作成であることに自白が成立し，これに反してＡのみが作成し

● 請求の趣旨について，正確な論述ができている。

● 代理の要件事実について正確に理解しており，出題趣旨の「代理の特殊性に留意して説明」という記載に合致している。

● 売買契約（555）の要件事実（目的物，代金額）についての説明があると，より丁寧であった。

● 「抗弁として扱うべきか否か」という設問に対して，本答案は，抗弁の意義を正しく示した上で，Ｙの「無権代理」の主張と請求原因③の「有権代理」の主張は事実レベルで両立しないことに着目し，適切な結論を導くことができている。

● 出題趣旨によれば，「解除の主張と同時履行の抗弁権の関係に留意して説明すること」が求められていたところ，本答案は，解除の性質の一般論を述べつつ，本問では同時履行の抗弁権の存在効果が生じていることに着目し，Ⅱの事実が抗弁を基礎付ける事実として不十分であることを適切に論じている点で，出題趣旨に合致する。

● Ａが本件契約書を作成した事実については，当事者間に争いがない。設問3(1)は，当事者間に争いのない事実に反する事実を裁判所が認定することができるか（補助事実の自白

たと認定することは許されないのではないか（弁論主義の第2テーゼ）が問題となる。

　自白とは、口頭弁論期日及び弁論準備期日における相手方の主張する自己に不利益な事実を争わない旨の弁論としての陳述をいう。しかし、自白の成立する事実は主要事実に限られるというべきである。なぜなら、間接事実や補助事実は主要事実を推認するという点において証拠と同様の機能を営むため、かかる事実については弁論主義よりも自由心証主義（民事訴訟法247条）を優先させるべきであるからである。そして、これは、文書の成立の真正という補助事実についても別異に解する必要はないから、このような補助事実にも自白は成立しない。

　したがって、XとA作成の文書であるとの主張に対し、これを認めるとの陳述がなされても、この点につき自白は成立しない。

　よって、裁判所はその心証にしたがって認定できるから、Aが作成したと認めることもできる。

2　小問(2)

(1)　まず、本件では、売買契約締結の際にAが金額欄と日付欄が空欄で、Yの実印が押された売買契約書をAが持参している。

　Yは、実印は金庫に保管しておりAが持ち出すことは不可能であると主張していることからすれば、本件売買契約書の押印はY自身が行ったか、Yが本件売買契約のためにAに実印を交付し、Aが押印したかのいずれかであると考えられる。この点

につき、Yは、以前の別の取引のためにAに実印を預けた際にAが勝手に押印したなどと主張しているが、そのような別の取引があったことにつきなんらの証拠を提出していないのであるから、かかるYの主張は信用できない。

　そして、Yは、売買契約が締結された平成26年9月1日よりも前に、Xが資金繰りの関係から250万円以上の増額が困難であると聞いたこと、金額欄と日付欄が空欄の本件売買契約書を見せられたこと主張している。そうとすると、250万円を超えた金額とはならないであろうと理解したうえで、売買契約成立に向けて、金額欄が空欄の本件売買契約に自ら押印またはAに実印を交付し、押印させているのであるから、250万円で売却することにつき承諾していたものと考えられる。

　以上のように、金額欄が空欄でYの実印が押された本件売買契約書が存在したという事実はYが250万円で売却することにつき承諾したことを推認させる。

(2)　また、仮にYの主張するように、280万円以上でなければ売却してはならないとの制限が存在するのであれば、Xが250万円を超える額とすることが困難であることは知っていた以上、従前の土地取引同様委任状を作成し、委任の範囲を明確にしていたはずであるが、そのような委任状は作成されていないのであるから、やはり、250万円で売却することを承諾していたことが推認される。

に裁判所拘束力が生じるか）、という点を問うているものではない。

● 　Qは、本件売買契約書の成立を認める旨を陳述している。この点、補助事実の自白についても、179条に基づく不要証効が認められることに争いはない（補助事実の自白に係る裁判所拘束力については、これを否定するのが判例（最判昭52.4.15）であるが、不要証効の問題（179条の適用の問題）と拘束力の問題（弁論主義第2テーゼの問題）を混同しないように注意する必要がある）。そのため、設問3(1)では、文書の成立の真正について自白が成立していることを認定し、不要証効（179）が発生している点を論述することが求められていたと考えられる。

● 　売買契約書の売主欄にYの実印の印影がある事実から、AとYのどちらが押印したといえるかという問題を提起し、的確に評価を加えて分析できている。

● 　Yの供述の信用性を適切に検討した上で、白紙委任状に対してYの意思に基づく押印がなされたことを認定できている。

● 　本件売買契約書の売買代金額や日付欄が空欄であった事実について、Y自身認識していたにもかかわらず、その空欄を補充しなかったという事実を評価することによって、承諾（Aに対する代理権の授与）を推認させるとの結論を導いている。

● 　YがAに対して委任状を作成・交付しなかったという事実を適切に評価している。

（3）　以上のように，金額欄が空欄でYの実印が押印された本件売
　　買契約書が存在したこと，委任状が存在していないことから，
　　Yは２５０万円での売却に承諾していたというべきである。
第４　設問４
１　まず，弁護士職務基本規程（以下，略）５２条は，相手方に代
　　理人が選任されている場合に，相手方と直接交渉することを禁
　　じているところ，Ｐは，Ｙの代理人としてＱが選任されているに
　　もかかわらず，本件通知書を直接Ｙに送付している。確かに，Ｐ
　　は一方的に通知しただけであるが，５２条の趣旨が，素人たる相
　　手方が専門家たる弁護士の意見を盲信し，十分な訴訟活動を行
　　えなくなることを防止する点にあることにかんがみれば，一方的
　　な通知であってもかかる危険が生じる以上，「交渉」に当たると
　　いうべきである。したがって，５２条に反する。
２　次に，弁護士は信義誠実義務を負い（５条），また，名誉を
　　重んじ，品位を保持しなければならない（６条）ところ，「代
　　金をだまし取った」などと名誉毀損的表現を用いた通知書を職
　　場に直接送付している。このような表現を用いることは必ずし
　　も必要ではないにもかかわらず，Ｙの社会的信用を著しく低下
　　させるものであるから，Ｙを不当に害するものであり，社会の
　　弁護士に対する信用を傷つけるものである。したがって，Ｘの
　　行為は，５条，６条に違反する。
　　　　　　　　　　　　　　　　　　　　　　　　　　以　上

※　実際の答案は４頁以内におさまっています。

● 　本件通知書をもって，規程52条
の「交渉」に該当するかどうかを自
分なりに分析できている。この点，
「交渉」には一定の法律効果を発生
させるために行う一方的な通知（解
除通知等）は含まない。そのため，「一
方的な通知」という評価をする場合
には「交渉」に当たらないという結
論になりそうであるが，Ｐの通知は
Ｙに対して「本件土地の所有権移転
登記に応ずるよう要求する」として
おり，相手方に一定の行為を求める
という意味で一方的な通知とはいえ
ないから，結局「交渉」に当たると
の結論が適切と思われる。

● 　本件通知書の内容が規程５条及び
６条の問題となることに気付いた上
で，的確に当てはめられている。な
お，設問４の「Ｘに相談することな
く」という記載に着目し，規程22
条や36条を検討することも可能で
あった。

第１　設問１(1)について
1　Ｙは、Ｘに対し、本件土地の売買契約を原因とする本件土地所有権登記の移転登記手続をせよ。
2　Ｙは、Ｘに対し、本件土地を引き渡せ。
第２　設問１(2)について
　本件売買契約は、Ａによる有権代理によって行われているとＰは主張するものである。有権代理の要件は、ⅰ有効な代理行為、ⅱ顕名、ⅲ契約に先立つ代理権授与である（99条１項）。
　本件についてみる。①はＡＸ間の売買契約を基礎付ける事実であり、ⅰを指す。②はＡがＹのためにすることを示すものであり、ⅱを指す。③は売買契約に先立って代理権を授与したとの事実であるから、ⅲを指す。
　よって、①〜③を示すことで有権代理による契約であることを必要かつ十分に示すことができる。そのため、Ｐはこのように記載すると考える。
第３　設問２(1)について
1　抗弁として扱うべきではない。
2　Ｉの事実は、250万円で売却したことを承諾したことはないというものである。そして、先述の通り①〜③は有権代理を示す事実であるところ、この事実は③を否認する事実であり、請求原因事実と両立し、その効果を発生変更消滅させるものではないから、抗弁に当たらない。また、280万円の代理権は授与したと

の事実や無権代理に過ぎないという主張は、積極否認にとどまり、同様に抗弁とならない。
第４　設問２(2)について
1　抗弁として扱うべきではない。
2　Ⅱの事実には履行遅滞解除をしたとの事実が含まれており、履行遅滞解除自体は、請求原因事実と両立してその効果を消滅させるものであり、抗弁にあたる。しかし、双務契約においては、533条による同時履行の抗弁の存在効果が抗弁を出す際に基礎づけられることとなり、抗弁が再抗弁も包含していることとなるから、存在効果を消滅させないと主張自体失当になる。
　本件では、Ｙが所有権移転登記・引渡しの提供をしたという事実が現れていない。よって、その事実がない限り、履行遅滞解除の抗弁として成立しないので抗弁とならない。
第５　設問３(1)について
1(1)　まず、Ｑが本件売買契約書の成立を認めるとの陳述をしたことによって、裁判所拘束力が発生するため、Ａが作成したと認める拘束力が発生するか検討する。
　(2)　裁判所拘束力は、弁論主義第２テーゼが妥当する範囲、すなわち、主要事実に対して発生する。なぜなら、証拠については自由心証主義が妥当するところ（民事訴訟法247条）、間接事実や補助事実は証拠と同様の機能を果たすので、自由心証主義に委ねるべきであるからである。

● 　売買契約に基づく所有権移転登記請求権の請求の趣旨については、登記申請の確実の受理のため、登記原因のみならず日付についても記載するのが望ましいから、再現答案①のように日付まで記載できると良い。

● 　代理の特殊性に留意して、①〜③の事実が代理のどの要件事実に該当するのかを適切に検討できており、出題趣旨に沿う。

● 　売買契約（555）の要件事実（目的物、代金額）についての説明があると、より丁寧であった。

● 　前提として、抗弁の意義を述べた上で検討を加えることができると、さらに論理性が高まる論述となった。また、Ｙが主張するＩの事実は積極否認であって抗弁ではないことについて、適切に論じることができている。

● 　出題趣旨によれば、「解除の主張と同時履行の抗弁権の関係に留意して説明すること」が求められていたところ、本答案は、解除の性質の一般論を述べつつ、同時履行の抗弁権の存在効果が生じていることに着目している点は良い。しかし、同時履行の抗弁権の存在効果は、「抗弁を出す際に基礎づけられる」のではなく、請求原因事実（設問１中の①事実）から生じる。そのため、「抗弁が再抗弁も包含している」との論述は誤りである。

● 　本問では、弁論主義第２テーゼの問題を検討する必要はない。端的に179条を摘示し、補助事実の自白により不要証効が発生する結果、裁判所は証拠なくしてＡが作成したと認定することができる旨論述すれば足

そして，本件文書の成立の有無は補助事実に該当するので，自由心証に委ねるべきであり，裁判所拘束力が発生しない。よって，裁判所はQの認めるとの陳述に拘束されない。

2(1) では，二段の推定により，直接に文書の成立の真正が推定されることとなるか検討する。

(2) 押印があれば，本人の意思に基づく「押印」であると経験則上推認され，さらに「押印」があることで真正に成立したと推認されるのが二段の推定である（民事訴訟法228条4項）。本件では，Yの供述内容を見ると，Yが押していないとの記載があり，Yは意思に基づく押印であることを否認している。よって，裁判所としては，当然に本件文書の成立の真正を認めることはできず，成立の真正について主張立証を尽くす必要がある。

以上より，主張立証を尽くすことなく，裁判所はAが作成したと認めることはできない。

第6 設問3(2)について

1 Pは，YがAに全てを委任していたことを理由として，250万円で売ることの承諾をしていたと主張することが考えられる。

XはAから，Aが本件土地の売買に関する全ての委任を受けたと聞いている。そして，Yの供述内容にあるとおり，過去にAを土地取引の代理人としていた際には委任状を作成していたと述べているにもかかわらず，本件では何ら委任状を作成していない。このことから，今回は委任内容の決定を全てAに任していたと考え

るのが合理的である。もし，具体的内容についてAに決定させたくないのであれば，過去同様に委任状を作成しておけばよかったのであり，過去に作成したことがある以上，そのことを思いつかなかったとは想定できない。よって，今回に限って作成していないのは，内容の決定についてAに委任していたからと考えられる。

2 Pは，Yが押印をした本人であることを理由として，承諾をしていたと主張することが考えられる。

Xは，AからYの実印が押された契約書を見せられた際，Yが250万円で売却したと承諾したことの証であると聞いている。そして，Yは280万円であれば売却して良いといったものの，Aから250万円でなければ売買が成立しそうにないということを聞いているのであるから，250万円で売却したくなかったのであれば，Aからそのことを聞いた際に契約締結をやめることもできたはずである。そうであるのに代理権を付与したままにするのは，250万円で売却することを合意したからであると合理的に考えられる。そして，売主欄が空欄であったのを押印したのがAであるとYが主張するが，押印はY以外が持ち出すのは不可能であるとY自身認めている。そして，別の取引のために実印をAにあずけた際にAが勝手に押印したというが，その時点ではまだAX間の交渉は行き詰まっていないと考えられ，そうであるのに勝手にAが押印するとは考えにくいことである。その上，別の取引の委任状を提出できないというが，契約が決裂していても押印

りる。

● 設問3(1)は，本件売買契約書を「Aが作成したと認めることができるか」を問うているにもかかわらず，本答案は「Y」が作成したと認めることができるか否かを論じてしまっている。この点，当事者間に「本件売買契約書をAが作成した」事実についての争いがない以上，228条4項の検討は不要である。

● Yが本件売買契約について，Aに委任状を作成していないという事実を摘示し，具体的に評価している点は良い。さらに，本件売買契約書の売主欄にYの実印の印影があること，本件売買契約書の売買代金額や日付欄が空欄であったことをY自身認識していたにもかかわらず補充していないこと等，本件売買契約書に関する事実についても着目して検討できれば，さらに高く評価されたものと思われる。

● XY両当事者の希望する金額の経緯についてもXY間で供述の一致が見られるところ，このような争いのない事実をもとにして自己の主張を展開する態度は，適切であると考えられる。

● やや強引な認定である。推論に論理の飛躍が見られる。

がある文書を見せればよかったのであり，提出が不可能とは考えにくい。むしろ，そもそもそのような取引が実在しないからこそ，提出できないと考えるのが合理的である。

第7　設問4について
1　Pの行為は，弁護士基本職務規程52条に反する行為とならないか検討する。Pは弁護士であり，相手方であるYにも法令上の資格を有する代理人である弁護士Qが選任されている。そして，Qの承諾を得ずに本件通知を行っている。「直接相手方と交渉」してはならないとされているが，ここにいう相手方は相手方本人を少なくとも指すのであって，Z社に（Y宅で送れるか確認することなく）通知をすることは許されないと考える。名誉を害する行為に当たり，この点で52条に反している。また，「正当な理由」とは，弁護人を介することなく直接交渉することが認められるべき特段の事情があるときをいうも，本件ではそのような事情がない。むしろ，通知の内容には威圧的とも読める記載があり，Qを介する方法でも到底有されないような記載である。よって，この点でも52条に反する。
2　よって，Z社に送った点，Qを介さずに送った点で52条に違反する行為である上，プライバシーを害する行為にもなりうるのであって，誠実義務（弁護士基本職務規程5条）からも許されない。

以　上

● 別の取引の「委任状」ではなく，「取引に関する契約書」である。

● 52条を摘示できている。なお，正しくは「弁護士職務基本規程」である。

● 52条が禁じているのは，代理人の承諾を得ないで直接相手方と交渉することであるから，「自宅」・「勤務先」問わず，「交渉」することが禁止される。検討すべきは本件通知書の通知が「交渉」に当たるかどうかであるが，本答案は，この点を検討せず，Y宅でなくZ社に通知したことが52条に違反するとしている点で，誤りである。

● 名誉を害する行為は，52条ではなく5・6条に違反する行為である。また，「通知書」のどの記載をもって「名誉を害する行為」に当たるのかが分からない。

※　実際の答案は4頁以内におさまっています。

▶ **MEMO**

設問1

1　被告は、原告に対し、平成26年9月1日に締結された売買契約に基づき、本件土地について、原告への所有権移転登記をせよ。

　　被告は、原告に対し、本件土地を引き渡せ。

2　本件訴状の請求は、売買契約に基づく上記請求であり、かかる売買契約は代理人Aに締結されている。そこで、これを基礎づけるためには、Y代理人Aが、Xと売買契約を締結したことを示す必要があり、この要件事実は、①'AがXと売買契約を締結したこと、②'売買契約に際し、Aが顕名をしたこと（民法99条1項参照）、③'AがYの代理権を有していたこと、であるといえる。

　　そして、①'を基礎づけるために①を、②'を基礎づけるために②を、③'を基礎づけるために③を記載しているのである。

設問2

1　まず、抗弁とは、請求原因と両立する事実であって、請求の法律効果を否定する事実である。

　　ここで、Iの主張は、Aが代理権を有していたことを否定するものであるが、代理権の存在は上で述べたように請求原因において主張されるべき事実である。したがって、これは請求原因と両立する事実ではなく、単に否認をしているにすぎないというべきである。

　　よって、これは抗弁に当たらない。

2　IIの主張は、解除によりXの主張する権利が消滅したとする主張であり、これは請求原因によって発生した権利の消滅を主張するものであるから、請求原因と両立し、且つその法律効果を否定するものといえる。

　　よって、これは抗弁に当たる。

設問3

1　結論：　できない。

　　理由：　Qが第1回口頭弁論期日において、本件契約書の成立を認める陳述をしているところ、これが自白にあたり、その結果、自白の不要証効（民訴法179条）により裁判所がこれを証拠なしに認定することができないか、問題となる。

　　ここで、自白とは、相手方の主張と一致する自己に不利益な事実を認める陳述を意味し、ここでいう「自己に不利益な事実」とは、相手方が主張・立証責任を負う事実を意味するというべきである（相手方が立証責任を免れる結果、自己に不利益が及ぶのである）。

　　これを検討すると、本件文書の成立の真正は、あくまで売買契約締結の事実を推認させるにとどまり、かかる事実の間接にすぎないから、それ自体が要件事実であるとはいえず、したがって、これの立証責任を相手方Xが負うものではない。

　　よって、これを認める陳述をしても、自白には当たらず、不要証効も生じないから、裁判所は証拠なしにこれを認めることはできない。

● 請求の趣旨について、正確に記載されている。

● 代理の要件事実について、条文を示しながら摘示している点は良いが、③'については、法律行為に「先立つ」代理権の授与と摘示するのが正しい。

● 「抗弁として扱うべきか否か」という設問に対して、本答案は、抗弁の意義を示した上で、Yの「無権代理」の主張と請求原因③'の「有権代理」の主張は事実レベルで両立しないことに着目し、適切な結論を導くことができている。

● 出題趣旨では、「解除の主張と同時履行の抗弁権の関係に留意して説明」することが求められており、再現答案①で検討されている事項（同時履行の抗弁を消滅させる弁済の提供がなければ、Qの解除は主張自体失当）を論述する必要があった。

● 「結論：　できない。」という論述のみでは、何ができないのかが明確でなく、不適切である。また、このような形式を用いること自体一般的でなく、避けるのが望ましい。

● 文書の成立の真正は補助事実であって、間接事実ではない。

● 設問3(1)では、補助事実の自白についても179条所定の不要証効が生じることを端的に論述すれば足り、弁論主義第2テーゼの問題として検討する必要はない。

2　まず，本問においてYは，350万円から280万円への，70万円もの減額を許可したと認めている。ここで，一般的に考えて70万円もの減額をできたならば30万円程度の減額も可能であると思われ，しかも本問では，資金繰りの関係上Xが250万円以上の増額はできないということを聞いた上で，280万円までの減額のみ許可したというのであるが，280万円までの減額では結局契約は成立しないのであるから，このような行為は合理性に欠けるといわざるを得ず，その他Yに残る30万円を減額できないといえる事情もないから，結局，同時点においてYは250万円＝契約可能額までの減額を許可していたと考えるべきであるように思われる。

また，本問でYは，別の取引との関係で預けた実印を悪用して，Aが契約に押印したのであろうと述べている。しかし，Yが実印を預けたとする時期においては，既にAが本件についての白紙売買契約書を有していることを知っていたというのであり，仮にAに本件売買に関する包括的な代理権が与えられていないのであれば，このような状況でAに預けることは想定しづらいと言わざるを得ない。すなわち，白紙契約書を有する者に実印を預けるならば，それを悪用される危険というものは当然に想定されるものなのであり，それにも関わらずAに実印を預けていたということは，Aに包括的な代理権が与えられていたことを示すものというべきなのである。本問では，これ以前にもAを代理人として

選任したことがあったというのであるから，Y・A間に信頼関係のあったことがうかがわれ，そうだとすればAに広い代理権が与えられていたとしても，なんら不合理ではないといえよう。

なお，以上第二段落の記述は，Yの陳述が真実であることを前提とするものであるが，仮にこれが虚偽であれば，実印が盗取されたことが想定できない以上，Y名義の押印は，Y自身によりなされたというほかなく，とすれば契約書に記載される250万円の額面につき，Yは承諾していたということができる。

設問4
1　まず，52条によれば，弁護士の選任された相手方に対しては，承諾なく相手方と直接交渉してはならないことになる。しかし，本問では，弁護士Pは，弁護士の選任された相手方Yの勤務するZ社に直接「通知書」を送付しており，これは許可なく相手方と直接交渉するものといえる。

よって，52条違反があるといえる。

2　次に，22条1項によれば，依頼者の意思を尊重することが要求される。しかし，本問では，Xに相談するなどはしていないのであり，依頼者の意思を一切確認することなく通知書を送付している。それ以外に，Xが通知書の送付を承諾していたといえる事情はないし，また相手方の会社に直接書面を送りつけるという行為は，通常人が承諾すると考えられる行為でもない。

よって，22条1項違反があるといえる。

- 「70万円もの減額をできたならば30万円程度の減額も可能である」と考えることはできない。当事者の主観を無視した論述で，不当である。

- Xが資金繰りに窮しているため，250万円以上の増額は困難であるという事情をYが認識していたという事実に着目した点は良い。しかし，Yが250万円までの減額を許可したという結論に至る事実認定には，強引な評価が複数含まれており，適切とはいえない。

- 「Yが実印を預けたとする時期においては，既にAが本件についての白紙売買契約書を有していることを知っていた」との事実を摘示しているが，【Yの供述内容】からはこの事実を導くことはできない。

- 過去にYがAを土地取引の代理人としたことがあるという事実のみから，Yが本件土地の売買に関する広い代理権をAに授与したと推認するのは合理的でない。

- Pが準備書面に記載すべき内容として適切なのは，証拠に基づく事実認定であって，「仮定」に基づく事実認定ではない。Yの供述が虚偽だとするのであれば，その根拠となる事実を示さなければ意味がない。

- 弁護士職務基本規程52条を摘示している点は良い。もっとも，本件「通知書」の送付が同条にいう「交渉」に当たるかどうかを検討する必要があった。

- 22条1項を摘示している点は良い。なお，PがYに対して要求している行為の内容自体は，Xの意思に沿うものであることを踏まえた論述ができれば，さらに良かった。

3　最後に，5条によれば，弁護士には信義誠実に従うことが求められる。

　　この点，勤務先たる会社に直接書面を送付する行為は，周囲に紛争のあることを知られたくないと考えるだろう相手方の通常の意思を害するものであり，また送付された会社としても迷惑な行為であろうから，このような迷惑行為を終結させるためにYが請求を認容するようなことも考えられ，非常に不適切であるというべきである。

　　また，文面において刑事告訴することをほのめかしているが，これはなかば脅迫ともとれる文面であり，しかも本問では刑事告訴する根拠さえ明らかではないから，刑事告訴されたくないと考える相手方の意思につけこみ，訴訟を有利にしようとする態度を見出すことができ，このような態度は信義誠実に反するといわざるを得ない。

　　以上より，5条違反のおそれもあると思われる。

以　上

※　実際の答案は4頁以内におさまっています。

● 　5条を摘示できている。6条も併せて摘示・検討できるとさらに良かった。

● 　本件「通知書」に記載されている文面に着目し，Yに与える影響を具体的に考えてPの行為が信義誠実に反するかどうかを検討することができている。

# 平成28年

# 問題文

[民　事]

司法試験予備試験用法文を適宜参照して，以下の各設問に答えなさい。


〔設問１〕

弁護士Ｐは，Ｘから次のような相談を受けた。


【Ｘの相談内容】

「私は，自宅を建築するために，平成２７年６月１日，甲土地の所有者であったＡから，売買代金１０００万円で甲土地を買い受け（以下「本件第１売買契約」という。），同月３０日に売買代金を支払い，売買代金の支払と引換えに私宛てに所有権移転登記をすることを合意しました。

私は，平成２７年６月３０日，売買代金１０００万円を持参してＡと会い，Ａに対して甲土地の所有権移転登記を求めましたが，Ａから，登記識別情報通知書を紛失したので，もうしばらく所有権移転登記を待ってほしい，事業資金が必要で，必ず登記をするので先にお金を払ってほしいと懇願されました。Ａは，大学時代の先輩で，私の結婚に際し仲人をしてくれるなど，長年お世話になっていたので，Ａの言うことを信じ，登記識別情報通知書が見つかり次第，所有権移転登記をすることを確約してもらい，代金を支払いました。しかし，その後，Ａからの連絡はありませんでした。

ところが，平成２７年８月上旬頃から，Ｙが私に無断で甲土地全体を占有し始め，現在も占有しています。

私は，平成２７年９月１日，Ｙが甲土地を占有していることを確認した上で，Ｙに対してすぐに甲土地を明け渡すよう求めました。これに対して，Ｙは，Ａが甲土地の所有者であったこと，自分が甲土地を占有していることは認めましたが，Ａから甲土地を買い受けて所有権移転登記を経由したので，自分が甲土地の所有者であるとして，甲土地の明渡しを拒否し，私に対して甲土地の買取りを求めてきました。

甲土地の所有者は私ですので，Ｙに対し，甲土地について，所有権移転登記と明渡しを求めたいと考えています。」


弁護士Ｐは，【Ｘの相談内容】を受けて甲土地の登記事項証明書を取り寄せたところ，平成２７年８月１日付け売買を原因とするＡからＹへの所有権移転登記（詳細省略）がされていることが判明した。弁護士Ｐは，【Ｘの相談内容】を前提に，Ｘの訴訟代理人として，Ｙに対し，所有権に基づく妨害排除請求権としての所有権移転登記請求権及び所有権に基づく返還請求権としての土地明渡請求権を訴訟物として，甲土地について所有権移転登記及び甲土地の明渡しを求める訴訟（以

下「本件訴訟」という。）を提起することにした。


　　以上を前提に，以下の問いに答えなさい。

⑴　弁護士Pは，本件訴訟に先立って，Yに対し，甲土地の登記名義の変更，新たな権利の設定及び甲土地の占有移転などの行為に備え，事前に講じておくべき法的手段を検討することとした。弁護士Pが採るべき法的手段を2つ挙げ，そのように考えた理由について，それらの法的手段を講じない場合に生じる問題にも言及しながら説明しなさい。

⑵　弁護士Pが，本件訴訟の訴状（以下「本件訴状」という。）において記載すべき請求の趣旨（民事訴訟法第133条第2項第2号）を記載しなさい（附帯請求及び付随的申立てを考慮する必要はない。）。

⑶　弁護士Pは，本件訴状において，甲土地の明渡請求を理由づける事実（民事訴訟規則第53条第1項）として，次の各事実を主張した。

　ア　Aは，平成27年6月1日当時，甲土地を所有していた。

　イ　〔　　　　　　　　　　　　　　　　　　　　　　　　　　　　〕

　ウ　〔　　　　　　　　　　　　　　　　　　　　　　　　　　　　〕


　　上記イ及びウに入る具体的事実を，それぞれ答えなさい。


〔設問2〕
　　弁護士Qは，本件訴状の送達を受けたYから次のような相談を受けた。


【Yの相談内容】
　　「Aは，私の知人です。Aは，平成27年7月上旬頃，事業資金が必要なので甲土地を500万円で買わないかと私に持ちかけてきました。私は，同年8月1日，Aから甲土地を代金500万円で買い受け（以下「本件第2売買契約」という。），売買代金を支払って所有権移転登記を経由し，甲土地を資材置場として使用しています。したがって，甲土地の所有者は私です。」


　　上記【Yの相談内容】を前提に，以下の問いに答えなさい。
　　弁護士Qは，本件訴訟における答弁書（以下「本件答弁書」という。）を作成するに当たり，抗弁となり得る法的主張を検討した。弁護士QがYの訴訟代理人として主張すべき抗弁の内容（当該抗弁を構成する具体的事実を記載する必要はない。）を述べるとともに，それが抗弁となる理由について説明しなさい。

〔設問３〕

　本件答弁書を受け取った弁護士Ｐは，Ｘに事実関係を確認した。Ｘの相談内容は以下のとおりである。

【Ｘの相談内容】

　「Ｙは，既に甲土地について所有権移転登記を経由しており，自分が甲土地の所有者であるとして，平成２７年９月１日，甲土地を２０００万円で買い取るよう求めてきました。Ｙは，事情を知りながら，甲土地を私に高値で買い取らせる目的で，本件第２売買契約をして所有権移転登記をしたことに間違いありません。このようなＹが甲土地の所有権を取得したことを認めることはできません。」

　上記【Ｘの相談内容】を前提に，弁護士Ｐは，再抗弁として，以下の事実を記載した準備書面を作成して提出した。

　エ　〔　　　　　　　　　　　　　　　　　　　　　　　〕
　オ　Ｙは，本件第２売買契約の際，Ｘに対して甲土地を高値で買い取らせる目的を有していた。

　以上を前提に，以下の問いに答えなさい。
　　上記エに入る具体的事実を答え，そのように考えた理由を説明しなさい。

〔設問４〕

　第１回口頭弁論期日において，本件訴状と本件答弁書が陳述され，第１回弁論準備手続期日において，弁護士Ｐ及び弁護士Ｑがそれぞれ作成した準備書面が提出され，弁護士Ｑは，〔設問３〕のエ及びオの各事実を否認し，弁護士Ｐは，以下の念書（斜体部分は全て手書きである。以下「本件念書」という。）を提出し，証拠として取り調べられた。なお，弁護士Ｑは，本件念書の成立の真正を認めた。

　その後，２回の弁論準備手続期日を経た後，第２回口頭弁論期日において，本人尋問が実施され，Ｘは，下記【Ｘの供述内容】のとおり，Ｙは，下記【Ｙの供述内容】のとおり，それぞれ供述した（なお，Ａの証人尋問は実施されていない。）。

```
                          念書
   A殿


      今般，貴殿より甲土地を買い受けましたが，売却して利益が生じた
   ときにはその3割を謝礼としてお渡しします。
                          平成27年8月1日
                             Y    Y印
```

【Xの供述内容】

「Yは，建築業者で，今でも甲土地を占有し，資材置場として使用しているようですが，置かれている資材は大した分量ではなく，それ以外に運搬用のトラックが2台止まっているにすぎません。

不動産業者に確認したところ，平成27年7月当時の甲土地の時価は，1000万円程度とのことでした。

私は，平成27年9月1日，Y宅を訪れて，甲土地の明渡しを求めたところ，Yはこれを拒絶して，逆に私に2000万円で甲土地を買い取るよう求めてきましたが，私は納得できませんでしたので，その場でYの要求を拒絶しました。

その後，私は，Aに対し，Yとのやりとりを説明して，Aが本件第2売買契約をして，甲土地をYに引き渡したことについて苦情を述べました。すると，Aは，私に対して謝罪し，『事業資金が必要だったので，やむなくYに甲土地を売却してしまった。その際，既にXに甲土地を売却していることをYに対して説明したが，Yはそれでも構わないと言っていた。Yから，代金500万円は安いが，甲土地を高く売却できたら謝礼をあげると言われたので，Yにその内容の書面を作成してもらった。』と事情を説明して，私に本件念書を渡してくれました。ただ，それ以降，Aとは連絡が取れなくなりました。」


【Yの供述内容】

「私は，建築業者で，現在，甲土地を資材置場として使用しています。本件第2売買契約に際して不動産業者に確認したところ，当時の甲土地の時価は，1000万円程度とのことでした。

私は，平成27年9月1日，Xが自宅を訪れた際，甲土地を2000万円で買い取るよう求めたことはありません。Xと話し合って，Xが希望する価格で買い取ってもらえればと思って話をしただけで，例えば2000万円くらいではどうかと話したことはありますが，最終的にXとの

間で折り合いがつきませんでした。

　Aは，本件第２売買契約をした時，甲土地を高く転売できたときには謝礼がほしいと言うので，本件念書を作成してAに渡しました。その際，AがXに甲土地を売却していたという話は聞いていません。」

以上を前提に，以下の問いに答えなさい。

　弁護士Pは，本件訴訟の第３回口頭弁論期日までに，準備書面を提出することを予定している。その準備書面において，弁護士Pは，前記【Xの供述内容】及び【Yの供述内容】と同内容のXYの本人尋問における供述並びに本件念書に基づいて，〔設問３〕の再抗弁について，オの事実（「Yは，本件第２売買契約の際，Xに対して甲土地を高値で買い取らせる目的を有していた。」）が認められること（Yに有利な事実に対する反論も含む。）を中心に，〔設問３〕の再抗弁についての主張を展開したいと考えている。弁護士Pにおいて，上記準備書面に記載すべき内容を答案用紙１頁程度の分量で記載しなさい。

▶ **MEMO**

平成28年

　設問1は，不動産に係る登記請求及び明渡請求が問題となる訴訟において，原告代理人があらかじめ講ずべき法的手段とともに，訴状における請求の趣旨及び請求を理由付ける事実について説明を求めるものであり，民事保全の基本的理解に加えて，所有権に基づく物権的請求権の法律要件に留意して説明することが求められる。

　設問2は，不動産の二重譲渡事案における実体法上の権利関係に留意しつつ，被告本人の主張を適切に法律構成した上で，抗弁となる理由を説明することが求められる。

　設問3は，再抗弁の事実について問うものである。判例で示された当該再抗弁に係る要件事実に即して，原告の主張内容から必要な事実を選択し，他の主張事実との関係にも留意することが求められる。

　設問4は，上記の再抗弁の主張について，書証と人証の双方を検討し，必要な事実を抽出した上で，どの事実がいかなる理由から再抗弁に係る評価を根拠付ける際に重要であるかに留意して，準備書面に記載すべき事項を問うものである。

▶ **MEMO** ————————————————————————————

平成28年

第1　設問1
1　小問(1)について
　(1)　まず，甲土地について占有移転禁止の仮処分の申立て（民事保全法23条1項，25条の2第1項，11条）を裁判所にすべきである。
　　　かかる申立てをしなかった場合に，本件訴訟係属中にＹが第三者に甲土地を引き渡してしまうと，本件訴訟でＸが勝訴しても，Ｙに対する債務名義によっては第三者に対して強制執行をすることができず，紛争の実効的な解決ができなくなってしまう（民事執行法23条1項参照）。そのため，これを防ぐべく上記申立てをすべきである。
　(2)　また，甲土地について登記移転や新たな権利設定禁止の仮処分の申立て（民事保全法23条1項，11条）を裁判所に対してすべきである。
　　　これも，Ｙが本件訴訟係属中に，第三者に対して登記名義を移転する等することにより，紛争の実効的解決が図れなくなることを防ぐために行うべきである。
2　小問(2)について
　　被告は，原告に対し，甲土地を明け渡せ。
　　また，被告は，甲土地について，ＡＸ間の平成27年6月1日の売買契約に基づく原告の真正な登記名義の回復を原因とする所有権移転登記手続をせよ。

3　小問(3)について
　(1)　イには，「Ｘは，平成27年6月1日に，Ａから甲土地を買った。」という事実が入る。
　(2)　ウには，「Ｙは，現在甲土地を占有している。」という事実が入る。
第2　設問2
　　Ｑは，Ｙが甲土地の所有権移転についての対抗要件を具備したことによる，Ｘの甲土地所有権喪失の抗弁を主張すべきである。
　　ＸとＹはそれぞれ，甲土地の所有権についてＡを起点とした二重譲渡の関係にあるため，互いに相手方が民法177条の「第三者」に該当し，甲土地の所有権を相手方に主張するためには対抗要件たる所有権移転登記を具備する必要がある。そして，一方が登記を具備した場合には，他方は対抗要件の具備が不可能となり，登記を具備した方が確定的に甲土地の所有権を得ると同時に，他方はその反射的効果として確定的に所有権を喪失するのである。本問では，Ｙが所有権移転登記を具備したことで，Ｘが確定的に所有権を喪失するが，これによりＸによる甲土地所有というＸの請求原因事実が否定され，Ｘの請求は理由がないものとなる。つまり，Ｘの甲土地所有権に基づく所有権移転登記請求権，及び明渡請求権の効果の発生が障害されるため，上記主張は抗弁となるのである。
第3　設問3

● 「甲土地の占有移転」に備えるべく，事前に講じるべき法的手段としては，占有移転禁止の仮処分（民保23Ⅰ，25の2，62参照）が正しい。本答案は，占有移転禁止の仮処分の申立てをしなかった場合に生じる問題についても，端的に，正しく論述できている。

● 「甲土地の登記名義の変更，新たな権利の設定」に備えるべく，事前に講じるべき法的手段としては，不動産の登記請求権を保全するための処分禁止の仮処分（民保23Ⅰ，53，58参照）が正しい。本答案は，適切に論述できている。

● 甲土地について所有権移転登記を求める訴訟の訴状において記載すべき請求の趣旨は，「Ｙは，Ｘに対し，甲土地について，真正な登記名義の回復を原因とする所有権移転登記手続をせよ。」が正しい。

● イ（ウ）には，「Ａは，Ｘに対し，平成27年6月1日，甲土地を代金1000万円で売った。」又は「Ｘは，平成27年6月1日，Ａから，甲土地を代金1000万円で買った。」という具体的事実が入る。本答案は，代金額を記載していない点で，不十分である。

● 対抗要件具備による所有権喪失の抗弁を述べることができている。また，本答案は，本件が不動産の二重譲渡の事案であることを指摘した上で，実体法上の権利関係について丁寧かつ適切に論述しており，抗弁となる理由について正しく説明できている。

1 エには，「Yは，本件第2売買契約の際，本件第1売買契約の存在を知っていた。」という事実が入る。

2 Pはエ，オの事実から，背信的悪意者であるYが対抗要件具備による所有権喪失の抗弁を主張することは，権利濫用（民法1条3項）であるという再抗弁を主張することが考えられる。すなわち，自由競争原理の下では，二重譲渡について単なる悪意である相手方が対抗要件具備による所有権喪失の抗弁を主張することは許されるが，二重譲渡であることを奇貨として，専ら相手方に損害を与えることを意図してかかる抗弁を主張することは，権利濫用にあたり許されないのである。そして，かかる権利濫用の抗弁を主張するためには，Yが本件第2売買契約締結時に背信的悪意者であったこと，すなわち，①Yが本件第1売買契約について悪意であったこと，及び②背信的意思があったことを主張する必要があるが，②についてはオで主張されているため，①について，エで主張する必要がある。

　　したがって，エには上記事実が入る。

第4　設問4

1 まず，本件第2売買契約の際に本件第1売買契約の存在についてYに伝えたというAの供述，及び本件第2売買契約における代金が甲土地の時価の僅か半額である500万円であったことから，Yが二重譲渡について悪意であったことが推認される。Yは，AからはXA間売買契約については聞いていなかっ

たというが，通常の売買であれば代金を目的物の時価の半額にすることはほとんど考えられないから，上記推認は覆らない。

2 Yが転売利益の一部をAに譲渡する旨のAの供述，及び本件念書，並びにYがXに対して代金2000万円で転売を持ち掛けた事実から，Yが二重譲渡について悪意であったのみならず，これを利用してXに損害を与え，自らは利益を得る目的を有していたことを強く推認させる。すなわち，売買契約という有償双務契約においては等価交換が通常であるにもかかわらず，Yは甲土地の時価の2倍もの代金を提示しているところ，これは，法外な金額を提示してもXにはこれに応じ得る特別な事情があること，具体的には，Xがこれに応じなければAに支払った1000万円が無駄になってしまうことをYが知っていたことを推認させる。そして，YはAY間売買契約時に転売利益についてAに話していたことから，契約締結時には既にかかる背信的意思を有していたといえる。Yは，あくまで2000万円については例示したに過ぎないというが，このような法外な金額を例示すること自体，上記背信的意思を推認させる。

3 また，Yは建築業者であるにもかかわらず，甲土地に大した量の資材を置かず，トラックも僅か2台が止まっているだけである。これは，Yが甲土地を資材置場として使用する目的ではなく，Xを害する目的でAから買ったことを裏付ける。

4 以上より，エ，オの事実は認められる。　　　　　以　上

● エに入る具体的事実を正しく記述できている。

● 被告が既に係争不動産の所有権移転登記を具備している場合において，被告に背信的な事情が認められるとき，原告としては，背信的悪意者の再抗弁を主張するのが妥当である。この点，判例（最判昭43.8.2等）で示された背信的悪意者の抗弁に係る要件事実は，①被告の悪意（実体上物権変動があった事実を知っていること），②被告の背信性（登記の欠缺を主張することが信義に反すると認められる事情があること）であるところ，原告Xは，オにおいて，上記②について主張する予定であるから，エには，上記①が入る。本答案は，全面的に適切に論述できている。

● 出題趣旨によれば，「書証と人証の双方」を検討した上で，「どの事実がいかなる理由から再抗弁に係る評価を根拠付ける際に重要であるかに留意」しつつ論述することが求められている。ここでは，「Yは，本件第2売買契約の際，Xに対して甲土地を高値で買い取らせる目的を有していた」ことの評価根拠事実を中心に，Yに有利な事実に対する反論も想定しつつ，具体的に検討する必要がある。

　　まず，本件念書という「書証」から，Yが甲土地の売却を前提に甲土地を買い取ったことを主張すべきであるところ，本答案は，本件念書について，他の事実も摘示しながら総合的に検討しているようであり，思考過程がやや不明確である。もっとも，摘示すべき事実及びその評価が適切になされている点で，説得的な論述はできている。

設問1
1　甲土地の登記移転の処分を禁止する仮処分（民事保全法５３条，２３条１項）と，甲土地の占有移転の処分を禁止する仮処分（同法２５条の２，２３条１項）を採るべきである。
　　上記法的手段を採らなければ，Ｘが勝訴しても，Ｙは，甲土地の所有権移転登記を具備しているから，訴訟の途中で，第三者に甲土地の譲渡，登記の移転がなされ，民法１７７条の適用により，当該第三者が甲土地の所有権を確定的に取得し，反射的に，Ｘが甲土地の所有権を失うことがありうる。それを避けるべく，上記法的手段をとるべきである。
2　被告は，原告に対し，甲土地について，真正な登記名義の回復を原因とする所有権移転登記手続をせよ。
　　被告は，原告に対し，甲土地を明け渡せ。
3イ　平成２７年６月１日，Ｘは，Ａから，甲土地を代金１０００万円で買った。
　ウ　現在，Ｙは，甲土地を占有している。
設問2
　対抗要件具備による所有権喪失の抗弁を主張すべきである。Ｘ，Ｙは，Ａを起点とする二重譲渡の対抗関係にある。民法１７７条の「第三者」とは，当事者及びその包括承継人を除いた，登記の欠缺を主張する正当な利益を有する者をいう。Ｙの主張によれば，Ｙは正当な利益を有する者にあたり，民法１７

7条が適用されることにより，Ｙが甲土地の所有権を確定的に取得し，反射的に，Ｘは所有権を喪失する。そして，上記抗弁は，請求原因事実と両立し，その法的効果を覆滅させるものといえるから，対抗要件具備による所有権喪失の抗弁を主張すべきである。
設問3
　Ｙは，本件第２売買契約の際，本件売買契約１の事実を知っていた。
　民法１７７条の「第三者」とは，当事者及びその包括承継人を除いた，登記の欠缺を主張する正当な利益を有する者をいうところ，自由競争の観点から，悪意者は正当な利益を有する者にあたる。一方，背信的悪意者は，自由競争の枠を逸脱する者であり，信義則（民法１条）上，正当な利益を有する者にあたるとはいえず，この者に対しては，登記なくして対抗できる。背信的悪意者であるとの主張をするには，Ｙが悪意であったこと，及び背信性を基礎づける評価根拠事実が必要であるため，上記のように記載した。
設問4
　Ｙに有利な事情としては，Ａは，甲土地を事業資金確保のために，Ｙに売却しており，Ｙが５００万円で買ったとしても不合理ではないという事情が，まず挙げられる。次に，Ｘに対して，２０００万円で甲土地を買わないかと申し向けたのは，Ｘ

● 　Ｐが講じておくべき法的手段について，名称がやや不正確ではあるが，正しく摘示できている。

● 　本答案が指摘する「反射的に，Ｘが甲土地の所有権を失うことがありうる」という問題は，実体法上のものであり，仮処分の申立てが必要となる理由としては，あまり一般的ではない（再現答案①参照）。

● 　対抗要件具備による所有権喪失の抗弁を述べることができている。また，これが抗弁となる理由についても，適切に論じられている。もっとも，本答案は，「上記抗弁は，請求原因事実と両立し，その法的効果を覆滅させるもの」と記載するにとどまり，再現答案①のように，Ｘのどの請求原因が否定されるかについてまでは踏み込まれていない。

● 　端的かつ適切に，設問3に解答することができている。

● 　設問3の「オ」が背信性を基礎付ける評価根拠事実であることも指摘できると，より丁寧であった。

の希望する価格を確かめようとしたに過ぎない。また，本件念書は，Aが，転売して高く売れた場合に，謝礼がほしいというため，書いたにすぎない。以上の事情が挙げられる。

　しかし，Aが事業資金の確保のため，甲土地を売ったとしても，甲土地の時価は１０００万円であり，その半額の５００万円で売るというのは不合理である。さらに，Yは，時価の２倍，５００万円の４倍の２０００万円でXに甲土地を売却しようとしており，Xに高く売りつけるという嫌がらせ目的であったことを推認できる。また，Yは，Aから，甲土地を既にXに売却したとの説明を受けているにもかかわらず，甲土地を買っていることも踏まえると，Xに対して，２０００万円で甲土地を買わないかと申し向けたのは，Xに高く売りつけるという嫌がらせ目的であったことを推認できる。さらに，Aの供述によれば，Yの方から，謝礼をあげると述べているのであり，本件念書は，Yの方から積極的に書いたものといえ，Xに高く売りつけるという嫌がらせ目的であったことを推認できる。また，Yは建築業者という資材を多く扱う職業であるにもかかわらず，甲土地に置かれた資材の量は大した分量ではなく，それ以外にトラック２台が止まっているにすぎないことからすると，初めから，Yが甲土地を買ったのは転売目的であったことを推認できる。以上から，エ，オの事実を認定できる。

以　上

● 　本件念書は，本件第２売買契約当時，Yが甲土地を転売するつもりであったことを示すものであり，基本的に，Yに有利な事情とは解されない（仮に，Yが甲土地を真に資材置場としてしか用いないつもりであれば，たとえAに求められても，本件念書を渡すことはなかったはずである）。

● 　【Xの供述内容】におけるAの供述は，Aの証人尋問が実施されていない以上，必ずしも信用性が高いものとはいえない。このことは，P側の準備書面であっても前提としなければならないものと思われる。

● 　Yの供述が不合理であることを，Yの属性から論理的に指摘できており，説得的である。

平成28年

第１　設問１
１　小問(1)
　　弁護士Ｐとしては，甲土地について占有移転禁止の仮処分（民事保全法２３条１項，６２条参照）をする必要がある。本件訴訟係属中に，Ｙが甲土地を第三者に明け渡した場合には，ＸのＹに対する土地明渡請求が認められなくなるからである。
　　弁護士Ｐとしては，甲土地について処分禁止の仮処分（同法５３条１項，５８条１項参照）をする必要がある。本件訴訟係属中に，Ｙが甲土地の所有権登記を第三者に移転することによって，ＸのＹに対する所有権移転登記請求が意味をなくすことを防止する必要があるからである。
２　小問(2)
　　Ｙは，Ｘに対し，甲土地を明け渡せ。
　　Ｙは，Ｘに対し，甲土地について，所有権移転登記手続をせよ。
３　小問(3)
　　イ：平成２７年６月１日，ＡＸ間で甲土地の売買契約が締結された。
　　ウ：現在，Ｙが甲土地を占有している。
第２　設問２
　　弁護士Ｑとしては，対抗要件の抗弁を主張するべきである。
　　本件では，平成２７年６月１日にＡからＸへと甲土地が売却さ

● なぜ「ＸのＹに対する土地明渡請求が認められなくなる」のかについては言及がなく，不十分である。同様に，「Ｙが甲土地の所有権登記を第三者に移転することによって，ＸのＹに対する所有権移転登記請求が意味をなくす」理由についても言及がない。

● 甲土地について所有権移転登記を求める訴訟の訴状において記載すべき請求の趣旨を誤っている（再現答案①コメント参照）。

● ＡＸ売買を摘示する場合には，代金額も漏らさず摘示しなければならない。

● Ｙは，甲土地について所有権移転登記を具備している上，【Ｙの相談内容】において，「甲土地の所有者は私です」と述べており，「Ｘが所有権移転登記を備えるまで，Ｘを甲土地の所有者として認めません」と述べているわけではない。したがって，設問２で「対抗要件の抗弁を主張するべきである」とするのは，不適切である。

れ，他方で同年８月１日にＡからＹへと甲土地が二重譲渡され，Ｙは所有権移転登記を備えている。
　　民法１７７条の定める「第三者」とは，当事者及びその包括承継人以外の者であって，登記の欠缺を主張するに正当な利益を有する者をいうところ，甲土地を二重譲渡されたＹは，登記の欠缺を主張するに正当な利益を有する者にあたる。
　　よって，ＹはＸと対抗関係にあり，Ｘが所有権登記を備えていない旨を主張することができる。
　　当該主張は，所有権に基づく移転登記あるいは明渡請求という請求原因と両立し，そこから発生する法律効果を否定するものであるので，抗弁に位置付けられる。
第３　設問３
１　具体的事実
　　Ｙは，本件第２売買契約の際，Ａが甲土地の所有権を有しないことを知っていた。
２　理由
　　Ｘとしては，Ｙの対抗要件の抗弁に対し，背信的悪意者の再抗弁を主張することが考えられる。設問２で前述の通り，民法１７７条の規定する「第三者」とは，当事者及びその包括承継人以外の者であって，登記の欠缺を主張するに正当な利益を有する者をいうところ，ある土地の二重譲渡を受けた単純悪意者については，「第三者」にあたるといえる。

● 背信的悪意者の再抗弁において主張すべき「悪意」の具体的事実は，「実体上物権変動があった事実を知っていること」，すなわち，Ｙが「本件第１売買契約（の存在）」を知っていたことである。売主である「Ａが甲土地の所有権を有しないこと」ではない。

しかしながら，背信的悪意者については自由競争の範囲外にあることから，登記の欠缺を主張するに正当な利益を有する者とはいえず，「第三者」にはあたらない。

したがって，背信的悪意者は対抗要件の抗弁を主張することができない。

よって，Ｙが背信的悪意者であるとの主張は，Ｙの抗弁から生ずる法律効果を障害し，請求原因の法律効果を復活させるものにあたるので，再抗弁にあたる。

第4 設問4

1 念書の存在

本件念書は，ＡＹ間の売買契約締結時に，Ｙが将来的に甲土地から売却益を得た場合にはそのうちの３割をＡに贈与するという内容のものであり，停止条件付贈与契約（５４９条，１２７条１項）を定めた契約書であると解釈できる。このような法律行為を記載した処分文書については，形式的証拠力が認められれば原則として実質的証拠力も認められる。

本件では，弁護士Ｑは本件念書の成立の真正を認めていることから，形式的証拠力が認められ，ＡＹ間の停止条件付贈与契約の成立が証明される。

その上で，本件売買契約時に，Ｙが背信性を有していたかが問題となる。

通常，売買目的物を自分で使用する場合には，当該目的物を

● Ｐが背信的悪意者の再抗弁を主張し，これが再抗弁として適切である理由については丁寧に論じられているが，上記１「具体的事実」がエに入る理由については述べられていない。

● Ｐが準備書面において主張したいことは，本件念書からＹの背信性が基礎付けられるということであり，本答案の論述のようなものではない（本件念書の成立の真正をＱが認めている時点で，本件念書の形式的証拠力が認められることを前提に，Ｐは準備書面を作成するはずである）。

将来的に売却した場合の売却益についての念書を交わすことは考えられない。

よって，本件売買契約時点で，Ｙは甲土地を他者に売買代金よりも高い値段で他者に売却することを予定したものと推認される。

2 甲土地の売買代金

Ｙは，Ａとの契約当時１０００万円の時価を有していた甲土地を，その半額という安価な値段である５００万円で買い取っている。

何らの瑕疵のない土地を売却する場合に，時価よりも大幅に安価な価格を設定することは，通常，考えられない。

したがって，本件売買契約当時，Ｙは，甲土地の所有権は既にＡにはないことを知っていたものと推認される（Ａの発言の信用性が高いと評価できる）。

その上で，前述の念書とあいまって，実際に甲土地の所有権を有するＸに対し，高い値段で転売することを予定していたものと推認される。

3 甲土地の使用形態

Ｙは，買い受けた甲土地を資材置場として使用している旨を述べている。しかしながら，実際には甲土地には少しの分量の資材と運搬用のトラック２台が置かれているのみである。

通常，建築業者であれば所有地に大量の資材を置くことが想

● 本件念書について，正しく評価を加えることができている。

● この事実と，Ｘに「2000万円くらいではどうかと話したこと」があるというＹの供述を併せ考えると，Ｙは甲土地を転売するつもりであったことがより基礎付けられるといえる。

● 【Ｘの供述内容】におけるＡの供述については，Ａ本人の証人尋問がなされていない以上，高度の信用性を認めることは困難である。

● Ｙの属性と甲土地の現況から，Ｙ

定されるところであり，大して必要性のない土地を５００万円もの額で購入することは考えられない。

　したがって，Ｙは本件売買契約当時から，甲土地を使用する目的はなく，他者に転売する目的を有していたものと考えられる。

　これは，前述の，Ｘに対し高い値段で転売することを予定したとの推認を強める事情である。

以　上

※　実際の答案は４頁以内におさまっています。

が真に甲土地を資材置場として使用するつもりでＡから買い取ったとは考えられず，本件第２売買契約当時から，高値で転売するつもりであった旨論述しており，適切である。

## MEMO

第1　設問1
1　小問(1)
　　弁護士Ｐは，まず，係争物に関する仮処分命令（民事保全法23条1項）を申し立てるべきである。なぜならば，これがなされなければ，甲土地について新たな権利の設定および占有移転がなされ，訴訟が複雑化するおそれがあるからである。
　　さらに，弁護士Ｐは，仮の地位を定める仮処分命令（同23条2項）を申し立て，甲土地の登記名義を変更することのできない地位を定めるべきである。なぜならば，これにより不動産に関する権利についての登記を請求する権利を保全することができ（同53条1項），被告を確定することができるからである。
2　小問(2)
　　被告は，原告に対し，甲土地について，平成27年6月1日の売買契約を原因とする所有権移転登記手続をせよ。
　　また，被告は，原告に対し，甲土地を明け渡せ。
3　小問(3)
　イ　Ａは，原告に対し，平成27年6月1日，甲土地を代金1000万円で売った。
　ウ　被告は，甲土地を占有している。
第2　設問2

1　弁護士Ｑは，Ｙの訴訟代理人として，対抗要件具備による所有権喪失の抗弁を主張すべきである。
2　物権の設定および移転は，当事者の意思表示のみによってその効力を生ずる（民法176条）が，不動産に関する物権の変動は，登記を備えなければ第三者に対抗することができない（同177条）。したがって，不動産に関する物権変動は，登記を備えることによって確定的にその効力を生ずるものと解するべきである。そして，登記を備えて確定的となった物権と矛盾する物権は，対抗要件具備の反射的効果として，その効力を失う。
　　本問では，甲土地の所有権が確定的にＹに帰属すれば，その反射的効果として，Ｘは甲土地に関する所有権を持ちえない。したがって，対抗要件を具備したという事実は，Ｘの主張する請求原因事実と両立しつつ，Ｘの主張する甲土地所有権という効果の発生を妨げるものとして，抗弁となる。
第3　設問3
1　エに記載すべき事実は，「Ｙが，本件第2売買契約を締結したときに，本件第1売買契約の存在を知っていた。」ことである。
2　Ｘが自己の甲土地所有権を主張するためには，ＸがＹに対して，登記なくして甲土地所有権を対抗できることが必要である。ここで，177条の趣旨は不動産取引の安全であるか

● 「係争物に関する仮処分命令」の申立てと述べるだけでは，どのような内容の仮処分を求めるのかが分からず，不十分である。

● 本問の事実関係において，「仮の地位を定める仮処分命令」を求めるのは明らかに誤りである。本答案にいう「甲土地の登記名義を変更することのできない地位」は，係争物に関するものであり，解雇無効確認の訴え等における労働者であることの地位などとは性質が異なる。

● 甲土地について所有権移転登記を求める訴訟の訴状において記載すべき請求の趣旨を誤っている。取得時効を主張する場合ではないため，請求の趣旨に登記日付を記載することは不要である。また，「真正な登記名義の回復を原因とする」と正しく記述できていない。

● 対抗要件具備による所有権喪失の抗弁を述べることができている。また，本答案は，実体法上の権利関係について丁寧かつ適切に論述しており，抗弁となる理由についても，本問に即して正しく説明することができている。

● エに入る具体的事実を正しく記述できている。

ら，自由競争原理の下，悪意者も１７７条の「第三者」に含まれる。もっとも，自由競争原理を逸脱するような，いわゆる背信的悪意者については取引の安全を考慮する必要がないから，「第三者」には含まれない。したがって，Xとしては，Yが悪意者であること（エ），及びYが背信的な目的を有していたこと（オ）を主張することで，Yが背信的悪意者に当たり，１７７条の「第三者」に含まれず，Xは自己の所有権をYに対して対抗できる旨の主張をすべきである。

第４　設問４

1　Aは，本件第２売買に際して，すでに本件第１売買が存していることをYに説明し，Yからの了承を得ているのであるから，Yは本件第２売買契約の締結時，本件第１売買に関して悪意であった。

2　そして，以下の通り，Yは本件第２売買契約の際，Xに対して甲土地を高値で買い取らせる目的を有していた。

(1)　まず，Yは現在も甲土地を占有しているが，その占有態様は，わずかな資材を置き，運搬用のトラックを２台とめているにすぎない。かかる事情は，Yが甲土地を使用する必要性が低かったこと，すなわち，甲土地の売買について投機目的を有していたことを推認させる。

(2)　さらに，本件念書には，転売利益が生じた場合にその一部をAに贈与する旨が記載されており，かかる念書の存在

も，上記と同様にYの投機目的を推認させる。

(3)　ここで，Yから，本件念書はあくまで一般的な転売の可能性に向けられたものであって，特にXへの転売を想定しているものではなく，Yは背信的な目的を有していないとの反論が考えられる。

　確かに，本件念書に記載されている文言からは，Xへの転売を想定しているとの事情を読み取ることはできず，単に転売に成功した場合には転売利益の一部を与える旨の合意がなされたにすぎないとも思える。

　しかし，Yは，本件第２売買契約時に本件第１売買契約の存在を知っていたのであるから，転売相手としてXを想定することは，社会通念上合理的である。さらに，Yは時価の半額である５００万円で甲土地を購入したにもかかわらず，Xに対して時価の２倍である２０００万円で甲土地を買い取るよう請求している。そして，Yによる買取りの請求は，Xが甲土地の明渡しを求めると即座に行われている。これらの事実からは，Yが，あらかじめ転売相手としてXを想定しており，また，適正な価格よりも相当な高額での転売を予定していたことを推認させる。

(4)　以上より，上記の結論に至る。

以　上

● Pが背信的悪意者の再抗弁を主張し，これが再抗弁として適切である理由，及び被告の悪意（実体上物権変動があった事実を知っていること）がエに入る理由を適切に論述できている。

● Aの供述は，Aの証人尋問を経ていない以上，当然に信用できるという前提で用いるのは妥当でない。Aの供述を用いるにしても，Aの供述に信用性が認められることを指摘する必要があるものと思われる。

● Yが建築業者という属性を有していることも併せて指摘できると，より説得力が増す。

● 本件念書という「書証」の存在が，どうしてYの投機目的を推認させるのか，その具体的な理由が述べられていない。

● ここでも，Aの供述が信用できる前提で論述されており，妥当でない。

● 「Yによる買取りの請求」がXの請求の後「即座に行われている」ことが，「Yが，あらかじめ転売相手としてXを想定しており，また，適正な価格よりも相当な高額での転売を予定していたことを推認させる」といえるのかは疑問であり，更なる説明を要するものと思われる。

平成29年

# 問題文

[民　事]

司法試験予備試験用法文を適宜参照して，以下の各設問に答えなさい。

〔設問1〕

弁護士Pは，Xから次のような相談を受けた。

【Xの相談内容】

「私は，骨董品を収集することが趣味なのですが，親友からBという人を紹介してもらい，平成28年5月1日，B宅に壺（以下「本件壺」という。）を見に行きました。Bに会ったところ，Aから平成27年3月5日に，代金100万円で本件壺を買って，同日引き渡してもらったということで，本件壺を見せてもらったのですが，ちょうど私が欲しかった壺であったことから，是非とも譲ってほしいとBにお願いしたところ，代金150万円なら譲ってくれるということで，当日，本件壺を代金150万円で購入しました。そして，他の人には売ってほしくなかったので，親友の紹介でもあったことから信用できると思い，当日，代金150万円をBに支払い，領収書をもらいました。当日は，電車で来ていたので，途中で落としたりしたら大変だと思っていたところ，Bが，あなた（X）のために占有しておきますということでしたので，これを了解し，後日，本件壺を引き取りに行くことにしました。

平成28年6月1日，Bのところに本件壺を取りに行ったところ，Bから，本件壺は，Aから預かっていただけで，自分のものではない，あなた（X）から150万円を受け取ったこともない，また，本件壺は，既に，Yに引き渡したので，自分のところにはないと言われました。

すぐに，Yのところに行き，本件壺を引き渡してくれるようにお願いしたのですが，Yは，本件壺は，平成28年5月15日にAから代金150万円で購入したものであり，渡す必要はないと言って渡してくれません。

本件壺の所有者は，私ですので，何の権利もないのに本件壺を占有しているYに本件壺の引渡しを求めたいと考えています。」

弁護士Pは，【Xの相談内容】を前提に，Xの訴訟代理人として，Yに対し，本件壺の引渡しを求める訴訟（以下「本件訴訟」という。）を提起することを検討することとした。

以上を前提に，以下の各問いに答えなさい。

(1) 弁護士Pは，本件訴訟に先立って，Yに対して，本件壺の占有がY以外の者に移転されることに備え，事前に講じておくべき法的手段を検討することとした。弁護士Pが採り得る法的手段を

一つ挙げ，そのような手段を講じなかった場合に生じる問題についても併せて説明しなさい。

(2) 弁護士Pが，本件訴訟において，選択すると考えられる訴訟物を記載しなさい。なお，代償請求については，考慮する必要はない。

(3) 弁護士Pは，本件訴訟の訴状（以下「本件訴状」という。）において，本件壺の引渡請求を理由づける事実（民事訴訟規則第53条第1項）として，次の各事実を主張した。

ア　Aは，〔①〕

イ　Aは，平成27年3月5日，Bに対し，本件壺を代金100万円で売った。

ウ　〔②〕

エ　〔③〕

　上記①から③までに入る具体的事実を，それぞれ答えなさい。

(4) 弁護士Pは，Yが，AB間の売買契約を否認すると予想されたことから，上記(3)の法的構成とは別に，仮に，Bが本件壺の所有権を有していないとしても，本件壺の引渡請求を理由づける事実（民事訴訟規則第53条第1項）の主張をできないか検討した。しかし，弁護士Pは，このような主張は，判例を踏まえると認められない可能性が高いとして断念した。弁護士Pが検討したと考えられる主張の内容（当該主張を構成する具体的事実を記載する必要はない。）と，その主張を断念した理由を簡潔に説明しなさい。

〔設問2〕

弁護士Qは，本件訴状の送達を受けたYから次のような相談を受けた。

【Yの相談内容】

　「私は，Aから，本件壺を買わないかと言われました。壺に興味があることから，Aに見せてほしいと言ったところ，Aは，Bに預かってもらっているということでした。そこで，平成28年5月15日，B宅に見に行ったところ，一目で気に入り，Aに電話で150万円での購入を申し込み，Aが承諾してくれました。私は，すぐに近くの銀行で150万円を引き出しA宅に向かい，Aに現金を交付したところ，Aが私と一緒にB宅に行ってくれて，Aから本件壺を受け取りました。したがって，本件壺の所有者は私ですから，Xに引き渡す必要はないと思います。」

　弁護士Qは，【Yの相談内容】を前提に，Yの訴訟代理人として，本件訴訟における答弁書を作成するに当たり，主張することが考えられる二つの抗弁を検討したところ，抗弁に対して考えられる再抗弁を想定すると，そのうちの一方の抗弁については，自己に有利な結論を得られる見込みは高くないと考え，もう一方の抗弁のみを主張することとした。

以上を前提に，以下の各問いに答えなさい。

(1) 弁護士Qとして主張することを検討した二つの抗弁の内容（当該抗弁を構成する具体的事実を記載する必要はない。）を挙げなさい。

(2) 上記(1)の二つの抗弁のうち弁護士Qが主張しないこととした抗弁を挙げるとともに，その抗弁を主張しないこととした理由を，想定される再抗弁の内容にも言及した上で説明しなさい。


〔設問3〕

　Yに対する訴訟は，審理の結果，ＡＢ間の売買契約が認められないという理由で，Ｘが敗訴した。そこで，弁護士Ｐは，Ｘの訴訟代理人として，Ｂに対して，ＢＸ間の売買契約の債務不履行を理由とする解除に基づく原状回復請求としての１５０万円の返還請求訴訟（以下「本件第２訴訟」という。）を提起した。

　第１回口頭弁論期日で，Ｂは，Ｘから本件壺の引渡しを催告され，相当期間が経過した後，Ｘから解除の意思表示をされたことは認めたが，ＢがＸに対して本件壺を売ったことと，ＢＸ間の売買契約に基づいてＸからＢに対し１５０万円が支払われたことについては否認した。弁護士Ｐは，当該期日において，以下の領収書（押印以外，全てプリンターで打ち出されたものである。以下「本件領収書」という。）を提出し，証拠として取り調べられた。これに対し，Ｂの弁護士Ｒは，本件領収書の成立の真正を否認し，押印についてもＢの印章によるものではないと主張している。

　その後，第１回弁論準備手続期日で，弁護士Ｐは，平成２８年５月１日に１５０万円を引き出したことが記載されたＸ名義の預金通帳を提出し，それが取り調べられ，弁護士Ｒは預金通帳の成立の真正を認めた。

　第２回口頭弁論期日において，ＸとＢの本人尋問が実施され，Ｘは，下記【Ｘの供述内容】のとおり，Ｂは，下記【Ｂの供述内容】のとおり，それぞれ供述した。

```
                    領  収  書
   Ｘ  様
          下記金員を確かに受領しました。
          金１５０万円
          ただし，壺の代金として
          平成２８年５月１日
                              Ｂ　　Ⓑ
```

【Xの供述内容】

「私は，平成２８年５月１日に，親友の紹介でB宅を訪問し，本件壺を見せてもらいました。Bとは，そのときが初対面でしたが，Bは，現金１５０万円なら売ってもいいと言ってくれたので，私は，すぐに近くの銀行に行き，１５０万円を引き出して用意しました。Bは，私が銀行に行っている間に，パソコンとプリンターを使って，領収書を打ち出し，三文判ではありますが，判子も押して用意してくれていたので，引き出した現金１５０万円をB宅で交付し，Bから領収書を受け取りました。当日は，電車で来ていたので，取りあえず，壺を預かっておいてもらったのですが，同年６月１日に壺を受け取りに行った際には，Bから急に，本件壺は，Aから預かっているもので，あなたに売ったことはないと言われました。

また，Yに対する訴訟で証人として証言したAが供述していたように，Aは同年５月２日にBから２００万円を借金の返済として受け取っているようですが，この２００万円には私が交付した１５０万円が含まれていることは間違いないと思います。」

【Bの供述内容】

「確かに，平成２８年５月１日，Xは，私の家を訪ねてきて，本件壺を見せてほしいと言ってきました。私はXとは面識はありませんでしたが，知人からXを紹介されたこともあり，本件壺を見せてはあげましたが，Xから１５０万円は受け取っていません。Xは，私に１５０万円を現金で渡したと言っているようですが，そんな大金を現金でもらうはずはありませんし，領収書についても，私の名前の判子は押してありますが，こんな判子はどこでも買えるもので，Xがパソコンで作って，私の名前の判子を勝手に買ってきて押印したものに違いありません。

私は，同月２日に，Aから借りていた２００万円を返済したことは間違いありませんが，これは，自分の父親からお金を借りて返済したもので，Xからもらったお金で工面したものではありません。父親は，自宅にあった現金を私に貸してくれたようです。また，父親とのやり取りだったので，貸し借りに当たって書面も作りませんでした。その後，同年６月１日にもXが私の家に来て，本件壺を売ってくれと言ってきましたが，断っています。」

以上を前提に，以下の各問いに答えなさい。

(1) 本件第２訴訟の審理をする裁判所は，本件領収書の形式的証拠力を判断するに当たり，Bの記名及びB名下の印影が存在することについて，どのように考えることになるか論じなさい。

(2) 弁護士Pは，本件第２訴訟の第３回口頭弁論期日までに，準備書面を提出することを予定している。その準備書面において，弁護士Pは，前記【Xの供述内容】及び【Bの供述内容】と同内容のX及びBの本人尋問における供述並びに前記の提出された書証に基づいて，Bが否認した事実についての主張を展開したいと考えている。弁護士Pにおいて準備書面に記載すべき内容を，

提出された書証や両者の供述から認定することができる事実を踏まえて，答案用紙１頁程度の分量で記載しなさい。

## ▶ MEMO

　設問1は，動産の引渡請求が問題となる訴訟において，原告代理人があらかじめ講ずべき法的手段とともに，引渡請求の訴訟物や当該請求を理由付ける事実について説明を求めるものである。民事保全の基本的理解に加えて，所有権に基づく物権的請求権の法律要件について，民事実体法及び判例で示された規律や動産取引の特殊性に留意して検討することが求められる。

　設問2は，動産の二重譲渡事案における実体法上の権利関係及びそれに係る要件事実の理解を前提に，原告の所有権喪失原因について幅広く検討した上，本件の時系列の下で予想される再抗弁の内容を念頭に，適切な抗弁を選択し，その理由を説明することが求められる。

　設問3は，二段の推定についての基本的理解と当てはめを問うとともに，原告代理人の立場から，準備書面に記載すべき事項を問うものである。争点に関する書証及び当事者尋問の結果を検討し，証拠により認定することができる事実を摘示した上で，原告の主張を根拠付けるために，各認定事実に基づき，いかなる推論・評価が可能か，その過程を検討・説明することが求められる。

# ▶ MEMO

第1　設問1
1　(1)について
(1)　法的手段は，Yに対する占有移転禁止の仮処分（民事保全法23条，25条の2，52条，62条）の申立てである。
(2)　この手段を講じなかった場合，Xは勝訴判決を得たとしてもYに対する債務名義しか得ることができないため，Yが他の人に占有を移転した場合にはこの債務名義を使うことができず，Xの債務名義は無駄なものとなる。確かに，Xは訴訟承継（49条，50条，51条）させることも考えられるが，占有移転はXの知らぬところでなされる可能性が高く，承継人を見つけられないおそれも高く，訴訟承継では実効性が低い。
　　　よって，占有移転禁止の仮処分の申立てを行うべきである。
2　(2)について
　　　XのYに対する所有権（民法206条）に基づく物権的返還請求権としての本件壺の引渡請求権
3　(3)について
　①　平成27年3月5日に本件壺を所有していた。
　②　平成28年5月1日，BはXに対し，本件壺を代金150万円で売った。
　③　口頭弁論終結時にYが本件壺を占有している。
4　(4)について
(1)　Pが検討したと考えられる主張は，即時取得（民法192

条）によって本件壺を原始取得したという主張である。
(2)ア　かかる主張を断念した理由は，以下のとおりである。
　イ　民法192条の要件として「占有」がある。そして，本件でXは占有改定（民法183条）によっているところ，これが「占有」にあたるか問題になる。
　ウ　そもそも，民法192条の趣旨は，動産は転々流通するものであるところ，外観の信頼を保護することによって取引の安全を図った点にある。そうならば，占有改定は外観上占有移転がなされておらず，信頼が働いていないため，かかる趣旨が妥当しない。したがって，占有改定は「占有」に含まれず，192条の主張は認められない可能性が高い。よって，かかる主張は難しいといえる。
第2　設問2
1　(1)について
　　　抗弁としては，民法178条による対抗要件具備の抗弁と，民法192条による即時取得の抗弁をすることが考えられる。
2　(2)について
(1)　Qが主張しないこととした抗弁は，対抗要件具備の抗弁である。
(2)　これを主張しないとした理由は，以下のとおりである。
　　　まず，178条にいう「引渡し」は，全ての態様による占有移転を含むことから，Yが受けた現実の引渡し（182条1

● 占有移転禁止の仮処分（民保23Ⅰ，25の2，62）の申立てをしなかった場合において，Yが訴訟係属中に第三者に本件壺を譲渡等してしまうと，仮にXが勝訴してYに対する債務名義を得たとしても，その債務名義によっては当該第三者に対して強制執行できず，さらに当該第三者を被告とする訴えを提起し，かつ勝訴しなければXは目的を達成できないという問題が生じる。本答案は，上記の指摘に加えて，訴訟承継についても言及しており，模範的である。なお，訴訟承継については，本問は被告側の目的物引渡義務の承継が問題となる事案のため，50条のみを摘示すれば十分であった。

● 訴状を提出する時点でYが「口頭弁論終結時」に本件壺を占有しているかどうかは，将来の事実であるので分からない。端的に，「Yは，本件壺を占有している。」と摘示すれば足りる。

● 即時取得に関する民法192条の趣旨に遡って，Pが即時取得の主張を断念した理由を論理的に論述しており，適切である。

● 「対抗要件具備の抗弁」ではなく，正しくは「対抗要件具備による所有権喪失の抗弁」である。

● Qが対抗要件具備による所有権喪失の抗弁を主張しないこととした理由及び想定される再抗弁について，本問の

項）も，Ｘが受けた占有改定もこの「引渡し」に含まれる。したがって，ＸとＹはいずれも対抗要件を具備していることとなる。そして，対抗要件が競合した場合には，対抗要件の具備の先後で優劣が決まるところ，Ｘは先立つ対抗要件具備の再抗弁を主張することが考えられる。すなわち，Ｙは平成２８年５月１５日に対抗要件を具備しているところ，Ｘは同年５月１日に対抗要件を具備しているため，Ｘの再抗弁が認められることとなる。よって，Ｑは上記抗弁を主張しないこととした。

第３　設問３
１　(1)について
　文書の形式的証拠力については，本人の記名及び印影が顕出された場合には，本人の意思に基づく署名又は押印があると事実上推定される。そして，民事訴訟法２２８条４項の法定証拠法則によって本人の意思に基づく署名又は押印がある場合には，文書が真正に成立したものと事実上推定されることで形式的証拠力が肯定される。
　本件についてみるに，Ｂの記名及びＢ名下の印影が存在する場合にはＢの意思に基づく署名又は押印があるものと推定され，これによって文書全体の真正が推定されることから，形式的証拠力が肯定されることとなる。
２　(2)について
(1)　Ｂは，ＢがＸに対して本件壺を売ったことと，ＢＸ間の売買

契約に基づいてＸからＢに対し１５０万円が支払われたことについて否認している。Ｘは，かかる事実が存在することを，以下のとおり主張する。
(2)ア　まず，Ｘは，平成２８年５月１日に売買契約をした際に１５０万円を支払っており，売買契約及び代金の支払はあると主張する。たしかに，Ｂは１５０万円という大金を現金で受け取るはずがないと反論するが，Ｘは現金１５０万円を近くの銀行において引き出し，すぐに用意したと主張している。そして，このことは，同年日時付けで同額で引き出したことが記載されたＸ名義の預金通帳が存在し，銀行がＢ宅のすぐ近くに存在したという事実からこれを裏付けることができるため，Ｘの主張の方が信用性が高いといえる。
イ　また，上記を裏付ける事実として，ＢがＸから１５０万円を受け取った旨の領収書が存在すると主張する。これに対し，ＢはＸが領収書をパソコンで勝手に作り，判子を勝手に押したものであると反論する。しかし，ＸとＢは初対面であるという状況で，ＸがＢを陥れるような書面を作成する理由がない。よって，Ｂの主張の信用性は低く，Ｘの領収書が存在するという主張は説得力があるといえることから，領収書記載の事実が存在したといえ，ＢＸ間の売買契約及びこれに伴う代金授与が推認される。
ウ　さらに，Ｂは次の日である２日にＡからの借金である２００

具体的な事情を指摘しつつ論じられている点は，出題趣旨に沿う。もっとも，ここでは，ＸがＹに先立って対抗要件を具備した点を指摘するよりも，Ａを起点とするＢＹ間の対抗関係に着目し，平成27年３月５日の時点で，ＢがＡから本件壺を買い，その引渡しを受けている点を指摘するべきであった。

● いわゆる「二段の推定」に関する基本的な理解を論じることはできているが，出題趣旨によれば，「二段の推定についての基本的理解と当てはめを問う」ものとされている。したがって，本件領収書の押印が三文判であること等の事実を摘示し，具体的に当てはめを行う必要があった。

● 出題趣旨によれば，「争点に関する書証及び当事者尋問の結果を検討し，証拠により認定することができる事実を摘示した上で，原告の主張を根拠付けるために，各認定事実に基づき，いかなる推論・評価が可能か，その過程を検討・説明することが求められる」とされている。
　本答案は，書証として「平成28年５月１日に150万円を引き出したことが記載されたＸ名義の預金通帳」，本件領収書を摘示するとともに，当事者尋問の中から，ＢがＡに対し５月２日に200万円を返済した事実，「自分の父親からお金を借りて返済したもの……父親は，自宅にあった現金を私に貸してくれた……貸し借りに当たって書面も作りませんでした」という供述を指摘して，Ｐの立場から自分なりに評価を加えて具体的に検討することができている。

万円を返済しており，その中にXが支払った１５０万円が含まれている可能性が高く，Xが１５０万円を支払い，それのもととなる売買契約が存在したといえると主張する。これに対し，Bは，２００万円は父が自宅にあった現金を貸してくれたもので，Xからのお金ではないと反論する。しかし，２００万円もの大金が自宅にあるのは不自然であるし，Bとその父親の間の金銭の行き来について証明する書面はなく，Bの発言の信用性は乏しい。一方で，Bは，Xから１５０万円を受け取ったとされる次の日に返済をしており，直近であることから，Xの発言の信用性は高いといえる。よって，Xの発言から，BがXから受け取った１５０万円をもって借金を工面したと推認されることから，BX間の代金授与及びこれのもととなった売買契約が存在したといえる。

エ　以上より，BX間の売買契約及びこれによる１５０万円の代金支払があったといえる。

以　上

※　実際の答案は４頁以内におさまっています。

# ► MEMO

第1　設問1
1　小問(1)
　　Pが講じておくべき法的手段としては，占有移転禁止の仮処分（民事保全法２５条の２第１項）の申立て（２条１項）が考えられる。
　　訴訟承継主義が採用されているわが国では，訴訟係属中に係争物が当事者から移転された場合に，訴訟承継の手続を経ないと，移転先の者に既判力等が及ばず，訴訟に勝っても無意味となってしまう。そこで，上記手続を採ることで当事者恒定効を生じさせることに意義があると考える。
2　小問(2)
　　所有権に基づく返還請求権としての本件壺引渡請求権
3　小問(3)
　　①　平成２７年３月５日に本件壺を所有していた。
　　②　Bは，平成２８年５月１日，Xに対し，本件壺を１５０万円で売った。
　　③　Yは，本件壺を占有している。
4　小問(4)
　　Pは，即時取得（民法１９２条）による原始取得を請求原因とすることを検討した。しかし，即時取得はその要件として「占有を始めた」があり，一般外観上従来の占有状態に変更を生じないことを理由に占有改定はこれに含まれないと判

● 端的ながら，占有移転禁止の仮処分の申立てという法的手段を講じなかった場合に生じる問題を説明できている。

● 小問(2)・(3)ともに正解している。

● 本答案は，判例（最判昭35.2.11／民法百選Ⅰ［第８版］〔68〕）の規範を正確に引用できていることに加え，Xが占有改定以外の原因に基づく引渡しを受けていないことも摘示できている点で，模範的な論述といえる。

例は考えていることから，占有改定以外にXの占有を基礎づける事情がない本件においては，即時取得の主張は認められない可能性が高いと判断した。そのため，Pは即時取得の主張を断念した。
第2　設問2
1　小問(1)
　　対抗要件の抗弁と即時取得の抗弁が考えられる。
2　小問(2)
　　対抗要件の抗弁が主張しないこととした抗弁であると考えられる。なぜなら，Xは占有改定により対抗要件を具備しているとして対抗要件具備の再抗弁を主張してくることが考えられ，これによって上記抗弁は覆されてしまうからである。
第3　設問3
1　小問(1)
⑴　本件領収書は「私文書」であり，２２８条４項の適用がありうる。
⑵　２２８条４項は，訴訟の帰趨に重大な影響を及ぼし得る私文書の成立の真正について推定を働かせる法定証拠法則である。押印については，我が国において印鑑を他人が持っていることはありえないという経験則から，押印が意思に基づいてなされているという推定が働き（一段目の推定），２２８条４項で押印から文書全体の成立の真正が推定される（二段

● 【Yの相談内容】を踏まえれば，「対抗要件の抗弁」ではなく「対抗要件具備による所有権喪失の抗弁」が正しい。

● 本問の具体的な事情をほとんど指摘できていない上，内容的にもAを起点とするBY間の対抗関係に着目することができていない。

● いわゆる「二段の推定」について，正しい理解が示されている。一段目の推定が働く経験則にまで言及している点で，適切である。

目の推定）。署名については，経験則による一段目の推定は妥当しないものの，本人の署名であることが立証されれば２２８条４項で文書全体の成立の真正が推定される。

(3) 本件では，B名下の印影があり，これから上述の二段の推定が働くことで，それぞれの推定において反証なき限り本件領収書の成立の真正が推定される。また，Bの記名があり，２２９条３項の筆跡対照等で意思に基づく署名が立証されれば，２２８条４項で本件領収書の成立の真正が推定される。

(4) このように，裁判所は２２８条４項によって，押印については二段の推定のそれぞれに反証があるかをもとに文書の成立の真正につき心証形成をし，署名については意思に基づく署名であるか，あるとして２２８条４項の推定に対して反証があるかをもとに，文書の成立の真正につき心証形成をすることとなる。

2 小問(2)

(1) Bは，BがXに本件壺を売った事実，BX間売買契約に基づいてXからBに１５０万円が支払われた事実を否認している。しかし，以下の事実により，上記事実は推認されるので，Bの否認は理由がないといえる。以下詳述する。

(2) まず，X名義の通帳の成立の真正につき自白が成立しており，Xの口座から１５０万円が引き出された事実は認められる。そして，Xが何ら理由なく１５０万円もの大金を引き出

● 本件領収書のBの記名はプリンターで打ち出されたものであり，筆跡対照の余地はない。

● 本問では，本件領収書は押印以外全てプリンターで打ち出されたものであり，押印も三文判でなされたものであるところ，これらの事情が本件領収書の形式的証拠力にどう影響するのかについて，具体的に当てはめを行う必要があった。

すはずがないから，Xの主張通り，XがBに１５０万円を支払った事実が推認される。また，Bは父から２００万円を借りてAへの借金を返済したと主張しているが，２００万円もの大金を現金でBの父が保管していたというのは不自然であるし，いくら親子といえどもこのような大金をやりとりするのに借用証書を作成しないのは不自然である。そのため，BがAへの返済に用いた２００万円は父から借りたものではないと推認され，直近に受け取ったXから支払われた１５０万円を用いたと推認される。そのため，XからBに１５０万円を支払ったことが推認される。また，領収書も作成されており，領収書は報告文書として実質的証拠力が処分証書に比して相対的に高くないことは認められるものの，契約なくして作成されることは通常ありえないので，かかる領収書の存在から，XがBに１５０万円を支払った事実が推認される。このように，XからBへ１５０万円が支払われたという事実は強く推認される。

(3) そして，XBに面識はなかった以上，何ら面識ない者の間で対価なく１５０万円を支払うことは通常ありえないので，Xが欲しがっていた本件壺の売買があったと推認される。

(4) 以上のように，BがXに本件壺を売った事実，XからBに１５０万円が支払われた事実は推認され，Bの否認は理由がないといえる。　　　　　以　上

● 本答案は，書証として「平成28年5月1日に150万円を引き出したことが記載されたX名義の預金通帳」，本件領収書を指摘するとともに，当事者尋問の中から，BがAに対し5月2日に200万円を返済した事実，「自分の父親からお金を借りて返済したもの……父親は，自宅にあった現金を私に貸してくれた……貸し借りに当たって書面も作りませんでした」という供述を指摘して，Pの立場から自分なりに評価を加えて具体的に検討することができている。

● XB間に面識がなかったという争いのない事実を摘示し，BがXに本件壺を売ったという事実にうまく結び付けている。

設問1(1)

1　本件訴訟で確定判決による債務名義（民事執行法22条1号）を得たとしても，その既判力や執行力は「承継人」（民事訴訟法（以下法名省略）115条1項3号，民事執行法23条1項3号）に対し及ぶが，その者が対抗要件（民法178条）を具備したり，即時取得（民法192条）の抗弁を主張したりすることは妨げられない。

2　そこで，Xとしては，YがY以外の者に占有を移転することを禁止する仮処分（民事保全法23条1項）の申立て（同法2条1項）をすることが考えられる。当該申立てが認められると，執行がされたことを知って占有を取得した者又は知らないで占有を承継した者に対し，直接に強制執行をすることができる（同法62条1項1号，2号）。本件では，Xは本件壺の占有が移転されることにより「著しい困難を生じるおそれ」があり，Pは上記手段を採り得る。

設問1(2)

XのYに対する所有権に基づく返還請求権としての本件壺の引渡請求権

設問1(3)

1　①には，「平成27年3月5日当時，本件壺を所有していた。」事実が入る。

2　②には，「Bは，平成28年5月1日，Xに対し，本件壺

● 問題文からすると，本問では，訴訟係属中に，本件壺の占有がY以外の者に移転された場合に備えた法的手段の検討と，当該手段を講じなかった場合に生じる問題を説明することが求められていたといえる。これに対し，本答案の指摘する問題は，訴訟終結後に発生しうるものであり，この点で，本答案の解答は，設問とズレた解答といえる。

● 小問(2)・(3)ともに正解している。

を代金150万円で売った。」事実が入る。

3　③には，「Yは，本件壺を占有している。」事実が入る。

設問1(4)

1　即時取得の主張を検討したと考えられる。

2　本件では，BがXに対し，以後Xのために本件壺を占有する意思を表示したことにより，Xは占有改定（民法183条）に基づき本件壺の占有権を取得している。

　しかし，判例は，占有改定によっては占有の外観に変更が生じないため，占有改定は「占有を始めた」にあたらないとしている。したがって，Xは「占有を始め」ていないから，即時取得は成立しない。

設問2(1)

対抗要件の抗弁と対抗要件具備による所有権喪失の抗弁を主張することを検討した。

設問2(2)

対抗要件の抗弁を主張しないこととした。対抗要件の抗弁に対しては対抗要件具備の再抗弁が想定されるところ，本件ではXはBから占有改定を受けることにより本件壺の「引渡し」（同法178条）を受けており，Xは対抗要件を具備してしまっているからである。

設問3(1)

1　Bの記名が存在すること

● XがBから受けた本件壺の引渡しが「占有改定」（民183）であることを認定した上で，判例の見解を簡潔に論述できており，適切な論述と評価できる。

● 本答案は，「Xは対抗要件を具備してしまっている」ことを理由に，「対抗要件の抗弁」の主張を否定している。この論述自体は正しいが，この理由は「対抗要件具備による所有権喪失の抗弁」を否定する理由にもなりうる。そのため，設問の指示に合致しない論述といえる。

　　私文書に本人の意思に基づく「署名」があると，私文書全体の成立の真正が推定される（民事訴訟法２２８条４項）。これは，通常，私文書に署名をするときは文書の内容を確認するはずであるという経験則に基づく。

　　これに対し，パソコン等による記名であれば，誰でも作成可能であるから，記名は同項の「署名」にあたらない。

　　したがって，Ｂの記名が存在することから，直ちに本件領収書の形式的証拠力が認められることはない。

2　Ｂ名下の印影が存在すること

　　私文書に本人の意思に基づく「押印」があると，私文書全体の成立の真正が推定される（民事訴訟法同項）。また，本人の意思に基づく「押印」は，通常は，本人の印章と一致する印影が顕出されていることによって，事実上推定される（一段目の推定）。これは，わが国の取引慣行上，印章は厳重に保管され，みだりに他人に貸すことはないとの経験則に基づく。

　　これに対し，三文判による印影が顕出されていることから，一段目の推定が働くことはない。なぜならば，確かに三文判であっても印章とはいえるが，三文判は通常の印章と異なり本人以外の者も容易に入手が可能であるため，上記の経験則が成り立たないからである。

　　したがって，Ｂ名下の印影が存在することによって，Ｂの

● 228条4項を正しく理解できている。

● 本問事情を踏まえて，具体的に検討することができている。

● いわゆる「二段の推定」について，正しい理解が示されている。一段目の推定が働く経験則にまで言及している点で，適切である。

● Bは「私の名前の判子を勝手に買ってきて押印したものに違いありません」と供述していることから，本件領収書のB名下の印影はBの印章によるものではないこと，という点についても指摘できると良かった。

意思に基づく「押印」があることは推定されず，処分証書としての本件領収書の形式的証明力は認められないと考えることになる。

設問3(2)

1　Ｘ名義の預金通帳から，Ｘが平成２８年５月１日に１５０万円を引き出した事実が認められる。通常，人は何の用もないのに１５０万円もの大金を引き出すことはないから，上記事実からＸがＢに対し１５０万円を交付した事実が推認できる。

2　Ｘ及びＢの供述内容の一致から，Ｂが平成２８年５月２日にＡに２００万円を返済した事実が認められる。Ｂはこれについて父親から借りたことを主張するが，ＢとＢの父親との間の金銭消費貸借契約書は提出されていない。通常，親子間とはいえ，２００万円もの大金を契約書もなしに貸し借りするとは考え難い。むしろ，Ｘ側の主張するＸからＢへの１５０万円の交付日の翌日にＢはＡに２００万円を返済していることからしても，ＢはＸから支払われた１５０万円でＡへの返済金を工面したと考える方が合理的である。したがって，上記事実はＸがＢに対し１５０万円を交付した事実と整合する。

3　以上から，ＸがＢに対し１５０万円を交付した事実を相当程度強く推認でき，ＸＢ間での本件壺の売買契約の成立及び

● 本答案は，書証として「平成28年5月1日に150万円を引き出したことが記載されたX名義の預金通帳」，本件領収書を摘示するとともに，当事者尋問の中から，BがAに対し5月2日に200万円を返済した事実，「自分の父親からお金を借りて返済したもの……貸し借りに当たって書面も作りませんでした」という供述を指摘して，Pの立場から自分なりに評価を加えて具体的に検討することができている。

当該契約に基づく支払という主要事実を推認できる。
4　これに対しBは，１５０万円もの大金を現金で支払うはず
　がないと反論する。しかし，XがBから本件領収書を受け
　取ったのだとすれば，パソコンでの記名と三文判の印影しか
　ない本件領収書であっても後日の紛争発生を防げるとXが考
　えることもあながち不合理とはいえず，１５０万円を現金で
　支払ったことも不自然ではない。したがって，Bの反論に
　よっても，上記の推認は覆されない。
5　よって，XB間の売買契約の成立及びこれに基づく支払の
　事実は，合理的な疑いを超える程度に認められる。
　　　　　　　　　　　　　　　　　　　　　　　以　上

※　実際の答案は４頁以内におさまっています。

LEC東京リーガルマインド　司法試験予備試験 論文5年過去問 再現答案から出題趣旨を読み解く。法律実務基礎科目・一般教養科目

# ▶ MEMO

平成29年

第1　設問1
1　(1)について
　　動産の占有移転禁止の申立て（民事保全法23条1項）である。この手段を講じなかった場合，口頭弁論終結前に本件壺の占有がYの他に渡ってしまった場合，その者に対しては別個の債務名義が必要とされる可能性があり，Yに対する訴訟追行が無駄になる危険がある。そこで，本手段をとることにより，同法62条1項により認められる効果によって，この事態を防ぐべきである。

● 端的ながら，占有移転禁止の仮処分の申立てという法的手段を講じなかった場合に生じる問題を説明できている。

2　(2)について
　　所有権に基づく返還請求権としての動産引渡請求権
3　(3)について
　① 平成27年3月5日，本件壺を所有していた。
　② Xは，平成28年5月1日，Bから代金150万円で本件壺を買った。
　③ Yは，本件壺を占有している。

● 小問(2)・(3)ともに正解している。

4　(4)について
　　Pが検討したのは，即時取得（民法192条）により本件壺をAが原始取得した旨の主張であると考えられる。
　　この点，判例によれば，即時取得とは占有に一種の公示力を与え，占有への信用を保護するものである。とすれば，あくまで「引渡し」があったといえるためには占有移転の外観

● 判例（最判昭35.2.11／民法百選Ⅰ［第8版］〔68〕）は，即時取得により目的物の所有権を取得し得るためには，一般外観上従来の占有状態に変更を生ずるような占有を取得することを要するとし，占有改定は一般外観上変更を来さないため，占有改定は「占有を始めた」には含まれない旨判示している。本答案は，この点を論じた上で，きちんとXが受けた引渡しが占有改定であることを認定しており，適切である。

が必要となる。すると，一切そのような占有の外観変更が生じない占有改定（民法183条）の場合は，本条の「引渡し」の要件を満たさないと解される。
　　本件でも，XはBから，以降Xのために占有する旨を言い渡されており，これでは占有改定があったものとしかいえない。とすると，Xは「引渡し」を受けていないので，本条による保護を受けることができない。よって，Pはこの主張を断念したものと考えられる。

第2　設問2
1　(1)について
　(1) 1つ目は，Yが本件壺を即時取得により取得した旨の抗弁である。
　(2) 2つ目は，Xが本件壺の引渡しを受けるまでXを所有者と認めない対抗要件の抗弁である。

● 【Yの相談内容】を踏まえれば，「対抗要件の抗弁」ではなく「対抗要件具備による所有権喪失の抗弁」が正しい。

2　(2)について
　(1) 対抗要件の抗弁である。
　(2) 本件では，Xの主張を前提とした場合，本件壺はAからB，BからXへ移転しており，一方YはAからYへの移転を主張するので，YとBはAを起点とした二重譲渡の関係になり，YはBの対抗要件不存在を主張する正当な利益を有する「第三者」（民法177条）となる。よって，B，そしてその特定承継人であるXが本件壺の引渡しを受ける

● 本問で摘示すべき条文は177条ではなく，178条である。このような基本的な条文は，正確に摘示する必

までは（民法１７６条），その所有権者としての地位を否
定できる。
　しかし，実際にはＢはＡから本件壺の引渡しを受けてい
るので，対抗要件具備の再抗弁がＸから提出されることが
確実であるといえる。よって，Ｑはこの抗弁の提出を主張
しないこととしたものと考えられる。
第３　設問３
１　(1)について
　　書面の形式的証拠力（民事訴訟法２２８条１項）は，その
　書面が本人の意思に基づいて顕出されたことで認められる。
　そして，同条４項によれば，その書面に本人の意思に基づく
　署名押印があれば，法律上，当該書面が本人の意思に基づい
　て成立したことが推定される（二段目の推定）。さらに，我
　が国においては実印の保管が厳重であることから，本人の意
　思によらなければその実印を用いることは困難であると認め
　られる。そこで，本人の署名押印があれば，それが本人の意
　思に基づく顕出であることが事実上推定される（一段目の推
　定）。
　　そこで，本件でも，裁判所としては領収書にＢの記名及び
　Ｂ名下にその印影が存在するから，以上の二段の推定を認
　め，本件領収書の形式的証拠力は事実上推定されたものと考
　えることになる。

２　(2)について
　(1)　本件ＢＸ間の売買契約に基づいて，ＸからＢに対し１５
　　０万円が支払われた。
　(2)①　まず，本件売買に際し領収書が作成されている。もし
　　　１５０万円の支払がないなら，このような書面が作成
　　　されることはありえないので，右書面の存在は右支払
　　　の存在を強く推認する。
　　　　これに対して，Ｂは，本領収書に顕出されているの
　　　は三文判であり，Ｘにより偽造されたものと反論する。
　　　しかし，その主張を裏付ける事実は全くなく，信用性
　　　に欠ける反論である。
　　②　さらに，Ｘ名義の預金通帳からは，平成２８年５月１
　　　日に１５０万円の出金がある。このような高額の金員を
　　　一度に引き出すことは滅多にあることでなく，本引き出
　　　しは本売買の当日であるから，その１５０万円がＢに支
　　　払われたことを推認する。
　　③　しかも，Ｙはその翌日にＡに２００万円の借金を返済
　　　している。このような大金を，本件売買とは全く無関係
　　　にＸが調達したとは，Ｂに特段の収入源がない以上，考
　　　えられない。よって，この事実によっても右支払の存在
　　　を推認することができる。
　　　　これに対し，Ｂはその金員は父親から借りたものであ

要がある。

●　出題趣旨によれば，「本件の時系
列の下で予想される再抗弁の内容を
念頭」に置いて解答する必要があ
る。そのため，本答案は，内容的に
は正しいが，具体的な日時を摘示で
きておらず，不十分である。

●　本答案は，「法律上……推定され
る」と論述しているが，このような
論述では，２２８条４項の「推定」の
法的性質について，法定証拠法則で
はなく法律上の推定と解していると
の誤解を与えかねない。

●　本問事情に即した具体的な検討が
なされておらず，不十分である。

●　本答案は，書証として「平成２８
年５月１日に１５０万円を引き出した
ことが記載されたＸ名義の預金通
帳」，本件領収書を摘示するととも
に，当事者尋問の中から，ＢがＡに
対し５月２日に２００万円を返済した
事実，「自分の父親からお金を借り
て返済したもの……父親は，自宅に
あった現金を私に貸してくれた」と
いう供述を指摘して，Ｐの立場から
自分なりに評価を加えて具体的に検
討することができている。

ると反論する。しかし，Ｂは父親の自宅に２００万円が
あったとはいうが，そのような大金をそのまま自宅に置
いているということは到底考え難い。さらに，この供述
を前提とすれば，Ｂは１５０万円を現金で受け取るはず
がないといっているのに，自分は２００万円を現金で受
け取っていることになり矛盾する。よって，この弁解は
不合理なものである。

以　上

※　実際の答案は４頁以内におさまっています。

平成30年

# 問題文

[民　事]

　司法試験予備試験用法文を適宜参照して，以下の各設問に答えなさい。

〔設問1〕
　弁護士Pは，Xから次のような相談を受けた。

【Xの相談内容】
　「私（X）とYは，かつて同じ大学に通っており，それ以来の知り合いです。私は，平成27年8月頃，Yから，『配偶者が病気のため，急に入院したりして，お金に困っている。他に頼める人もおらず，悪いが100万円程度を貸してくれないか。』と頼まれました。私は，会社勤めで，さほど余裕があるわけでもないので，迷いましたが，困っているYの姿を見て放っておくわけにはいかず，友人のよしみで，1年後くらいには返してもらうという前提で，Yに100万円を貸してもよいと考えました。私とYは，平成27年9月15日に会いましたが，その際，Yは，『100万円借り受けました。平成28年9月30日までに必ず返済します。』と書いた借用証書を準備しており，これを私に渡し，私も，その内容を了解して，Yに現金100万円を渡しました。なお，友人同士でもあり，利息を支払ってもらう話は出ませんでした。
　ところが，返済期限が過ぎても，Yは，一向に返済しません。私は，直ちに100万円を返してほしいですし，返済が遅れたことについての損害金も全て支払ってほしいです。
　なお，Yは，平成29年7月末頃までは会社勤めでしたが，同年8月頃から現在まで，個人で自営業をしています。Yは，現在，顧客であるAに対して80万円の売買代金債権を持っているものの，それ以外にめぼしい資産はないようです。」

　弁護士Pは，【Xの相談内容】を前提に，Xの訴訟代理人として，Yに対し，Xの希望する金員の支払を求める訴訟（以下「本件訴訟」という。）を提起することを検討することとした。

　以上を前提に，以下の各問いに答えなさい。
(1)　弁護士Pは，勝訴判決を得た場合の強制執行を確実に行うために，本件訴訟に先立ってXが事前に講じておくべき法的手段を検討した。Xが採り得る法的手段を一つ挙げなさい。また，その手段を講じなかった場合に生じる問題について，その手段の有する効力に言及した上で説明しなさい。
(2)　弁護士Pが，本件訴訟において，Xの希望を実現するために選択すると考えられる訴訟物を記載しなさい。

(3) 弁護士Pが，本件訴訟の訴状（以下「本件訴状」という。）において記載すべき請求の趣旨（民事訴訟法第133条第2項第2号）を記載しなさい。なお，付随的申立てについては，考慮する必要はない。

(4) 弁護士Pが，本件訴状において，請求を理由づける事実（民事訴訟規則第53条第1項）として主張すると考えられる具体的事実を記載しなさい。

〔設問2〕

弁護士Qは，本件訴状の送達を受けたYから次のような相談を受けた。

【Yの相談内容】

「確かに，私（Y）は，Xが主張する時期に，借用証書を作成した上で，Xから100万円を借りたことはあります。しかし，私は，返済期限の平成28年9月30日に，全額をXに返済しました。

平成29年に入って，私とXは，大学の同窓会の幹事を担当するようになったのですが，同年9月半ば頃に，私の発言をきっかけにXが幹事を辞任しなければならなくなり，関係が悪化してしまったのです。そのようなこともあって，Xは，突然，返したものを返していないなどと言い出したのだと思います。

また，今回，Xから請求を受けて思い返してみたのですが，私とXが大学を卒業した直後である平成19年10月1日，私は，Xから懇願されて，気に入っていたカメラ（以下「本件カメラ」という。）を8万円で売って，同日，Xに本件カメラを渡したことがありました。その後，忙しくて，Xに催促しそびれて，お金を受け取らないまま現在に至っています。100万円を返す必要は全くないと考えていますが，万一，その主張が認められなかったとしても，少なくとも前記8万円分を支払う必要はないと思います。」

弁護士Qは，【Yの相談内容】を前提に，Yの訴訟代理人として，弁済の抗弁と相殺の抗弁を主張することとし，これらが記載された本件訴訟における答弁書（以下「本件答弁書」という。）を作成した。弁護士Qは，本件答弁書の提出に先立ち，Xに対し，Xの請求を全面的に争うとともに，8万円分の相殺の抗弁を主張する旨を詳しく記載した内容証明郵便を発送し，Xは，平成30年2月2日，弁護士Pを経由して，同内容証明郵便を受領した。

以上を前提に，以下の各問いに答えなさい。なお，〔設問2〕以下においては，遅延損害金の請求やこれについての主張を考慮する必要はない。

(1) 弁護士Qは，本件答弁書に記載した弁済の抗弁につき，次の事実を主張した。

　　　　Yは，Xに対し，〔①〕。

　　上記〔①〕に入る具体的事実を記載しなさい。

(2) 弁護士Qは，本件答弁書に記載した相殺の抗弁につき，次の各事実を主張することを検討した。

　　ア　Yは，Xに対し，平成１９年１０月１日，本件カメラを代金８万円で売った。

　　イ　Yは，Xに対し，平成３０年２月２日，〔②〕。

(ⅰ) 上記〔②〕に入る具体的事実を記載しなさい。

(ⅱ) 弁護士Qとして，上記ア及びイの各事実に加えて，「Yは，Xに対し，平成１９年１０月１日，アの売買契約に基づき，本件カメラを引き渡した。」との事実を主張することが必要か否か。結論とその理由を述べなさい。

## 〔設問３〕

　　弁護士Pは，相殺の抗弁に対して，下記の主張をできないか検討したが，下記の主張は認められない可能性が高いとして断念した。弁護士Pが断念した理由を説明しなさい。

記

　　YのXに対する本件カメラの売買代金債権につき，消滅時効が成立しているところ，Xは同時効を援用する。

## 〔設問４〕

　　第１回口頭弁論期日において，本件訴状と本件答弁書が陳述され，弁護士Pは，弁済の抗弁に係る事実を否認した。第１回弁論準備手続期日において，弁護士Qは，書証として下記①及び②を提出し，いずれも取り調べられ，弁護士Pはいずれも成立の真正を認めた。

記

① 　銀行預金口座（Y名義）から，平成２８年９月２８日に現金５０万円，同月２９日に現金５０万円がそれぞれ引き出された旨が記載された預金通帳（本件通帳）

② 　現在のYの住所につき，「住所を定めた日　平成２９年８月３１日転入」との記載がある住民票写し（本件住民票）

　　その後，２回の弁論準備手続期日を経た後，第２回口頭弁論期日において，本人尋問が実施され，Xは，下記【Xの供述内容】のとおり，Yは，下記【Yの供述内容】のとおり，それぞれ供述した。

【Xの供述内容】

　「今回，Yから，Yの配偶者が急な病気のため入院して，お金に困っていると泣き付かれました。私には小さい子供が2人おり，家計のやりくりは楽ではないのですが，困っているYを見捨てるわけにもいかず，お金を貸しました。

　Yから食事をおごられた記憶はあります。Yのいうとおり，平成28年9月30日だったかもしれません。ただし，その際にお金を返してもらったということは絶対にありません。

　私も色々と忙しかったので，私が初めてYにお金の返済を求めたのは，平成29年10月だったと思います。確かに，同年9月半ば頃，私は，同窓会の経理につき，他の幹事たちの面前で，Yから指摘を受けたことはありますが，私が同窓会の幹事を辞任したのは，それとは無関係の理由ですので，私がYを恨みに思っているということはありません。

　時期までは聞いていませんが，Yが引っ越しをしたことは聞いています。でも，だからといって，Yがいうように領収書を処分してしまうということは普通は考えられません。そもそも，Yは私に返済していないのですから，Yのいうような領収書が存在するわけもないのです。」


【Yの供述内容】

　「私は，配偶者が急に病気になり，入院するなどしたため，一時期，お金に困り，Xに相談しました。Xは快くお金を貸してくれて，本当に助かりました。

　幸い，私の配偶者は，一時期の入院を経て元気になり，私たちは生活を立て直すことができました。

　私は，返済期限である平成28年9月30日に，Xと会って，レストランで食事をおごるとともに，前々日と前日に銀行預金口座から引き出しておいた合計100万円をXに渡しました。

　Xも私もあらかじめ書面は用意していなかったのですが，Xが，その場で自分の手帳から紙を1枚切り取って，そこに，『領収書　確かに100万円を受け取りました。』との文言と，日付と，Xの氏名を記載して，私に渡してくれました。私は，平成29年8月31日に現在の住所に引っ越したのですが，返済して1年近く経っていたこともあり，その引っ越しの際に，他の不要な書類とともに先ほど述べた領収書を処分してしまったので，今回の訴訟にこの領収書を証拠として提出していません。

　平成29年に入って，私とXは，大学の同窓会の幹事を担当するようになったのですが，同年9月半ば頃，Xが同窓会費を使い込んでいたことが判明したため，私が，他の幹事たちの面前で，その点をXに指摘し，それをきっかけにXが幹事を辞任したことがあったため，Xは，私を恨みに思っているようでした。そのようなこともあって，同年10月に，返したものを返していないなどと言い出し，請求し始めたのだと思います。」

以上を前提に，以下の問いに答えなさい。

　弁護士Ｑは，本件訴訟の第３回口頭弁論期日までに，準備書面を提出することを予定している。その準備書面において，弁護士Ｑは，前記の提出された各書証並びに前記【Ｘの供述内容】及び【Ｙの供述内容】と同内容のＸ及びＹの本人尋問における供述に基づいて，弁済の抗弁が認められることにつき主張を展開したいと考えている。弁護士Ｑにおいて，上記準備書面に記載すべき内容を答案用紙１頁程度の分量で記載しなさい。

# ▶ MEMO

平成30年

# 出題趣旨

　設問1は，消費貸借契約に基づく貸金返還請求等が問題となる訴訟において，原告代理人があらかじめ講ずべき法的手段とともに，原告の求める各請求に対応した訴訟物や請求の趣旨，請求を理由付ける事実について説明を求めるものである。債権を対象とする民事保全の効力について検討を行うほか，消費貸借契約に基づく貸金返還請求の法律要件につき，附帯請求に係るものを含め，正確な理解が問われる。

　設問2は，金銭請求に対する典型的な抗弁事実に関し，民事実体法及び要件事実の理解を問うものである。相殺の抗弁については，自働債権が双務契約に基づいて発生したことを踏まえ，本件の事案に即して，自説を的確に論ずることが求められる。

　設問3は，原告代理人の訴訟活動上の選択につき，理由を説明するものである。相殺と消滅時効に関する実体法上の規律を前提に，本件の事案に適切に当てはめて論ずることが求められる。

　設問4は，被告代理人の立場から，弁済の抗弁について準備書面に記載すべき事項を問うものである。書証及び当事者尋問の結果を検討し，いかなる証拠によりいかなる事実を認定することができるかを示すとともに，各認定事実に基づく推認の過程を，本件の具体的な事案に応じて，説得的に論述することが求められる。

---

☆平成29年民法（債権関係）改正による影響の有無について

　〔設問1〕について

　改正民法419条1項本文は，金銭債務の不履行については，その損害賠償の額は，「債務者が遅滞の責任を負った最初の時点における法定利率」によって算定する旨規定している。仮に，この「最初の時点」が2020年（令和2年）4月1日以降であれば，法定利率は年3パーセントとなることに注意が必要である（改正404Ⅱ）。なお，改正民法419条1項により，請求原因として「債務者が遅滞の責任を負った最初の時点」を示す具体的事実を主張立証する必要が生じるが，履行遅滞に基づく損害賠償請求権を訴訟物とする場合には，請求原因として履行遅滞の事実を主張立証することになり，その中に「債務者が遅滞の責任を負った最初の時点」を示す具体的事実も含まれるため，上記の事実を追加して主張する必要はない。

　〔設問2〕について

　改正による影響は特にない。

　〔設問3〕について

　改正民法166条1項は，消滅時効期間について規定する改正前民法167条を大きく変更し，主観的起算点から5年，客観的起算点から10年で債権が時効消滅するという二元的なシステムを採用した。そして，主観的起算点（改正166Ⅰ①）は，「債権者が権利を行使することができることを知った時」であり，「権利を行使することができることを知った時」とは，客観的起算点（改正166Ⅰ②）の到来を債権者が知った時，すなわち，権利行使が期待可能な程度に，当該権利の発生及びその履行期の到来その他権利行使にとっての法律上の障害がなくなったことを債権者が知った時を意味する。

---

　この点，契約に基づく一般的な債権（一般債権）は，権利発生時にその権利を行使できることを認識しているのが通常であるため，「債権者が権利を行使することができることを知った時」（主観的起算点）と「権利を行使することができる時」（客観的起算点）は基本的に一致する。

　以上を前提に，本問において改正民法が適用されるものと仮定した場合にどうなるかを検討する。

　【Yの相談内容】によれば，Yは，平成19年10月１日，Xに対して，本件カメラを８万円で売却し，同日，これを引き渡しており，特に履行期に関する特約等はない。そして，売買契約に基づく代金支払請求権は，上記「契約に基づく一般的な債権」（一般債権）に当たり，売主であるYは，権利発生時（平成19年10月１日）に代金支払請求権を行使できることを認識しているのが通常であると考えられる。したがって，平成19年10月１日が「債権者が権利を行使することができることを知った時」（主観的起算点）に当たる。そうすると，改正民法166条１項柱書・同項１号により，平成24年10月１日の時点で消滅時効は完成していることになり，平成28年９月30日に発生するXのYに対する貸金返還請求権と相殺適状にあった（508参照）ということはできなくなる。したがって，時効により消滅した債権を自働債権とする相殺に関する508条は適用されず，Xは，本件カメラの売買代金債権の消滅時効を援用することができ，弁護士Pがこの主張を断念する理由もなくなる。よって，改正民法下では，本問は問題として成立せず，題意の変更が必要となる。

　〔設問４〕について

　改正による影響は特にない。

平成30年

第1　設問1
1　(1)について
(1) まず，Pとしては，貸金返還請求権を被保全債権として，Y
　がAに対して有する８０万円の売買代金債権について，仮差押
　命令（民事保全法（以下「保全法」とする。）２０条１項）を
　発するよう申し立てることが必要である。
(2) かかる申立てをしない場合，YにはAに対する８０万円の売
　買代金債権以外のめぼしい資産がなく，かかる債権が弁済され
　費消された場合に，Yへの債務名義を得たとしても執行する財
　産がなく効を奏しない。そこで，仮差押命令がなされれば，第
　三債務者に対し債務者への弁済を禁止する命令を発することに
　なる（保全法５０条１項）ため，AがYに本件訴訟終了前に弁
　済を行う危険がなくなり，債権を保全することができる。
2　(2)について
　　訴訟物は，XのYに対する消費貸借契約（民法（以下略）５
　８７条）に基づく貸金返還請求権１個とXのYに対する履行遅
　滞（４１２条１項）に基づく損害賠償請求権１個である。
3　(3)について
　　被告は原告に対し，金１００万円を支払え。と請求の趣旨に
　記載する。
4　(4)について
　　Xは請求原因として，

ア　平成２７年９月１５日　XY間で弁済期平成２８年９月３
　　０日として１００万円の消費貸借契約を締結したこと
イ　同日　XからYに１００万円を貸したこと
ウ　平成２８年９月３０日が経過したこと
を主張する必要がある。
第2　設問2
1　(1)について
　　①として，平成２８年９月３０日に，請求原因アの債務の弁
　済として，１００万円を交付したと主張する。
2　(2)（ⅰ）について
　　②として，アの代金債権につき，消費貸借契約に基づく貸金
　債務と対当額で相殺するとの意思表示を行ったと主張する。
3　(2)（ⅱ）について
(1) まず，売買契約の主張をすることによって，双務契約に基づ
　いてYがカメラの引渡債務を負っていること，そしてカメラの
　引渡しの提供と代金支払が同時履行であることが現れている。
　そして，同時履行の抗弁権の付着した債務は，「債務の性質が
　これを許さないとき」（５０５条１項但書）にあたるとして相
　殺主張は認められない。そのため，相殺の主張を行うために
　は，かかる同時履行の抗弁の存在効果を消さなければ，主張自
　体失当となる。
(2) したがって，Qは本件カメラの引渡しをしたことを抗弁事

● Xが採り得る法的手段を正しく提
　示できている。

● 仮差押えの申立てを講じなかった
　場合に生じる問題，及び仮差押えの
　申立ての有する効力について的確に
　言及できている。ここでは，Yが債
　権譲渡をした場合を想定し，詐害行
　為取消請求に係る訴え（民424Ⅰ）
　を提起することも可能であるが，そ
　れ自体大変な負担であることにも言
　及できると，さらに高く評価された
　ものと思われる。

● 本件訴訟の訴訟物を正しく記載で
　きている。

● 請求の趣旨は，正しくは「被告
　は，原告に対し，100万円及びこれ
　に対する平成28年10月１日から支
　払済みまで年５分の割合による金員
　を支払え」となる。本答案は，付随
　的申立て（訴訟費用負担の裁判の申
　立てや仮執行宣言の申立て）と附帯
　請求（民訴９Ⅱ参照）を混同してし
　まい，附帯請求をも請求の趣旨から
　排除してしまっている点で，不十分
　である。

● 弁済の抗弁に関する適切な具体的
　事実を記載できている。

● 相殺の抗弁の基本的な要件事実
　は，①自働債権の発生原因事実，②
　受働債権の一定額について自働債権
　をもって相殺する旨の意思表示をし
　たことである。本答案は，適切に具
　体的な事実を記載できている。

● 出題趣旨によれば，相殺の抗弁に
　ついては，自働債権が双務契約に基
　づいて発生したことを踏まえ，本件
　の事案に即して，自説を的確に論ず
　ることが求められていたところ，本

として主張する必要がある。

設問3

1　まず，Pが断念したのは相殺の抗弁に対して売買代金債権に消滅時効が成立しているという主張である。

　　もっとも，時効によって消滅した債権についても，消滅以前に相殺適状にあれば相殺が可能である（508条）。

2　ここで，「消滅以前に」とはいつの時点において相殺適状にあることを要求しているのか問題となる。

(1)　そして，かかる規定は，消滅時効にかかった債権についても消滅時効が成立する時点において相殺適状にあれば相殺への期待を保護すべきであるとの趣旨であるから，消滅時効の成立時点において相殺適状にあることを要すると考える。

(2)　本件では，本件カメラの売買代金債権が発生したのは契約時である平成19年10月1日である（166条1項）ところ，債権は10年間行使しないときは消滅する（167条1項）ため，初日不算入の原則（140条）より，売買代金債権が消滅したのは平成29年10月1日である。そして，XがYに対して有する貸金返還請求権は平成28年9月30日に発生しているため，平成29年10月1日の時点で相殺適状にあった。

3　したがって，消滅以前に相殺適状にあったものとして相殺が可能であるから，消滅時効の主張は認められず，Pは主張を断念したと考える。

第4　設問4

1　まず，Yは平成28年9月30日にXと食事をしていることをXも認めている。そして，ＸＹ間の消費貸借契約の弁済期も同日であるから，Yが弁済をするためにXを呼び出したと考えるのが自然である。

　　次に，本件通帳についてPが文書の真正を認めているところ，通帳はその文書によって法律効果を発生させるものではないから，報告文書である。そして，報告文書においてはかかる時点においてその事実がなされたことが証明されるところ，通帳においては，記載された日付において記載された金銭が引き出されたことが証明される。そのため，本件通帳によってYが平成28年9月28日に現金50万円，同月29日に現金50万円が引き出されていることが証明される。そして，弁済期の前日・前々日にXから借りた金額と同額の金銭を引き出していれば，弁済に用いたと考えるのが自然である。また，2日に分けて引き出しておいたと言っているが，この点は引き出しの限度額によるものであると考えられるため不合理とはいえない。

　　そのため，平成28年9月30日にYがXに対して弁済をしたと考えられる。

2　また，YはXから同日に領収書を受け取ったものの，引っ越しの際に処分してしまったと主張している。しかし，領収書はメモ用紙で作られた簡易な物であり，返済後1年が経過してい

答案の論述は，まさに出題趣旨に合致する模範的なものといえる。

● 出題趣旨によれば，設問3では，相殺と消滅時効に関する実体法上の規律を前提に，本件の事実に適切に当てはめて論ずることが求められるところ，本答案は，まさに出題趣旨に合致する模範的な論述といえる。

☆ 改正民法166条1項は，消滅時効期間について規定する改正前民法167条を大きく変更し，主観的起算点から5年，客観的起算点から10年で債権が時効消滅するという二元的なシステムを採用した。本問では，改正民法166条1項柱書・同項1号により，平成24年10月1日の時点で本件カメラの売買代金債権の消滅時効が完成していることになり，平成28年9月30日に発生するXのYに対する貸金返還請求権と相殺適状にあった（508参照）ということはできなくなる（出題趣旨「☆平成29年民法（債権関係）改正による影響の有無について」参照）。

● 本答案は，単に書証①（本件通帳）のみを摘示・評価するだけでなく，本件金銭消費貸借契約の弁済期にも着目して弁済の抗弁が認められることを論述しており，説得力がある。

● 2回に分けて50万円を引き出した事実について，Xは特に言及していないため，紙面制限がある設問4において，あえて指摘する必要はなかったものと思われる。

るため，処分してしまったとしても不自然とはいえない。また，本件住民票により平成２９年８月３１日にＹの住所が変更されたことが証明されるが，この時期に引っ越しを行い，それによって領収書を処分してしまったとの主張は矛盾しない。

3　次に，Ｘの主張について，平成２９年１０月に初めて返済を求めたと主張しているが，１００万円もの大金であれば返済を怠ることは考えづらく，また弁済期当日にＹに会っているためその日に消費貸借契約の話がなされることが考えられるが，そのようなことはなかったとの主張は不合理である。

　　また，Ｘは平成２９年９月半ば頃同窓会費の使い込みについてＹに指摘され，幹事を辞任しており，Ｙに対して恨みを抱いている。そして，その直後の同年１０月にＹに返済を求めていることから，Ｙに対しかつて金銭を貸していたことを奇貨として，Ｙに返済を求めるに至ったと考えるのが自然である。

　　そのため，Ｘの主張は不合理であるといえる。

4　したがって，Ｙの弁済の抗弁が認められる。

以　上

※　実際の答案は４頁以内におさまっています。

● 弁済の抗弁を否定し得る最も強力なＸの主張（領収書が存在しないことに関するＸの主張）に対する反論を説得的に行うことができている。

● 本答案は，Ｘの供述内容に不合理な点があることを指摘して，Ｘの供述の信用性が低いことを論述している。この論述自体は，説得力があり適切であると思われるが，「答案用紙１頁程度の分量で記載しなさい」との設問４の指示に従うならば，かかる論述の優先度はさほど高くはないと考えられる。

▶ **MEMO**

## 再現答案②　A評価（K・Kさん　順位186位）

第1　設問1(1)について
1　法的手段としては，YのAに対する８０万円の売買代金債権を仮差押え（民事保全法２０条１項）することが挙げられる。
2　債権の仮差押えにより，当該債権につき弁済禁止効が生じる（同法５０条１項）ところ，これを行わなければ，AがYに８０万円を弁済することにより当該債権が消滅し，Xが強制執行（民事執行法１５５条）として当該債権を取り立てることができなくなる。Yは他にめぼしい財産がないことから，XのYに対する１００万円の債権の回収が困難になる。

第2　設問1(2)について
消費貸借契約に基づく貸金返還請求権・債務不履行に基づく損害賠償請求権

第3　設問1(3)について
被告は，原告に対し金１００万円及びこれに対する平成２８年９月３０日から支払済みまで年５分の割合による金員を支払え。

第4　設問1(4)について
1　原告は被告に対し，平成２７年９月１５日，弁済期を平成２８年９月３０日と定めて１００万円を貸し付けた。
2　平成２８年９月３０日は経過した。

第5　設問2(1)について

平成２８年９月３０日に，平成２７年９月１５日の消費貸借契約に基づき，１００万円を支払った。

第6　設問2(2)(i)について
アの売買契約に基づく代金債権を自働債権，平成２７年９月１５日の消費貸借契約に基づく貸金返還債権を受働債権として相殺の意思表示をした。

第7　設問2(2)(ii)について
必要である。売買契約は双務契約であるから，売買契約に基づく代金債権には同時履行の抗弁権（民法５３３条）が付着しているところ，同時履行の抗弁権が付着している債権は相殺禁止である（５０５条１項ただし書）から，問題文記載の事実を主張することで，弁済の提供（同４９２条）により売買契約に基づく代金債権に付着する同時履行の抗弁権を奪うことが必要であるからである。

第8　設問3について
1　消滅時効の成立により消滅した債権が，その消滅以前に相殺適状にある場合は，これを自働債権として相殺することができる（同５０８条）。
2　これを本件についてみると，YのXに対する本件カメラの売買代金権は，平成１９年１０月１日にXY間で締結された売買契約に基づく債権であり，同債権の消滅時効は１０年（同１６７条１項）である。そして，特約のない限り，売買

● Xが採り得る法的手段を提示できている。正しくは，「仮差押命令の申立て」である。

● 仮差押えの申立てを講じなかった場合に生じる問題，及び仮差押えの申立ての有する効力について的確に言及できている。

● 本件訴訟の訴訟物を正しく記載できている。より正確には，「債務不履行」を「履行遅滞」と記載すべきである。

● 附帯請求にも言及できている一方，遅延損害金は弁済期が経過した日から発生するため，正しくは「平成２８年１０月１日」となる。

☆　なお，改正民法下における法定利率（改正４１９Ⅰ本文・４０４Ⅱ）については，出題趣旨「☆平成29年民法（債権関係）改正による影響の有無について」参照。

● 弁済の要件事実は，①債務者（又は第三者）が債権者に対し，債務の本旨に従った給付をしたこと，②①の給付がその債権についてされたこと（給付と債権との結合関係）である。②を示す場合，本件に即すると「本件貸金返還債務の履行として」などと記載するのが通常である。

● 出題趣旨に合致する優れた論述であり，再現答案①よりもコンパクトに論じられている。

契約における代金債権の弁済期は目的物の引渡しと同時であるから、同債権の弁済期は本件カメラの引渡しのあった同日であるといえる。したがって、同債権は平成２９年１０月１日の経過により消滅時効が成立する。もっとも、ＸのＹに対する消費貸借契約に基づく貸金返還請求権は平成２８年９月３０日に発生しており、両債権は平成２９年１０月１日以前に相殺適状にある。したがって、Ｙは売買代金債権の消滅時効成立後も同債権を自働債権として相殺することができる。

3　よって、Ｐが問題文記載の主張をしたとしても、Ｙの相殺の抗弁の効果の発生を阻止し、Ｘの請求原因の効果を復活させることとはならないから、Ｐのしようとしている主張は主張自体失当である。

4　以上が、Ｐがかかる主張をすることを断念した理由である。

第９　設問４について

1　平成２７年９月１５日の金銭消費貸借契約によれば、弁済期は平成２８年９月３０日である。本件通帳の記載から、Ｙが同月２８日に現金５０万円、同月２９日現金５０万円を引き出したことが推認される。通常個人が１００万円の大金を現金で扱うことはないから、この１００万円はＸに貸金を返済するためのものであると推認される。このことは、Ｙによる弁済の事実を推認させる。

2　Ｘは平成２８年９月３０日にＹと会ったことを認めるような供述をしておきながら、同日にＹより弁済を受けていないと主張し、初めてＹに弁済を求めたのは平成２９年１０月であると主張しているが、１００万円もの大金を貸している相手とまさに弁済期当日に会えば、弁済を求めるのが通常である。そうすると、弁済期当日に会っていながら弁済を求めていない旨のＸの供述は不合理であり、このことは、同日に弁済を受けていない旨のＸの供述の信用性を低下させる。

3　ＸはＹが領収書を処分したことを非難するけれども、Ｙは弁済した平成２８年９月３０日から１年近く経った平成２９年８月３１日頃に当該領収書を処分したのであり（Ｙが引っ越しをしたのが同日であることは書証②より認められる）、Ｙとすれば、１年近く前にすでに弁済し消滅した貸金についての領収書を保存しておく理由もないから、これを処分したことは格別不合理とはいえない。

4　なお、Ｘは平成２９年に入ってＹに公然と指摘された同窓会費の不正流用により同窓会幹事を辞職しており（ＸはＹの指摘が辞職の理由でないとするが、それに代わる具体的理由を主張していない）、Ｙに対する怨恨があったと思われる。

5　以上からすれば、Ｙが平成２８年９月３０日に金銭消費貸借契約に基づき１００万円を支払ったことは明らかである。

以　上

● 設問３では、民法５０８条を指摘した上で、本問事案において、ＹのＸに対する本件カメラの売買代金債権が時効消滅する以前に、これとＸの貸金返還請求権が相殺適状にあったかどうかを検討することが期待されていたところ、本答案の論述は、再現答案①と同様、出題趣旨に合致する模範的なものといえる。

☆ 改正民法下では、改正民法１６６条１項柱書・同項１号により、平成２４年１０月１日の時点で本件カメラの売買代金債権の消滅時効が完成していることになり、平成２８年９月３０日に発生するＸのＹに対する貸金返還請求権と相殺適状にあった（５０８参照）ということはできなくなる（出題趣旨「☆平成２９年民法（債権関係）改正による影響の有無について」参照）。

● 本答案は、再現答案①と同じく、単に書証①（本件通帳）のみを摘示・評価するだけでなく、本件金銭消費貸借契約の弁済期にも着目して弁済の抗弁が認められることを論述しており、説得力がある。

● 本答案は、Ｘの供述内容に不合理な点があることを指摘して、Ｘの供述の信用性が低いことを説得的に論述できている。

● 弁済の抗弁を否定し得る最も強力なＸの主張（領収書が存在しないことに関するＸの主張）に対する反論を説得的に行うことができている。

● Ｘが同窓会費を使い込んでいたことを他の幹事たちの面前でＹがＸに指摘したという事実から、どのような結果を導き出すのかが問題であるところ、本答案はこの点を明らかにできていない。

平成３０年

第1　設問1
1　小問(1)
(1)　Xが採り得る法的手段として，処分禁止の仮処分（民事保全法53条1項）の申立て（同法24条）を行うことが考えられる。
(2)　上記手段を講じなかった場合，本件訴訟の口頭弁論終結前に，YがAに対して有する80万円の売買代金債権を他人に債権譲渡した場合，本件訴訟にXが勝訴しても，民訴法115条1項3号より，当該他人に既判力は及ばず，Aへの80万円の売買代金債権について，強制執行を行うことはできない。
　　　　もっとも，上記手段を講じれば，民保法58条1項より，上記債権の譲受人は，その債権の取得をXに対し「対抗することができない」ため，XはYのAに対する80万円の売買代金債権について強制執行しうる。
2　小問(2)
(1)　消費貸借契約に基づく貸金返還請求権
(2)　債務不履行に基づく損害賠償請求権
3　小問(3)
　　被告は，原告に対し，100万円を支払え
4　小問(4)
ア　Xは，Yに対し，平成27年9月15日に，100万円

● Xが採り得る法的手段を誤っている。「仮処分」は，係争物に関する仮処分（民保23Ⅰ）と仮の地位を定める仮処分（民保23Ⅱ）の2つに分かれる（民保1）ところ，係争物に関する仮処分は「特定物に対する給付請求権を保全するためのもの」であり，仮の地位を定める仮処分は「権利関係の確定の遅延による現在の著しい損害又は急迫の危険を避けるためのもの」である。以上に対し，本問では，XのYに対する100万円の貸金返還請求権（金銭債権）の保全を目的とする法的手段を提示しなければならないから，「仮差押命令の申立て」を提示しなければならない。

● Xの請求を理由づける事実（民訴規53Ⅰ）を正確に摘示することができている。

を貸し付けた。
イ　XとYは，アに際し，返済期日を平成28年9月30日とする合意をした。
ウ　平成28年9月30日は到来した。
第2　設問2
1　小問(1)
　　平成28年9月30日に，YのXに対する貸金返還債務の履行として，100万円を支払った。
2　小問(2)
(1)（ⅰ）　XのYに対する8万円の売買代金支払債務と，YのXに対する100万円の貸金返還債務を相殺する旨の意思表示をした。
(2)（ⅱ）　必要である。
　　　なぜなら，相殺において，自働債権に，同時履行の抗弁権（民法533条）が付着している場合，「債務の性質がこれを許さないとき」（民法505条1項但書）にあたるため，本件では，YはXに対し，本件カメラの引渡債務の履行を行ったことを主張する必要がある。
第3　設問3
　Xは，Yから本件カメラを受領している以上，Xによる本件カメラの売買代金債権の消滅時効の援用は信義則に反し，許されないからである。

● 弁済の抗弁に関する適切な具体的事実を記載できている。

● ②に入る具体的事実としては，「ア記載の売買代金債権をもって，Xの貸金返還請求権とその対当額について相殺する旨の意思表示をした」などと記載することになる。

● 自働債権に同時履行の抗弁権が付着していることの理由・本件カメラの引渡債務の履行が必要な理由（同時履行の抗弁権の存在効を覆滅させること）が述べられていない。

● 問題点に気付くことができておらず，出題趣旨に合致しない不適切な論述といえる。

第4　設問4
1　本件では，Yは返済期限である平成28年9月30日に，Xと会って，レストランで食事をおごるとともに，前々日と前日に銀行預金口座から引き出しておいた合計100万円をXに渡している。

　　この事実については，書証①により裏付けられ，同日にXがYから食事をおごられたことはXも認めている。

　　なお，書証①及び②については，Pはいずれも成立の真正を認めていることから，形式的証拠力は認められる。

2　また，本件では，XはYに対し，『領収書　確かに100万円を受け取りました。』との文言と，Xの氏名を記載した紙を渡しているが，Yは引っ越しの際にその領収書を処分してしまっている。

　　上記事実に対し，Xは，領収書を処分してしまうということは普通は考えられませんと主張しているが，上記の領収書は，Xが自分の手紙から紙を1枚切り取って作成した簡易なものであり，返済して1年近く経っている以上，そのような領収書を未だにYが保管していることはむしろ不自然であるともいえる。

3　さらに，本件では，Xは，平成29年9月半ば頃，Yから同窓会費の使い込みを指摘され，それによって同窓会の幹事を辞任しており，XはYを恨みに思っていたという事実がある。

　　そのため，XはYに対し，返済された100万円について，返済していないと主張して本件訴訟を提起する動機があったといえ，XがYに対し請求をし始めたのは同年10月頃であったことから，時期の一致もあるといえる。

4　以上より，YのXに対する100万円の弁済の事実が推認されるといえる。

以　上

● 本答案は，100万円を引き出した事実について，「Xから借りた金額と同額の金銭を引き出していれば，弁済に用いたと考えるのが自然」（再現答案①），「通常個人が100万円の大金を現金で扱うことはないから，この100万円はXに貸金を返済するためのもの」（再現答案②）といった評価が加えられていないため，説得力もやや劣る。

● 弁済の抗弁を否定し得る最も強力なXの主張（領収書が存在しないことに関するXの主張）に対する反論を説得的に行うことができている。
　もっとも，金額が「100万円」と高額である上に，1枚の手帳であれば保管し続けることに困難を伴わないから，たとえ1年以上経過したとしても，処分するのは不合理であるといった再反論も考えられる。

● Xが同窓会費を使い込んでいたことを他の幹事たちの面前でYがXに指摘したという事実から，どのような結果を導き出すのかが問題であるところ，本答案は，XがYに100万円の返済を求めた時期と関連付けている点は良いが，Xの供述の信用性が低下するといった結論と結び付けていない点で，不十分である。

設問1(1)
1　Xとしては，YのAに対する８０万円の売買代金債権を仮差押え（民保５０条１項）をすることが考えられる。
2　当該手段により，Aは弁済を禁じられる。当該手段を講じなければ，AがYに８０万円を弁済し，それをYが費消してしまった場合，Yの責任財産がなくなることが考えられ，その結果Xは本件訴訟に勝訴し債務名義を得たとしても，その債権の満足を得られなくなるという問題が生じる。
設問1(2)
消費貸借契約に基づく貸金返還請求権及び債務不履行に基づく損害賠償請求権が訴訟物である。
設問1(3)
被告は，原告に対し，１００万円及び支払までの法定利率に従った遅延損害金を支払え。
設問1(4)
1　平成２７年９月１５日，XはYに対し，平成２８年９月３０日を返還時期と定め，現金１００万円を貸し付けた。
2　平成２８年９月３０日は経過した。
設問2(1)
平成２８年９月３０日，同日を返還時期とする消費貸借契約の弁済として１００万円を支払った。
設問2(2)（ｉ）

本件カメラの売買代金請求権を，XのYに対する貸金返還請求権と相殺する旨の意思表示をした。
設問2(2)（ⅱ）
カメラを引き渡した事実の主張は不要である。売買契約（民法５５５条）は諾成契約であるところ，売買代金請求権は，契約の成立時に発生するものであるからである。
設問3
1　本件におけるYの相殺の抗弁は，予備的抗弁にあたる。相殺の予備的抗弁は，被告の出捐を伴うものであるため，その審理は他の抗弁事由についての判断がなされたあとにしか判断がなされないものである。
2　本問において予定している主張は，相殺の予備的抗弁に対する再抗弁にあたるものであるから，いまだ審理がなされるか不確定なものとなる。そうすると，審理がなされるか不確定な段階での主張ということになり，主張自体失当となる。
3　以上のように，相殺の抗弁が予備的であることから，Pは断念したと考えられる。
設問4
1　１００万円を弁済した事実
　　本件書証①により，Yが，平成２８年９月２８日，２９日に，合計１００万円の現金を引き出していることが推認される。１００万円という金額は通常現金で持ち歩くことのない

● 　Xが採り得る法的手段を提示できている。条文の摘示としては，民事保全法20条１項がより適切である。

● 　仮差押えの申立てを講じなかった場合に生じる問題，及び仮差押えの申立ての有する効力について言及できているが，条文の摘示（債権等に対する仮差押えの執行に関する民事保全法50条１項）がおろそかになっている。

● 　表現は不正確ではあるが，附帯請求にも言及することができている。
　　なお，請求の趣旨には給付の法的性質（遅延損害金など）は記載しない。

● 　消費貸借契約に基づく貸金返還請求を理由づける事実として必要となるのは，弁済期の「到来」であって，「経過」ではない（再現答案①②も同様）。

● 　「その対当額について」という民法505条１項の文言に即した具体的事実が記載できていない。

● 　問題点に気付くことができておらず，出題趣旨に合致しない不適切な論述といえる。

● 　本答案は，再現答案③と同様，問題点に気付くことができていない。そして，訴訟法上の指摘に終始しており，出題趣旨に合致しない。

多額なものであり、その翌日である平成２８年９月３０日を
弁済期とする貸金債務１００万円をＹが負っていた事実に鑑
みると、当該１００万円の引き出しは、当該債務の弁済のた
めに引き出したものであると推認される。そして、ＸとＹは
平成２８年９月３０日という弁済期に出会っており、食事も
ともにしている。弁済期の前日に１００万円を引き出し、弁
済期日において貸主であるＸに会った上で、当該１００万円
を弁済に供しないというのはかなり不自然であるし、弁済が
なかったとしてＸにおいて何ら弁済を促さないというのもか
なり不自然である。そうだとすれば、上記の事実に照らす
と、ＹがＸに対し平成２８年９月３０日に１００万円を弁済
したという事実が推認される。
2　領収書の不存在
　確かに１００万円を弁済した旨の領収書はＹの手元に存し
ない。しかし、当該領収書は、Ｘがその場で手帳の１枚を切
り取って渡したというものであり、手帳の１枚というのは非
常に小さく、紛失しやすいものである。また、そのような紛
失しやすい紙を書証②から認定される引っ越しの際になくし
てしまうことも通常である。また、１００万円という巨額の
債務の弁済であることからその領収書は重要なものといえる
が、当該領収書を受け取ったのは平成２８年９月３０日であ
り、引っ越しは平成２９年８月３１日である。そして、その

一年弱もの間、ＹとＸの間に当該弁済について争いが生じた
ものではなく、領収書といえども永久に保管しなければなら
ないものではないことからすると、弁済から一年ほど経った
引っ越しの際に、当該領収書についてあまり厳重に管理しな
いことも通常であるといえる。
　したがって、領収書が存在しないことは当然のものであ
り、弁済の事実がなかったことを推認させるものではない。
3　Ｘが再度の弁済を要求する動機の存在
　Ｙは同窓会の幹事たちの面前で、同窓会費の使い込みをＸ
に対し指摘したことがあり、それによりＸはＹに対し個人的
な恨みを有するに至っている。Ｙが一度弁済したにもかかわ
らず、Ｘが再度の弁済を本件において要求しているのは、上
記恨みが動機となっているものである。
　　　　　　　　　　　　　　　　　　　　　　以　上

● 本答案は、単に書証①（本件通帳）のみを摘示・評価するだけでなく、本件金銭消費貸借契約の弁済期にも着目して弁済の抗弁が認められることを論述しており、説得力がある。

● 書証①から明らかとなる「Ｙが合計１００万円を引き出したこと」という事実を前提に、Ｘの主張が不合理であることを説得的に論述できている。

● 【Ｙの供述内容】によれば、「引っ越しの際に、他の不要な書類とともに先ほど述べた領収書を処分してしまった」と述べているのであって、紛失しやすいものであるとか、引っ越しの際になくしてしまうことも通常であるといった論述には、何ら説得力がない。

● 領収書に記載されている金額が「１００万円」と高額である上に、１枚の手帳であれば保管し続けることに困難を伴わないから、「あまり厳重に管理しないことも通常である」とまではいえないと思われる。

● Ｘが同窓会費を使い込んでいたことを他の幹事たちの面前でＹがＸに指摘したという事実から、どのような結果を導き出すのかが問題であるところ、本答案は、「Ｙが一度弁済した」という結論と結び付けている。しかし、ＸがＹに１００万円の返済を求めた時期と関連付けたりしなければ、この結論には論理的に飛躍がある。

平成30年

令和元年

[民　事]

司法試験予備試験用法文を適宜参照して，以下の各設問に答えなさい。

〔設問1〕
弁護士Pは，Xから次のような相談を受けた。

【Xの相談内容】
「Aは，知人のBに対し，平成29年9月1日，弁済期を平成30年6月15日，無利息で損害金を年10％として，200万円を貸し渡しました。AとBは，平成29年9月1日，上記の内容があらかじめ記載されている「金銭借用証書」との題の書面に，それぞれ署名・押印をしたとのことです（以下，この書面を「本件借用証書」という。）。加えて，本件借用証書には，「Yが，BのAからの上記の借入れにつき，Aに対し，Bと連帯して保証する。」旨の文言が記載されていました。AがBから聞いたところによれば，Yは，あらかじめ，本件借用証書の「連帯保証人」欄に署名・押印をして，Bに渡しており，平成29年9月1日に上記の借入れにつき，Bと連帯して保証したとのことです。なお，YはBのいとこであると聞いています。

ところが，弁済期である平成30年6月15日を過ぎても，BもYも，Aに何ら支払をしませんでした。

私（X）は，Aから懇願されて，平成31年1月9日，この200万円の貸金債権とこれに関する遅延損害金債権を，代金200万円で，Aから買い受けました。Aは，Bに対し，私にこれらの債権を売ったことを記載した内容証明郵便（平成31年1月11日付け）を送り，同郵便は同月15日にBに届いたとのことです。

ところが，その後も，BもYも，一向に支払をせず，Yは行方不明になってしまいました。私は，まずは自分で，Bに対する訴訟を提起し，既に勝訴判決を得ましたが，全く回収することができていません。今般，Yの住所が分かりましたので，Yに対しても訴訟を提起して，貸金の元金だけでなく，その返済が遅れたことについての損害金全てにつき，Yから回収したいと考えています。」

弁護士Pは，【Xの相談内容】を前提に，Xの訴訟代理人として，Yに対し，Xの希望する金員の支払を求める訴訟（以下「本件訴訟」という。）を提起することを検討することとした。

以上を前提に，以下の各問いに答えなさい。
(1)　弁護士Pが，本件訴訟において，Xの希望を実現するために選択すると考えられる訴訟物を記

載しなさい。

(2) 弁護士Pが，本件訴訟の訴状（以下「本件訴状」という。）において記載すべき請求の趣旨（民事訴訟法第１３３条第２項第２号）を記載しなさい。なお，付随的申立てについては，考慮する必要はない。

(3) 弁護士Pは，本件訴状において，請求を理由づける事実（民事訴訟規則第５３条第１項）として，以下の各事実を主張した。

　(あ)　Aは，Bに対し，平成２９年９月１日，弁済期を平成３０年６月１５日，損害金の割合を年１０％として，２００万円を貸し付けた（以下「本件貸付」という。）。

　(い)　Yは，Aとの間で，平成２９年９月１日，〔①〕。

　(う)　(い)の〔②〕は，〔③〕による。

　(え)　平成３０年６月１５日は経過した。

　(お)　平成３１年１月〔④〕。

　　上記①から④までに入る具体的事実を，それぞれ記載しなさい。

(4) 仮に，Xが，本件訴訟において，その請求を全部認容する判決を得て，その判決は確定したが，Yは任意に支払わず，かつ，Yは甲土地を所有しているが，それ以外のめぼしい財産はないとする。Xの代理人である弁護士Pは，この確定判決を用いてYから回収するために，どのような手続を経て，どのような申立てをすべきか，それぞれ簡潔に記載しなさい。

〔設問２〕

弁護士Qは，本件訴状の送達を受けたYから次のような相談を受けた。

【Yの相談内容】

「(a)　私（Y）はBのいとこに当たります。

　　確かに，Bからは，Bが，Xの主張する時期に，Aから２００万円を借りたことはあると聞いています。また，Bは，Xの主張するような内容証明郵便を受け取ったと言っていました。しかし，私が，Bの債務を保証したことは決してありません。私は，本件借用証書の「連帯保証人」欄に氏名を書いていませんし，誰かに指示して書かせたこともありません。同欄に押されている印は，私が持っている実印とよく似ていますが，私が押したり，また，誰かに指示して押させたりしたこともありません。

　(b)　Bによれば，この２００万円の借入れの際，AとBは，AのBに対する債権をAは他の者には譲渡しないと約束し，Xも，債権譲受時には，そのような約束があったことを知っていたとのことです。

　(c)　また，仮に，(b)のような約束がなかったとしても，Bは，既に全ての責任を果たしてい

令和元年

るはずです。

　　　Bは，乙絵画を所有していたのですが，平成３１年３月１日，乙絵画をXの自宅に持っ
　　ていって，Xに譲り渡したとのことです。Bは，乙絵画をとても気に入っていたところ，
　　何の理由もなくこれを手放すことはあり得ないので，この２００万円の借入れとその損害
　　金の支払に代えて，乙絵画を譲り渡したに違いありません。」

　　以上を前提に，以下の各問いに答えなさい。

⑴　①弁護士Qは，【Yの相談内容】(b)を踏まえて，Yの訴訟代理人として，答弁書（以下「本件
　　答弁書」という。）において，どのような抗弁を記載するか，記載しなさい（当該抗弁を構成す
　　る具体的事実を記載する必要はない。）。②それが抗弁となる理由を説明しなさい。

⑵　弁護士Qは，【Yの相談内容】(c)を踏まえて，本件答弁書において，以下のとおり，記載した。
　㋐　Bは，Xとの間で，平成３１年３月１日，本件貸付の貸金元金及びこれに対する同日までの
　　遅延損害金の弁済に代えて，乙絵画の所有権を移転するとの合意をした。
　㋑　㋐の当時，〔　　　　〕。
　　上記〔　　　　〕に入る事実を記載しなさい。

⑶　①弁護士Qは，本件答弁書において，【Yの相談内容】(c)に関する抗弁を主張するために，⑵
　　の㋐及び㋑に加えて，Bが，Xに対し，本件絵画を引き渡したことに係る事実を主張することが
　　必要か不要か，記載しなさい。②その理由を簡潔に説明しなさい。


〔設問３〕

　　Yが，下記のように述べているとする。①弁護士Qは，本件答弁書において，その言い分を抗弁
として主張すべきか否か，その結論を記載しなさい。②その結論を導いた理由を，その言い分が抗
弁を構成するかどうかに言及しながら，説明しなさい。

　　　　　　　　　　　　　　　　　　記

　　Aが本件の貸金債権や損害金をXに譲渡したのだとしても，私は，譲渡を承諾していませんし，
Aからそのような通知を受けたことはありません。確かに，Bからは，「Bは，Aから，AはXに
対して債権を売ったなどと記載された内容証明郵便を受け取った。」旨を聞いていますが，私に対
する通知がない以上，Xが債権者であると認めることはできません。


〔設問４〕

　　第１回口頭弁論期日において，本件訴状と本件答弁書が陳述された。同期日において，弁護士P
は，本件借用証書を書証として提出し，それが取り調べられ，弁護士Qは，本件借用証書のY作成
部分につき，成立の真正を否認し，「Y名下の印影がYの印章によることは認めるが，Bが盗用し

た。」と主張した。

　その後，２回の弁論準備手続期日を経た後，第２回口頭弁論期日において，本人尋問が実施され，Ｙ名義の保証につき，Ｙは，下記【Ｙの供述内容】のとおり，Ｘは，下記【Ｘの供述内容】のとおり，それぞれ供述した（なお，それ以外の者の尋問は実施されていない。）。

【Ｙの供述内容】

　「私とＢは，１歳違いのいとこです。私とＢは，幼少時から近所に住んでおり，家族のように仲良くしていました。Ｂは，よく私の自宅（今も私はその家に住んでいます。）に遊びに来ていました。

　Ｂは，大学進学と同時に，他の県に引っ越し，大学卒業後も，その県で就職したので，行き来は少なくなりましたが，気が合うので，近所に来た際には会うなどしていました。

　平成２９年８月中旬だったと思いますが，Ｂが急に私の自宅に泊まりに来て，２日間，滞在していきました。今から思えば，その際に，本件借用証書をあらかじめ準備して，連帯保証人欄に私の印鑑を勝手に押したのだと思います。私が小さい頃から，私の自宅では，印鑑を含む大事なものを寝室にあるタンスの一番上の引き出しにしまっていましたし，私の印鑑はフルネームのものなので，Ｂは，私の印鑑を容易に見つけられたと思います。この印鑑は，印鑑登録をしている実印です。Ｂが滞在した２日間，私が買物などで出かけて，Ｂ一人になったことがあったので，その際にＢが私の印鑑を探し出したのだと思います。

　私は，出版関係の会社に正社員として勤務しています。会社の業績は余り芳しくなく，最近はボーナスの額も減ってしまいました。私には，さしたる貯蓄はなく，保証をするはずもありません。

　私は，平成２９年当時，Ｂから，保証の件につき相談を受けたことすらなく，また，Ａから，保証人となることでよいかなどの連絡を受けたこともありませんでした。

　なお，本件訴訟が提起されて少し経った頃から，Ｂと連絡が取れなくなってしまい，今に至っています。」

【Ｘの供述内容】

　「ＹとＢがいとこ同士であるとは聞いています。ＹとＢとの付き合いの程度などは，詳しくは知りません。

　Ｂが，平成２９年８月中旬頃，Ｙの自宅に泊まりに来て，２日間滞在したかは分かりませんが，仮に，滞在したとしても，そんなに簡単に印鑑を見つけ出せるとは思いません。

　なお，Ａに確認しましたら，Ａは，Ｙの保証意思を確認するため，平成２９年８月下旬，Ｙの自宅に確認のための電話をしたところ，Ｙ本人とは話をすることができませんでしたが，電話に

出たYの母親に保証の件について説明したら，『Yからそのような話を聞いている。』と言われたとのことです。」

以上を前提に，以下の問いに答えなさい。

弁護士Pは，本件訴訟の第3回口頭弁論期日までに，準備書面を提出することを予定している。その準備書面において，弁護士Pは，前記の提出された書証並びに前記【Yの供述内容】及び【Xの供述内容】と同内容のY及びXの本人尋問における供述に基づいて，Yが保証契約を締結した事実が認められることにつき，主張を展開したいと考えている。弁護士Pにおいて，上記準備書面に記載すべき内容を，提出された書証や両者の供述から認定することができる事実を踏まえて，答案用紙1頁程度の分量で記載しなさい。なお，記載に際しては，本件借用証書のY作成部分の成立の真正に関する争いについても言及すること。

► MEMO ——————————————————————————————

令和元年

　設問1は，保証契約に基づく保証債務履行請求権が問題となる訴訟において，原告の求めに応じた訴訟物，請求の趣旨及び請求原因事実の説明を求めるとともに，確定判決に基づく民事執行手続の基本を問うものである。保証契約や債権譲渡に関する法律要件について，正確な理解を確認するものである。

　設問2は，2つの抗弁主張に関し，譲渡禁止特約（譲受人が悪意である場合），代物弁済等についての民事実体法の要件・効果を踏まえ，抗弁事実の内容やその理由について，自説の立場から丁寧に論ずることが求められる。

　設問3は，被告代理人の訴訟活動上の選択に関し，債権譲渡における債務者対抗要件や，保証契約の性質を踏まえながら，本件への当てはめを適切に検討することが求められる。

　設問4は，まず，文書に作成名義人の印章により顕出された印影があることを踏まえ，いわゆる二段の推定が働くことや相手方の主張の位置付けについて，事案に即して適切な説明を加える必要がある。その上で，認定根拠に言及しながら，原告に有利・不利な複数の事実を適切に分析・評価して，いわゆる二段の推定が働くこととの関係を意識しつつ，原告代理人の立場から説得的に論述することが求められる。

▶ **MEMO**

令和元年

第1　設問1
1　小問(1)
　　ＡＹ間の保証契約に基づく保証債務履行請求権
2　小問(2)
　　Ｙは，Ｘに対し，２００万円を支払え。
　　Ｙは，Ｘに対し，平成３０年６月１５日から支払までの期間について，２００万円の債務につき年１割の割合で算出した金額を支払え。
3　小問(3)
　(1)　①　本件貸付に基づくＢの貸金返還債務をＹが保証する旨合意し
　(2)　②　(い)の意思表示
　(3)　③　書面
　(4)　④　９日，Ａは，Ｘに対し，本件貸付に基づく貸金返還請求権と，履行遅滞に基づく損害賠償請求権を，２００万円で売った。
4　小問(4)
　　Ｘが勝訴した場合，民事執行法２２条１号により，確定判決を債務名義とすることができる。そこで，２６条１項の申立てにより，執行文の付与を受けることができる。そして，２５条本文，２条により，執行文の付与された債務名義があれば，強制執行を申し立てることができる。これらの手続を経て，４５条１項の開始決定がなされ，強制執行が可能となる。
第2　設問2
1　小問(1)
　(1)　①　譲渡禁止特約の抗弁

　(2)　②　抗弁となる理由
　　　抗弁とは，相手方主張の請求原因事実と両立し，その効果を阻止・消滅・障害する事実の主張を言う。
　　　譲渡禁止特約（民法【以下略】４６６条２項）は，債権譲渡の請求原因事実である，譲渡された債権の発生原因事実と，当該債権の取得原因事実と特に矛盾せず，その効果である譲受人への債務者に対する債権の移転という効果を障害するものである。よって，譲渡禁止特約の主張は，抗弁にあたる。
2　小問(2)
　　Ｂは，乙絵画を所有していた
3　小問(3)
　(1)　①　引渡しの事実の主張は，必要である。
　(2)　②　なぜならば，代物弁済について定めた４８２条は「債権者の承諾」すなわち代物弁済契約の締結に加え，「他の給付をした」ことを要求しているから，代物弁済契約は要物契約であると言えるためである。
第3　設問3
1　①　Ｑは，Ｙの言い分を抗弁として構成すべきではない。
2　②　本件では，主債務者Ｂへの債務者対抗要件としての「通知」（４６７条１項）はなされており，確定日付により，第三者対抗要件も満たしている（４６７条２項）。そこで，さらに保証人へも譲渡人による「通知」が必要か問題となる。
　(1)　そもそも，４６７条１項，２項の趣旨は，債権譲渡の有無や二重譲渡

● 　出題趣旨にいう「原告の求めに応じた訴訟物」の設定が正確にできている。

● 　請求の趣旨は，正しくは「Ｙは，Ｘに対し，２００万円及びこれに対する平成３０年６月１６日から支払済みまで年１割の割合による金員を支払え」となる。遅延損害金（履行遅滞に基づく損害賠償請求権（民415Ⅰ本文））は，弁済期の経過（民412Ⅰ）により発生するため，「平成30年６月15日」を指摘するのは誤りである。

● 　強制執行は，執行文の付された債務名義の正本に基づいて実施される（民執25本文）。本問では，まず債務名義（確定判決，民執22①）に執行文を付与する手続（民執26Ⅰ）を経て，不動産（甲土地）の強制競売の申立て（民執43Ⅰ）をすべきこととなる。

☆ 　改正民法下では，当事者が債権（預貯金債権を除く。民466の５Ⅰ参照）の譲渡を禁止し，又は制限する旨の意思表示（譲渡制限の意思表示）をしたときであっても，債権の譲渡は，その効力を妨げられない（民466Ⅱ。物権的効力説の否定）。もっとも，譲渡制限の意思表示がされたことについて悪意又は重過失の譲受人その他の第三者に対しては，債務者は，その債務の履行を拒むことができ，かつ，譲受人に対する弁済その他の債務を消滅させる事由をもってその第三者に対抗することができる（民466Ⅲ。なお，譲受人が悪意である場合でも債権譲渡自体は有効である）。
　　本問では，Ｙは，ＡＢ間の譲渡制限特約につき悪意のＸに対して，Ｂの履行拒絶の抗弁（民466Ⅲ）を主張することができる（保証債務の付従性・民457Ⅱ）。

● 　本答案は，債権譲渡の対抗要件に関する民法467条の趣旨や，保証契

における優先関係については，債権の帰属に最も利害関係を有する債務者の認識を通して決するという点にある。かかる趣旨からは，主たる債務者に対して通知がなされていれば足りるといえる。

また，保証人としては，主たる債務者に問い合わせれば足りる。また，保証人の付従的な地位からしても独立に「通知」をすべきとはいえない。

よって，保証人への「通知」は不要である。

(2) したがって，本件でも，Yへの「通知」は不要であり，Yの言い分はそもそも請求原因の効果を打ち消すことができず，抗弁にはあたらない。よって，かかる主張は意味のない主張であるからすべきでない。

第4　設問4

1　以下の理由で，保証契約締結の事実は認められるべきである。

まず，本件では保証契約のための書面を兼ねた借用証書が存在しており，仮にY作成部分の成立の真正が認められれば，直ちに上記事実は認められるべきである。なぜなら，保証書面は，意思表示そのものを内容としており，形式的証拠力が認められれば，主要事実の存在を直接証明するいわゆる直接証拠として，非常に高い実質的証拠力が直ちに認められるためである。そこで，以下，①借用証書のY作成部分の成立の真正を中心に，②Yの母親の発言，③その他の事情から，上記事実が存在することを立証する。

2　①について

文書の成立の真正については，２２８条４項により，「本人又はその代理人の署名又は押印がある」場合，推定される。本件ではYの印章と一致する印影が存在するが，「本人の…押印」にあたらないか。

(1) そもそも，我が国では印章は取引社会通念上極めて重要視されており，他者に使用させることは通常はあり得ないという経験則から，本人の印章と一致する印影が書面に顕出された場合，事実上本人がその意思で押印したこと，すなわち「本人の…押印」であることが推定される。もっとも，盗用など，上記経験則が妥当しないと言える特段の事情がある場合はかかる推定が覆る。

(2) 本件でも，前述のように本人Yの印章と，借用証書上の印影とが一致しており，推定がなされうる。

これに対しYは，平成２９年（以下略）８月にBがYの家に２日間泊まりに来た際，Bが印章を盗み，勝手に借用証書に押印したのであるから，特段の事情が存する旨主張していると考えられる。

しかし，まずBが実際に８月ごろY宅に泊まったことの証明がないから，そもそも本当にそのような機会があったか否かは定かでない。

そして，Yは，Bが幼少期よりYの自宅に出入りしていたことから，印鑑などの大事なものは全てタンスの一番上の引き出しにしまっていたことを知っており，無断でそれを押印することも可能であったと主張している。しかしながら，BがYの家に頻繁に出入りしていたのは大学進学前，つまり高校生のころまでである。１０代の子供のうち，印鑑などの所在をいちいち気にしているような者はあまり多くなく，子供時代に頻繁に出入りしていたからと言って，Yの言うように印鑑の所在を容易

約の性質を踏まえて，適切な解答を導いており，出題趣旨に合致する答案といえる。なお，判例（大判明39.3.3）によれば，債権譲渡の対抗要件である通知・承諾（民467）は，主たる債務者との間で行えば足り，その効力は保証人に及ぶ。

● 「Yが保証契約を締結した事実」は，保証契約に基づく保証債務履行請求権が認められるための主要事実の１つである。そして，本件借用証書には，「Yが，BのAからの上記の借入れにつき，Aに対し，Bと連帯して保証する」旨の文言が記載されているところ，これは，保証の意思表示が書面によりなされていることを示すものであるから，処分証書であるとともに，上記主要事実を直接証明する証拠（直接証拠）である。この点，処分証書とは，意思表示がその書面によってなされている文書をいい，その成立の真正（形式的証拠力）が認められれば，実質的証拠力も認められる（当該文書に記載された事実や意思表示が存在することが直ちに認められる）。したがって，二段の推定を経て，本件借用証書の成立の真正が認められれば，主要事実である「Yが保証契約を締結した事実」も直ちに認められることになる。

本答案は，本問の事案が直接証拠である処分証書が存在する事案であり，その成立の真正がポイントとなることを明示的に論述できている点で，非常に優れている。

に見つけられたと考えることはできない。したがって、Bが頻繁に訪れていたことを以て無断での押印が可能であったと考えることはできない。

また、いくら家族のように仲が良かったとはいえ、当時からあまり裕福ではなかったYが、うかつにもタンスという容易に開けることのできる物に印鑑を入れておいたままにして、Bを一人きりにするというのは、不合理な行動であるから、Yの言うようにYがBを置いて買い物などに行った可能性は必ずしも高くない。仮にそのような時間があったとしても、Yの母親が在宅していた可能性も存するから、そもそもBが一定時間一人になることができた可能性は高くない。

さらに、Yは、Bの行為の具体的な態様として、自らが買い物などに出かけた時にタンスの一番上の引き出しから取り出し、押印したのではないかとしているが、印鑑を借用証書に押印するためには、印鑑を見つけた上で、机など押印に適した場所に移動し、不自然にならないよう丁寧に押印するといったように、いくつかの作業を行う必要があり、ある程度の時間が必要となる。Yがいつ帰ってくるかわからない状況でそのような時間のかかる行為に及ぶことは高い発覚の危険と隣り合わせであり、簡単に実行できるような行為ではない。

以上より仮にBが8月ごろにY宅を訪れていたとしても、印鑑を盗み無断で押印したと合理的に推認することはできず、Yの説明は合理的でないと言え、特段の事情は存しない。

そうであれば、Yが自己の意思により本件借用証書に「押印」したこ

● Bが滞在した2日間、Bが1人になったというYの主張を踏まえた上で、Yの自宅にはYの母親がいることを指摘し、Yの供述は信用できず、Bが容易に印鑑を見つけ出せるとは考えられないことを具体的に指摘することができている。

● 本答案は、他の答案と比較して非常に具体的な場面が想定されており、単に事実の摘示と抽象的な評価にとどまる論述よりも説得力がある。

とが推定される。

そのため、228条4項が適用され、文書全体の成立の真正が推定される。そして、かかる推定を覆すような事情は存しないから、本件借用証書のY作成部分につき形式的証拠力が認められ、前記のような書面の性質から、保証契約締結の事実が証明される。

3　②、③の点について

さらに、Aは、Xに対し、8月下旬にY宅に電話した際、Yの母親が「Yからそのような話を聞いている。」と言われた旨述べている。Aは、たしかに全くの第三者というわけではないが、少なくとも訴訟当事者よりは供述の信用度が高いと言える。そして、Yの母親は、Yとの血縁関係からして、連帯保証というYに不利な事実を、嘘をついてわざわざXに述べることは通常はあり得ないと言えるから、Yの母親の供述自体の信用度は極めて高い。よって、かかる発言からも連帯保証の事実を推認できる。

また、Yにさしたる貯蓄はなく、裕福ではなかったから、保証をするはずがないという主張については、たしかに金がないときに連帯保証をする者は多くないと言える。しかし、BとYは、Yの言うように家族同然の仲であったことからすると、無理をして保証をすることは十分にあり得るから、かかる事実は保証契約締結の事実と矛盾しない。

4　以上より、上記事実の存在は認められるべきである。

以　上

※　実際の答案は4頁以内におさまっています。

● 二段の推定が働くことについて正しい理解を示しつつ、原告代理人の立場から説得的に論述することができており、出題趣旨に合致する。

● Yの母親の属性（Yとの血縁関係やYの利益を優先する立場にあるかどうか）に着目して具体的に推認過程を検討することができている。

令和元年

第1　設問1
1　小問1
　　保証契約に基づく保証債務履行請求
2　小問2
　　被告は原告に２００万円及び平成３０年６月１６日から支払い済みまで年１０分の金員を支払え。
3　小問3
　　① ㈱につき保証の合意
　　② 合意
　　③ 書面
　　④ ９日ＸはＡより２００万円で㈱の債権を買い受けた
4　小問4
　　不動産に対する強制執行は強制競売による（民事執行法４３条１項）。そこで差押え（４５条１項）手続により、強制競売の申立て（４４条１項）をすべきである。
第2　設問2
1　小問1
　　① 譲渡禁止特約の抗弁
　　② また保証人は付従性より、債務者の主張できる抗弁を主張できる。そして、譲渡禁止特約（民法４６６条２項）は物権的効力を持つため、第三者に主張した場合、譲受人が善意でなければ対抗することができる。かかる主張に

り、譲渡をＸは対抗できず、請求権を障害するため、抗弁となる。
2　小問2
　　Ｂは乙絵画の所有権を有していた
3　小問3
　　① 必要である
　　② 代物弁済契約（４８２条）は「他の給付をしたとき」とあり要物契約にも思えるものの、これは給付したときに債務が消滅することを指す。したがって諾成契約であり、意思主義（１７６条）から契約時点で所有権移転の効果は発生しているが、引き渡しにより債務が消滅する。
　　　本件では代物弁済により債務が消滅していることを主張するため、引渡しの事実まで必要である。
第3　設問3
　　① 主張すべきでない。
　　② 保証債務の付従性より、債権譲渡通知は債務者に対してするので足りる。したがって債権譲渡の効果を障害するのであれば、債務者に対する通知（４６７条１項）を欠くことを主張する必要がある。
　　　本件では債務者Ｂに対して通知があることにつき認めているため、抗弁とならない。したがって主張すべきでない。

● 　譲受債権請求訴訟の訴訟物は当該譲受債権であり、原告はその帰属主体にすぎない。そして、契約主体が原告・被告以外の者である場合には、契約主体が誰であるかを明らかにする必要がある。したがって、本問では、「ＡＹ間の」保証契約であることを示す必要がある（再現答案①参照）。

● 　本答案は、債務名義（確定判決、民執22①）に執行文を付与する手続（民執26Ⅰ）を経るべきことについて論述できていない。

☆ 　改正民法下では、①については「履行拒絶の抗弁」（民466Ⅲ・457Ⅱ）を記載するのが適切である（改正民法下では、譲受人が悪意・重過失でも債権譲渡自体は有効であるため、譲渡禁止特約は抗弁として機能しない）。

☆ 　改正前民法下の伝統的通説は、代物弁済の法的性質について、いわゆる要物契約説に立っていたが、改正民法482条は、代物弁済が諾成契約であることを明示し、かかる合意に基づいて代物を給付した時点において、債権が消滅する旨規定するに至った。
　　本問に即すると、改正民法下では、問題文(2)(ア)の事実により代物弁済契約それ自体が成立し、かかる合意に基づいて、「Ｂが、Ｘに対し、本件絵画を引き渡したこと」（引渡し）の事実により、Ｂの貸金返還債務が消滅することとなる。

第4　設問4
1　書面は成立の真正が証明されなければならない（民訴法2
28条1項）。本件借用証書には「署名」（228条4項）が
されているが，手書きと言う事情がないため，ワープロ打ち
の署名に「押印」がされているといえる。
2　押印がある場合，通常実印は大切に保管されていると言う
我が国の経験則から，意思に基づく押印であると事実上の推
定がされる。また意思に基づく行為がある以上，内容の成立
の真正が事実上推定される。これが2段の推定である。
⑴　本件では，押印はされているものの，それはBが盗用し
たものであり，Yの意思に基づくものではないと主張す
る。
⑵　確かにBはYの家に滞在している間，Bが1人になった
事がある。Yは印鑑を含む大事なものを，寝室のタンスの
1番上の引き出し小さい頃からしまっており，小さい頃よ
りYの家に遊びに行っていたBが，場所を知っていた可能
性もある。さらにYの実印はフルネームであり，Yの物を
容易に見つけられたともいえる。したがってBが盗用する
ことは可能であったともいえる。
　　しかし，いくら幼少の頃よりいとこで仲が良かったとは
いっても，印鑑という重要なもの場所をBが知っていた可
能性は低い。したがって盗用はできないといえる。

⑶　また確かに200万円とは大金であり，貯蓄も少ないY
が保証する動機がないとも思える。しかしYとBは幼少の
頃から兄弟同然の仲の良さであり，その仲の良さから保証
したとも考えられる。
⑷　さらには，Aいわく，Yの母親は保証の件についてYよ
り聞いていると言っていた。したがって，8月中旬にBが
滞在したのは，印鑑を盗むためではなく，9月1日の保証
の話をしに行ったと考える方が自然である。
3　したがって，押印はYの意思に基づくものである。そし
て，内容の真正が推定され，借用証書は成立の真正が証明さ
れる。よって，Yは保証契約を締結している。
以　上

● 「ワープロ打ちの署名」という事実は存在しない。問題文にない事実を作り上げてはならない。

● 本答案は，民事訴訟法228条4項の推定が働く場合，文書の「内容の成立の真正」が事実上推定されるとしているが，不正確である。ここで推定されるのは，文書の成立の真正（形式的証拠力）である。

● 本答案は，Yの供述に沿う事実が存在することを前提に検討しているが，【Xの供述内容】では，「Bが，……Yの自宅に泊まりに来て，2日間滞在したかは分かりません」としているため，まずはYの供述に沿う事実が存在するかは疑わしく，信用できない旨の指摘が必要と思われる（再現答案①参照）。

● Yの母親が「Yからそのような話を聞いている」と述べた事実から，Yに保証する意思があることを認定すべきであり，Bが「9月1日の保証の話をしに行った」かどうかを認定するのは不合理である（仮にBがYの自宅に保証の話をしに行った事実が認定できたとしても，そのことからYの保証意思を認定することはできない）。

令和元年

第1　設問1
1　小問(1)
　　ＡＹ間の保証契約に基づく保証債務履行請求権
2　小問(2)
　　被告は，原告に対し，代金２００万円及び平成３０年６月１６日から支払済まで年１割の割合で金員を支払え。
3　小問(3)
　①　㋑の借り入れを保証する旨の合意をした。
　②　合意
　③　書面
　④　９日，Ａは，Ｘに対し，㋑の貸金債権とこれに関する遅延損害金債権を，代金２００万円で，売った
4　小問(4)
　　まず，本件貸金債権及びこれに関する遅延損害金債権を被担保債権として甲土地について仮差押命令を発するよう申立てをする（民事保全法２０条1項，２1条）。
　　そして，強制競売の申立てを行う（民事執行法４３条）。
第2　設問2
1　小問(1)
　①　主債務についての債権譲渡禁止特約の存在の抗弁
　②　債権は原則として自由に譲渡することができる（民法（以下略）４６６条1項）。もっとも，当事者間で債権譲渡禁止特約

● 出題趣旨にいう「原告の求めに応じた訴訟物」の設定が正確にできている。

● 請求の趣旨には給付の法的性質（代金，遅延損害金等）や理由付けを記載しないのが実務上のルールである。

● ①には「㋑の債務を保証する旨の合意をした」，②には「意思表示」又は「合意」，③には「書面」，④には「９日，Ａは，Ｘに対し，㋑の債権を代金200万円で売った」等と記載する。

● 出題趣旨によれば，本問では「確定判決に基づく民事執行手続の基本」が問われており，問題文も「確定判決を用いて」と記載しているから，本問において，民事保全手続を記述することは明らかに誤りである。

がある場合で，譲受人がかかる特約があったことを債権譲受時に知っていた場合には当該債権譲渡は無効となる（４６６条２項）。そして，主たる債務者に対する債権が移転すると保証人に対する債権はともに移転するところ（４４６条参照），主たる債務者に対する債権譲渡が無効であるならば保証人に対する債権の譲渡も無効になるため，譲受人Ｘは保証人Ｙに対する保証債務の履行を請求できない。したがって，(b)の主張は，請求原因事実と両立し，主債務の債権譲渡という請求原因事実により発生するＹのＸに対する保証債務の履行義務という法的効果を障害するので抗弁となる。
2　小問(2)
　　乙絵画を所有していた
3　小問(3)
　①　必要である
　②　(c)の抗弁は，代物弁済による債権消滅の抗弁である。動産の所有権の移転は意思主義（１７６条）により，(ｱ)と(ｲ)の主張のみで絵画の所有権はＸに移転するが，金銭は所有と占有が一致することから，代物弁済により債権消滅という効果を発生させるためには，ＢがＸに対して本件絵画を引き渡したことに係る事実の主張が必要となる。
第3　設問3
　①　主張すべきでない。

● 本答案は，譲渡禁止特約の法的性質について，いわゆる物権的効力説に立つものであるが，そうすると，無効な行為は原則として誰からでも主張できるはずであるから，保証債務の付従性等について論じる実益はなかったと考えられる。
　なお，改正民法に準拠して本問に解答する場合については，再現答案①②コメント参照。

● 代物弁済による債務消滅の効果が発生するためには，代物の所有権が移転したことを要するから，その前提として，債務者が契約当時，その代物を所有していたことが必要となる。

● 「金銭は所有と占有が一致する」ということと，代物弁済による債権消滅の効果を主張するためには代物の引渡しがされたことを主張する必要があるかという問題との間には，何も関係がない。

②　かかる言い分は，保証債務の債務者たるＹが主たる債務に対する債権の譲渡について，譲渡を承諾していないし債権者から通知を受けたこともないため，ＸはＡのＢに対する債権の譲渡をＹに対抗することができず，よってＹは譲受人Ｘに対してかかる債権の保証債務を負わない（４６７条１項）ということをいうための主張である。

　　もっとも，保証債務は主債務が履行されない場合にその履行する責任を負うというものであり（４４６条１項），債務の内容に変更がない限り，債権者が変更されても保証人に直接的な影響はない。そのため，保証人に対して債権者が債権譲渡を通知する，もしくは保証人が債権譲渡を承諾しなくても保証人に対して主たる債権の譲渡を対抗することができる。

　　したがって，かかる言い分は請求原因事実と両立するが，主債務の債権譲渡という請求原因事実により発生するＹのＸに対する保証債務の履行義務という法的効果を障害することにはならないので，抗弁にはならない。よって，かかる言い分の主張は主張自体失当となるため，主張すべきでない。

第４　設問４

1　Ｙが保証契約を締結した事実が認められるためには，①本件借用証書のＹ作成部分が真正に成立していること，②ＡとＹが，ＹがＢのＡに対する債務を保証する旨の合意をしたという事実が認められれば良い。

2　まず，①について，民事訴訟法２２８条４項は私文書につき「本人…の…押印」がある場合に，当該私文書の成立の真正を推定している。ここにいう本人の押印は同項で「押印」と並んで「本人…の…署名」が要件とされていることから，本人の意思に基づく押印であることが必要とされている。

　　そして，わが国では印章は通常慎重に管理されており，第三者が容易に押印することはできないという経験則がある。そのため，本人の印章による印影がある場合には，本人の意思に基づく押印が事実上推定され，同項の推定と合わせれば，文書の成立の真正が推定されることとなる（二段の推定）。

　　本件について，Ｙ名下の印影がＹの印章によることはＹが認めているため，本件借用証書のＹ作成部分の成立の真正が推定される。

　　これに対して，ＹはＢが平成２９年８月中旬にＹの家に訪れた際にＹの印章を盗用したと反論する。

　　確かに，ＹとＢがいとこ同士であることは聞いているし，Ｂが昔からＹの家に遊びに来ていたかもしれない。しかしながら，Ｙの印章は寝室という，普段来客は入ることがない部屋に保管されていたのであるし，ましてやタンスの引き出しの中にしまってあったのであるというのだから，Ｙの家の住人ではないＢがＹの印章を見つけ出して盗用するとは考えられない。

　　したがって，Ｙの主張はかかる推定に合理的な疑いを生じさせ

●　保証契約の性質に着目して自分なりに検討できている点は評価に値するものと思われる。ここでは，債権譲渡の対抗要件も踏まえつつ，判例（大判明39.3.3）に言及できれば，さらに高く評価されたものと考えられる。

●　本答案は，再現答案①のように，本件借用証書が直接証拠及び処分証書であることや，本件借用証書の成立の真正が認められれば直ちに主要事実が認められることについて指摘できていないため，説得力に乏しい。

●　二段の推定に関する適切な理解を示すことができている。もっとも，出題趣旨によれば，「相手方の主張の位置付けについて，事案に即して適切な説明を加える必要がある」とされており，Ｙの「Ｂが盗用した」との主張がいわゆる一段目の推定に対する間接反証であることを明確に論じられれば，より出題趣旨に合致する適切な論述となった。

●　Ｙの主張を踏まえつつ，説得的な反論を示すことができている。

●　一段目の推定は，経験則を基礎に

るだけの反証とはならない。

　よって，本件借用証書のY作成部分が真正に成立していること
が認められる（①充足）。
3　また，Yは保証の合意をしたことを否定しているが，XはYの
母親がYから本件保証について話を聞いている旨説明を受けてい
る。そして，Yの母親という，Yと社会的経済的に同一の立場に
ある者があえてYにとって不利となるようなことを言うとは考え
難く，かかる説明は信用性が高い。

　したがって，AとYが，YがBのAに対する債務を保証する旨
の合意をしたことが推認できる（②充足）。
4　以上より，Yが保証契約を締結した事実が認められる。

以　　上

※　実際の答案は4頁以内におさまっています。

する事実上の推定であるから，立証
責任を転換するものではない。した
がって，一段目の推定を破るには，
疑いを抱かせる程度の反証をすれば
足りる。

● 出題趣旨によれば，原告に有利な
事実のみならず，原告に不利な複数
の事実を適切に分析・評価すること
が求められていたが，本答案は，X
にとって不利な事実（Yの経済状況
等）を分析・評価することができて
いない。

令和元年

設問1について
(1)について
　保証契約に基づく保証債務履行請求権
　履行遅滞に基づく損害賠償請求権
(2)について
1　被告は原告に対して２００万円支払え
2　被告は原告に対して平成６月１６日から年１割の利率で支払済までの金を支払え
(3)について
①　本件貸付にかかる債務を主債務とする保証契約を締結した
②　保証契約
③　書面
④　９日，原告は被告から本件貸付にかかる債権を２００万円で買い受けた
(4)について
　Ｘとしては Y が甲土地以外にめぼしい財産を所有していないので，唯一の責任財産である甲土地に強制執行をかけたい。そこでＸは確定判決を債務名義として（民事執行法２２①），甲土地に競売等で強制執行をかけることを申し立てる（同法４３Ⅰ）べきである。
設問2について
(1)について

● 保証債務は，特約がない限り，その対象として，元本債務のみならず，利息や遅延損害金をも包含する（民447Ⅰ）。したがって，遅延損害金の保証債務の履行を請求する場合，これも保証契約に基づく保証債務履行請求権に包含されるから，本件訴訟の訴訟物は，保証債務履行請求権１個である。また，本件訴訟は譲受債権請求訴訟であるが，本答案は，訴訟物について契約の主体を示しておらず，不適切である（再現答案②コメント参照）。

● 本答案は，債務名義（確定判決，民執22①）に執行文を付与する手続（民執26Ⅰ）を経るべきことについて論述できていない。

1　譲渡禁止特約の抗弁
2　抗弁とは請求原因事実と両立し，請求原因から生ずる法的効果を覆滅させるものである。原則債権は譲渡が可能なところ（４６６Ⅰ本文），YはAのBに対する債権は譲渡禁止特約（４４６Ⅱ本文）がつけられているため譲渡ができず，保証債務の付従性からYに対する保証債権についてもAが取得することはない旨の主張である。かかる事実はXが主張する請求原因事実(あ)〜(お)と両立し，かかる効果を覆滅するものである。よって抗弁になる。
(2)について
　Bは乙絵画を所有していた
(3)について
1　必要である。理由は以下の通りである。
2　代物弁済は本旨弁済に代えて行われる弁済である。この点，所有権の移転は意思主義（176）のもと，意思表示で足りる。しかし代物弁済はこの通り本旨弁済に代えて確定的に債務を消滅させる行為であるから，対抗要件の具備まで必要である。よって動産であれば，「引渡し」（178）が必要であり，本件においても乙絵画は動産であるためXに対して引き渡したことを主張する必要がある。
設問3について
1　抗弁として主張すべきではない

● 出題趣旨によれば，本問では，譲渡禁止特約の実体法上の要件・効果を踏まえて，抗弁の内容やその理由について「自説の立場から丁寧に論ずること」が期待されていたが，本答案は，譲渡禁止特約の法的性質について自説を示すことができておらず，題意を正しく把握できていない。また，譲受人の悪意が要件となることも指摘できていない。

● 本答案は，代物弁済に関する判例（所有権移転の効果は代物弁済の合意の時点で生じる（最判昭57.6.4参照）が，債務消滅の効果は代物弁済の合意に基づいて代物の給付がなされた時点（対抗要件の具備）で生じる（最判昭39.11.26参照））と同様の考え方から論述できており，適切である。

2　抗弁の定義は前述のとおりである。Yの主張は，債権譲渡にかかる債務者対抗要件である通知や承諾（467Ⅰ）がYについてなされていない以上，YとしてはXを債権者と認めない旨の主張である。しかし保証債務は主債務者に生じた事由の影響を原則受けるところ，本件でAがBに対してした債権譲渡についての内容証明郵便による通知の影響は，保証人たるYにも及ぶ。したがって，Yがこのような主張をしたとしてもXからの履行を拒むことはできず主張自体失当となる。よってXの請求の法的効果を覆滅する効果を有さないから，抗弁に当たらない。

設問4について

1　まず，本件借用書は私「文書」（民事訴訟法228Ⅰ）の中の処分証書である。すると形式的能力が認められるためには「真正」すなわち，文書全体がその者の意思に沿って作成されたことが必要となる。そして通常，自分の印鑑を他人に使用させることはないという経験則から，当該人物の持つ印章の印影がその文書から顕出された場合は，その人物の意思に基づいて印影が顕出されたことが事実上推定され，その上で同法224Ⅳが適用され，文書全体が意思に基づいて作成されたことが推定される。本件Yは前者の推定を覆そうとしている。前述の通りその推定過程は事実上のものであるから，覆そうとする者は反証することで足りる。

2　そこでXとしては，以下のようにYの主張は反証となりえず，Yが保証契約を締結した事実を認定できると主張する。

(1)　印鑑をタンスの引き出しの一番上に置いておいたところBに盗用された旨を供述している。そしてかかる印鑑はフルネームの入った実印である。通常一般的にこのような実印は重要な契約書などを作成する際に用いられるものであるから，盗用されないようにするため金庫などで厳重に保管するものである。よって引き出しの一番上というわかりやすい場所に印鑑を保管していたことは考えられず，Yのかかる供述は不合理なものであり，信用性に乏しい。

(2)　Yの供述から，BとYはとても昔から親しい間柄であることが認定できる。金に困ったBが借金をしようとする場合，気の置けないYに保証人になってほしい旨を依頼することが十分に考えられる。すると，保証について一切Bから相談を受けたことがないと言うYの主張は信用性に乏しい。Yは保証人になることを認識しこれを承諾していた可能性が考えられる。

(3)　さらに，AはYの母から，YがBの保証人になったと言うことを聞いている。確かにYの母のかかる供述はいわゆる伝聞証拠であるが，Yがいとこという親族でありとても仲が良いBの保証人になった場合，これを母に話すことは十分に考えられる。また仮にYの母がそのように言ってい

● 保証契約の性質に着目している点は出題趣旨に合致するが，ここでは，保証債務の随伴性（保証債務は，被保証債権が債権譲渡等により移転すれば，それに伴って移転し，被保証債権の譲受人が保証債権の債権者となること）に言及し，被保証債権につき債権譲渡がされたときに，主たる債務者について債権譲渡の対抗要件が具備されれば，保証人についても当然に保証債権移転の対抗要件が具備される（大判明39.3.3参照）旨論述できると，より良好な評価が得られたものと思われる。

● 「228Ⅰ」「224Ⅳ」といった略字・表記は，「Ⅰ」「Ⅳ」が何を表しているのか（第1項なのか，第1号なのか）が明らかではないから，論文式試験の答案では用いてはならない。

● 本答案は，Yが「タンスの一番上の引き出しにしまっていました」という供述の合理性について論じているが，検討すべきポイントが外れている。ここでは，厳重に保管される実印を見つけ出し盗用することが困難であることを論じる必要があった。

● 本答案は，一段目の推定を覆す反証（BによるYの印章の盗用）が認められるかどうかという問題と，それ以外の事実によって主要事実が推認されるかどうかという問題を区別することなく論じている点で，不適切である（再現答案①参照）。

令和元年

なかったとしてもAがXに対して嘘をつく動機もない。かかる事実からYがBの保証人になり，それを母に話していた事実が推認される。

(4) さらに本件借用書にはYの署名がされている。「署名」がある場合は直ちに２２８Ⅳが適用されその文書自体がその者の意思に沿って作成されたことが推定されるほど，署名は強い推認力を持つ。本件においてもYの署名が保証人の欄にある以上，Yは本件借用書の内容を理解した上でこれを承諾していることが考えられる。しかもYはこの点について何ら反論をせず，もっぱら押印の有無について争うことにのみ終始している。

(5) 以上により，Yは保証人になることを認識し，保証契約を締結したことが認定できる。

以　上

※　実際の答案は４頁以内におさまっています。

● 民事訴訟法228条４項にいう「署名」は，本人（代理人）の意思に基づく「署名」でなければならない。【Yの相談内容】によれば，Yは「氏名を書いていませんし，誰かに指示して書かせたこともありません」と述べているから，Yの意思に基づく「署名」は認められない。したがって，単なる署名があることを理由に，「Yの署名が保証人の欄にある以上，Yは本件借用書の内容を理解した上でこれを承諾している」とする本答案の論述は，理解不足に基づく明確なミスといえる。

# 法律実務基礎
# （刑事）

# 平成27年

〔刑　事〕

次の【事例】を読んで，後記〔設問〕に答えなさい。

【事　例】

1　A（男性，２４歳）は，平成２７年３月１４日，V（男性，１９歳）を被害者とする傷害罪の被疑事実で逮捕され，翌１５日から勾留された後，同年４月３日にＩ地方裁判所に同罪で公判請求された。

　　上記公判請求に係る起訴状の公訴事実には「被告人は，平成２７年２月１日午後１１時頃，Ｈ県Ｉ市Ｊ町１丁目１番３号所在のＫ駐車場において，V（当時１９歳）に対し，拳骨でその左顔面を殴打し，持っていた飛び出しナイフでその左腹部を突き刺し，よって，同人に加療約１か月間を要する左腹部刺創の傷害を負わせた。」旨記載されている。

2　受訴裁判所は，平成２７年４月１０日，Aに対する傷害被告事件を公判前整理手続に付する決定をした。検察官は，同月２４日，証明予定事実記載書を同裁判所及びAの弁護人に提出・送付するとともに，同裁判所に証拠の取調べを請求し，Aの弁護人に当該証拠を開示した。検察官が請求した証拠の概要は，次のとおりであった。

(1)　甲第１号証　診断書

　　「Vの診断結果は左腹部刺創であり，平成２７年２月２日午前零時頃，Vが救急搬送され，直ちに緊急手術をした。加療期間は約１か月間である。」

(2)　甲第２号証　Vの検察官調書

　　「私は，平成２７年２月１日の夜，交際中のB子に呼び出され，同日午後１１時頃，Ｋ駐車場に行ったところ，黒色の目出し帽を被った男が車の陰から現れ，①『お前か。人の女に手を出すんじゃねー。』と言って，いきなり私の左顔面を１回拳骨で殴った。私は，いきなり殴られてカッとなり，『何すんだ。』と怒鳴ったところ，その男は，どこからかナイフを取り出したようで，右手にナイフを持っていた。私が刺されると思うや否や，その男は，『この野郎。』と言いながら，私に向かってナイフを持った右手を伸ばし，私の左脇腹にナイフを突き刺した。その後，その男は駐車場から走って逃げていったが，私は，意識がもうろうとしてしまい，気付いたら病院で寝ていた。

　　私を刺した犯人の顔は見ていないが，Aが犯人ではないかと思う。私は，アルバイト先の喫茶店でアルバイト仲間だったB子を好きになり，平成２６年１２月初旬頃から，３，４回B子とデートをした。平成２７年１月中旬頃，B子に，きちんと付き合ってほしいと言ったところ，B子も承諾してくれた。しかし，その後，私と一緒にいる時に，B子の携帯電話に頻繁にメールや電話が来るので，不審に思ってB子に尋ねると，B子は，『実は，前の彼氏であるAから

よりを戻そうとしつこく言われている。Aとは，以前数箇月間同棲していたことがあるが，異常なほど焼き餅焼きで，私が男友達とメールのやり取りをしていても怒り，私を段ったりするので，付いていけないと思い，同棲していたA方から飛び出して1人暮らしを始め，電話番号もメールアドレスも変えた。ところが，Aが私の友人から新しい電話番号やメールアドレスを聞き出したようで，頻繁に電話を掛けてくるようになった。新しい彼氏ができたと話したが，お前は俺のものだと言って聞く耳を持たない。どうやら新しい住所も知られているようで怖い。』と言っていた。その際，B子はAの写真を見せてくれたので，B子の前の彼氏が逮捕されたAであることに間違いない。私は，B子のことは好きだったが，前の彼氏とのトラブルに巻き込まれたくないと思い，B子からデートに誘われても最近は断りがちで，中途半端な付き合いになっていた。そのような状況だった平成27年2月1日の午後8時頃，私は，B子から，相談したいことがあるので，どうしても会ってほしいという内容のメールをもらい，B子に会うことにし，B子に指定されたとおり，同日午後11時頃，K駐車場に行った。ところが，現れたのはB子ではなく，先ほど話した黒色目出し帽の男だった。B子が私と会う約束をしたことを知って，Aが私を待ち伏せしていたのではないかと思う。他に恨みを買うような相手に心当たりはない。」

(3) 甲第3号証　捜査報告書

「平成27年2月1日午後11時10分頃，氏名不詳の女性から『黒色目出し帽の男がK駐車場で人を刺した。』旨の110番通報があり，同日午後11時25分頃，K駐車場に司法警察員が臨場し，付近の検索を行ったところ，同駐車場出入口から北側約10メートルの地点の歩道脇に，飛び出しナイフ1丁が落ちており，犯人の遺留品の可能性があると思料されたため，同日，これを領置した。」

(4) 甲第4号証　飛び出しナイフ1丁（平成27年2月1日領置のもの）

(5) 甲第5号証　捜査報告書

「平成27年2月1日に領置した飛び出しナイフ1丁の柄から採取された指紋1個が，Aの右手母指の指紋と一致した。」

(6) 甲第6号証　捜査報告書

「平成27年2月1日に領置した飛び出しナイフ1丁の刃に人血が付着しており，そのDNA型が，Vから採取した血液のDNA型と一致した。」

(7) 甲第7号証　B子の検察官調書

「私は，以前AとA方で同棲していたが，Aの束縛が激しい上，私が男友達とメールのやり取りをしているだけでも嫉妬して私を段るなどするので嫌になり，平成26年9月頃，A方から逃げ出して，電話番号やメールアドレスを変え，1人暮らしを始めた。その後，Vと知り合い，平成27年1月頃，Vとの交際を始めた。ところが，Aは，私の電話番号，メールアドレ

スを探り出し，私に何度も電話やメールを寄越して復縁を迫るようになった。私が更に電話番号やメールアドレスを変えると，今度は私の自宅を突き止めたようで，私の自宅に頻繁に来るようになった。私は，Aに，他に好きな人ができたので復縁するつもりはないと言ったが，Aは納得せず，『そいつと会わせろ。』と言っていた。私は，AがVに暴力を振るうかもしれないと思ったので，AにはVの詳しい情報を教えなかった。私は，Aから逃げられないという恐ろしさを感じ，VにAとの関係やAに付きまとわれている状況を全部打ち明けた。しかし，Vは，次第に私との距離を置くようになってしまった。私は，私から距離を置こうとするVに腹が立ち，どうしていいのか分からなくなった。私は，2人を引き合わせればVの態度もはっきりするだろう，Vが私を捨てるなら私も覚悟を決めようと思った。そこで，私は，平成27年2月1日午後8時頃，Vに『今日の午後11時頃にK駐車場に来てほしい。』という内容のメールを送ってVを呼び出し，その後，Aに，電話で，私がVを呼び出したことを伝えた。Aは，『俺が行って話を付けてくるから，お前は家にいろ。』と言っていた。しかし，私は，Vの態度を見たかったので，同日午後11時前頃，K駐車場付近に行き，2人が現れるのをこっそり待っていた。すると，Aが現れてK駐車場に入っていき，しばらくするとVが現れてK駐車場に入っていった。私は，K駐車場のフェンス脇まで近付き，K駐車場内の様子を見ると，Vが黒色の目出し帽を被った男に顔を殴られているところだった。私は，目出し帽を被った男の服装が先ほど駐車場に入っていったAの服装と同じだったので，Aだと分かった。Aは，右手にナイフを持ち，Vのお腹の辺りに右手を突き出した。私は，Vが刺されたと思い，怖くなってその場から走って逃げ出し，200メートルくらい離れた場所から匿名で110番通報をした。私は，そのまま自宅に帰ったので，その後2人がどうなったのか見ていない。

　翌日の2月2日，Aから私に電話があり，Aは，②『Vをナイフで刺した。走って逃げている時に，そのナイフを落としてしまった。』と言っていた。

　平成27年2月1日に警察官が領置したという飛び出しナイフを見せてもらったが，そのナイフは，Aと同棲していた時に，A方で見たことがある。ナイフの柄にある傷に見覚えがあるので，Aが持っていたナイフに間違いない。

　私は，Aに自宅を知られているが，引っ越し費用を工面する余裕がなく，転居できる見込みがない。だから，怖くて仕方がない。」

(8)　乙第1号証　Aの司法警察員調書

　「私は，現在，H県I市内で母と2人で暮らしている。両親は，私が中学生の時に離婚し，私は母に引き取られた。それ以降，父とは一度も会っていない。私には兄弟はいない。私は，21歳の時から1人暮らしをしていたが，平成26年5月頃から私の家でB子と同棲していた。しかし，同年9月頃にB子が家を出ていき，それから2週間くらい後の同年10月頃，母が交通事故に遭って，脳挫傷の傷害を負い，左手と左足に麻痺が残ったため，私は母が退院した同

年12月上旬から実家に戻り，母と同居している。

　私は，高校卒業後，建設作業員として建築会社を転々としたが，現場で塗装工をしているCさんと知り合い，1年半くらい前からCさんの下で働いている。Cさんの下で働いているのは私だけなので，私が長期間不在にすると，受注していた現場の仕事を工期内に終わらせることができなくなる。母は1人では日常生活に支障があり，私の手助けが必要だし，Cさんにも迷惑を掛けたくないので，早く家に戻りたい。

　私には，前科前歴はなく，暴力団関係者との付き合いもない。」

3　Aの弁護人は，前記の検察官請求証拠を閲覧・謄写した後，平成27年5月3日，Aと接見したところ，Aは，「B子からVをK駐車場に呼び出したことは聞いたが，私は，K駐車場には行っていない。B子には未練があったので，B子の友達からB子の新しい電話番号などを聞き，連絡をしたことは事実だが，B子がVと付き合っていたのでB子のことは諦めた。むしろ，最近は，B子から『Vが自分から距離を置こうとしているように感じる。』などと相談を持ち掛けられていた。B子の家を知っているが，それはB子から相談を持ち掛けられて話をした後，B子を家まで送っていったからで，B子に付きまとって家を突き止めたわけではない。飛び出しナイフについては，全く身に覚えがなく，飛び出しナイフの柄になぜ私の指紋が付いていたのか分からない。VとB子が私を陥れようとしているのではないか。」と述べた。

4　Aの弁護人は，平成27年5月7日，検察官に類型証拠の開示請求をし，検察官は，同月13日，同証拠を開示した。Aの弁護人は，Aと犯人との同一性（犯人性）を争う方針を固め，同月20日の公判前整理手続期日において，③甲第2号証，甲第5号証及び甲第7号証については「不同意。」，甲第4号証については「異議あり。関連性なし。」，その他の甲号証及び乙号証については「同意。」との意見を述べた。

　その後，Aの弁護人は，Aと接見を重ねた結果，飛び出しナイフにAの指紋が付着していた事実自体は争わない方針に決め，同年6月1日の公判前整理手続期日において，甲第5号証については「同意。」，甲第4号証については「異議なし。」との意見に変更した。

　そして，受訴裁判所は，同月15日に公判前整理手続を終了するに当たり，検察官及びAの弁護人との間で，争点は犯人性であり，証拠については，甲第2号証及び甲第7号証を除く甲号証，乙号証並びにV及びB子の各証人尋問が採用決定されたことを確認した。

　Aの弁護人は，公判前整理手続終了直後に，V及びB子とは接触しない旨のAの誓約書，Aを引き続き雇用する旨のCの上申書及びAの母親の身柄引受書を保釈請求書に添付して，④Aの保釈を請求したが，検察官はこれに反対意見を述べた。

　なお，検察官は，証拠開示に当たり，Aの弁護人に，Vの住所，電話番号をAに秘匿するよう要請し，Aの弁護人もこれに応じて，Aにそれらを教えなかった。

〔設問1〕

(1) 下線部③に関し，Aの弁護人が，検察官請求証拠について意見を述べる法令上の義務はあるか，簡潔に答えなさい。

(2) 下線部③に関し，Aの弁護人が，甲第4号証の飛び出しナイフ1丁について「異議あり。関連性なし。」との意見を述べたため，裁判官は，検察官に関連性に関する釈明を求めた。検察官は，関連性についてどのように釈明すべきか，論じなさい。

(3) 甲第5号証の捜査報告書は，Aの犯人性を立証する上で，直接証拠又は間接証拠のいずれとなるか，理由を付して論じなさい。

〔設問2〕

下線部④に関し，Aの弁護人が保釈を請求するに当たり，検討すべき事項及びその検討結果を論じなさい。

〔設問3〕

(1) 公判期日に実施されたVの証人尋問において，検察官は，甲第2号証の下線部①のとおりVに証言させようと考え，同人に対し，「そのとき，犯人は，何と言っていましたか。」という質問をしたところ，Vは，下線部①のとおり証言し始めた。Aの弁護人が，「異議あり。伝聞供述を求める質問である。」と述べたため，裁判官は，検察官に弁護人の異議に対する意見を求めた。検察官は，どのような意見を述べるべきか，理由を付して論じなさい。

(2) 公判期日に実施されたB子の証人尋問において，検察官は，甲第7号証の下線部②のとおりB子に証言させようと考え，同人に対し，「Aは，電話でどのような話をしていましたか。」という質問をしたところ，B子は，下線部②のとおり証言し始めた。Aの弁護人が，「異議あり。伝聞供述を求める質問である。」と述べたため，裁判官は，検察官に弁護人の異議に対する意見を求めた。検察官は，どのような意見を述べるべきか，理由を付して論じなさい。

〔設問4〕

Aの弁護人は，弁論が予定されていた公判期日の前日，Aから「先生にだけは本当のことを話します。本当は，私がVを刺した犯人です。しかし，母を悲しませたくないので，明日の弁論はよろしくお願いします。どうか無罪を勝ち取ってください。」と言われ，同期日に，Aは無罪である旨の弁論を行った。このAの弁護人の行為は，弁護士倫理上どのような問題があるか，司法試験予備試験用法文中の弁護士職務基本規程を適宜参照して論じなさい。

**MEMO**

　本問は，犯人性が争点となる傷害被告事件を題材に，弁護人として，検察官請求証拠に対する証拠意見を述べる法令上の義務の有無（設問1(1)），保釈請求に当たり検討すべき事項（設問2），被告人から自己が犯人である旨打ち明けられた場合に無罪弁論をすることの弁護士倫理上の問題点（設問4），検察官として，証拠物の関連性について釈明すべき内容（設問1(2)），公判証言に被告人等の発言内容が含まれている場合の伝聞法則の適用に関する意見（設問3）等を問うものである。保釈請求手続，公判前整理手続と証拠法，弁護士倫理等に関する基本的知識と理解を試すとともに，具体的事例において，これらの知識を活用し，当事者として考慮すべき事項や主張すべき意見を検討するなどの法律実務の基礎的素養を試すことを目的としている。

▶ **MEMO**

平成27年

第1　設問1
1　小問(1)
　　類型証拠開示（３１６条の１５第１項）が行われた場合，開
示を受けた弁護人は異議がないかどうかの意見を明らかにしな
ければならない（３１６条の１６第１項）のであるから，検察
官が類型証拠として開示している以上，Aの弁護人は意見を述
べる法令上の義務を負う。
2　小問(2)
　　本件でVは左腹部刺創の傷害を負っており，本件の飛び出し
ナイフに付着していた人血がVのDNA型と一致しているのであ
るから，本件飛び出しナイフはVの傷害を形成した凶器であると
考えられる。そして，ナイフから採取された指紋の一個がAの右
手母指の指紋と一致しているのであるから，Aが本件ナイフを所
持していたと考えられる。以上のように，本件ナイフが凶器であ
り，かつ，そのナイフをAが所持していたと考えられるのである
から，本件ナイフはAの犯人性を推認させる証拠である。したが
って，関連性を有する，との釈明をすべきである。
3　小問(3)
　　直接証拠とは，犯罪事実の存否を直接証明する証拠をいい，
間接証拠とは，犯罪事実の存否を推認させる事実（間接事実）
を証明する証拠をいう。本件の甲５号証は，上記のようにAが
本件ナイフを所持していたというAの犯人性を推認させる事実

● 端的に条文上の根拠を説明するこ
とで，「法令上の義務はあるか，簡
潔に答えなさい」という問題文の要
求に答えられている。

● 本件ナイフと事件の関連性を認め
るためには，本件ナイフが犯行に用
いられた凶器であることを示す必要
がある。この点，本答案は，本件ナ
イフとAとの間の結び付きを示すた
めに，本件ナイフにAの指紋が付着
している旨指摘しているが，甲５号
証は不同意となっているため，現時
点で甲５号証を使うことはできな
い。なお，本件ナイフが犯行現場付
近に遺留されていたことも指摘でき
ると良かった。

● 「直接証拠又は間接証拠のいずれ
となるか」を問う設問１(3)に対して，
直接証拠と間接証拠の意義を正確
に示した上で，甲５号証を分析し，適
切な結論を出している。

を証明するものであるから，間接事実を証明する証拠にあた
る。したがって，間接証拠である。
第2　設問2
1　必要的保釈（刑事訴訟法８９条）について
(1)　まず，本件の罪名は傷害罪であるから，１号，３号には該当
せず，Aに前科前歴はないから，２号にも該当しない。また，
Aの氏名及び住居も明らかであるから，６号にもあたらない。
(2)　次に，４号に該当するか検討する。検討に当たっては，①隠
滅の対象となる証拠，②隠滅の態様，③隠滅の客観的可能性・
実効性，④隠滅の主観的可能性を考慮しなければならない。
　　本件で，隠滅の対象となる証拠としては，飛び出しナイフ，
V，B子が考えられる。
　　まず，飛び出しナイフについては，既に領置されている以
上，隠匿や物理的破壊の客観的可能性・実効性はない。また，
Vについても住所や連絡先を知らないのであるから，威迫等の
客観的可能性・実効性はないといえる。
　　一方，B子について，Aはその住所や連絡先と知っているの
であるから，Aに有利な証言をするようB子を威迫する客観的
可能性・実効性は存在する。また，Aは自らの犯人性と否定し
ており，VとB子が陥れようとしているのではないかと述べて
いる。このように，B子がわざとAに不利な供述をしていると
考えているのであるから，B子に対し，自らに有利な供述をす

● 傷害罪であるから３号事由（常習
性）には該当しないと論述するより
も，Aに傷害の常習性が認められる
とする事情がないことを摘示する方
が説得的である。

● ４号事由（罪証隠滅のおそれ）は
抽象的な要件であるから，具体的な
考慮要素を挙げて検討する必要があ
る。本答案では，具体的な考慮要素
を挙げた上で，丁寧に当てはめて結
論を導いており，説得力がある。

● B子に対する威迫の可能性を検討
するに当たっては，「B子とは接触
しない旨のAの誓約書」の存在につ
いて必ず摘示・評価する必要がある
が，本答案はこの点の検討をしてい
ない。

るよう威迫を加える主観的可能性も存在するといえる。
　　　したがって，4号事由が存在する。
(3)　そして，以上のように証人たるB子に威迫を加えるおそれがあるのであるから，5号事由も認められる。
(4)　よって，必要的保釈は認められない。
2　裁量的保釈（90条）について
　　裁量的保釈の検討にあたっては，保釈の必要性と相当性を考慮しなければならない。

● 保釈の必要性と相当性に分けて適切に論じている。

● 保釈の必要性について，具体的な事実を摘示し，適切な評価を加えることができている。

(1)　まず，Aは左手と左足に麻痺のある母親と2人で暮らしているところ，父親とは中学生の時以来会っておらず，兄弟もいないから，母親の介護ができるのはAしかいない状況にある。また，AはCの下で働いているところ，Cの下で働いているのはAしかいないから，Aが長期間不在にすると，仕事が工期内に終わらず，業務に著しい支障が生じ，倒産などの可能性もあるといえる。したがって，Aを保釈する必要性は高いといえる。
(2)　そして，身元引受人として母親がおり，CもAを引き続き雇用する旨の供述をしているから，Aの社会復帰は容易であること，AはV及びB子とは接触しない旨の誓約書を作成しており，VやB子に危害を加えないことを約束していること，Aには前科前歴はなく，暴力団関係者との付き合いもないから，何らかの罪を犯す可能性は低いといえることからすれば，保釈の相当性も認められるといえる。

● 保釈の相当性について，具体的な事実を摘示するのみならず，摘示した事実に対して「社会復帰は容易」「何らかの罪を犯す可能性は低い」といった評価をした上で適切に論じることができている。もっとも，本答案は，権利保釈における4号事由の検討において，罪証隠滅のおそれがあると認定しているため，それとの整合性については疑問の余地がある。

(3)　よって，「適当と認めるとき」にあたるといえ，裁量的保釈は認められる。
第3　設問3
1　小問(1)
　　伝聞供述とは，公判廷外の供述を内容とする供述であって，その内容の真実性が問題となるものをいう。確かに，Aが「お前か。人の女に手を出すんじゃねー。」と言ったという供述は公判廷外の供述を内容とするが，「人の女に手を出すんじゃねー」という発言をしたこと自体から，Aの動機がVとB子が親密な関係にあることに対する怒りであることを立証するものであって，本当にVがB子に手を出したかを問題とするものでないから，内容の真実性は問題とならない。したがって，伝聞供述を求める質問にあたらない，との意見を述べるべきである。
2　小問(2)
　　本件も公判廷外のAの供述を内容とするものであるが，「Vをナイフで刺した。」との発言自体から，AがVを傷害する故意を有することを立証するものであるから，その内容の真実性が問題とならない。したがって，伝聞供述を求める質問にあたらない，との意見を述べるべきである。
第4　設問4
　弁護士は，真実義務を負う（弁護士職務基本規程（以下，略）5条）。もっとも，かかる規程の解釈に当たっては，被告人の防

● 検察官が述べるべき意見としては，本答案のように「伝聞供述を求める質問にはあたらない」という抽象的なものではなく，「伝聞供述を求める質問ではないため，異議には理由がなく，異議を棄却する決定（規則205の5）をすべきである」という具体的な意見になる。

● 検察官が述べるべき意見としては，伝聞供述を求める質問であることを前提に，「324条1項の準用する322条1項の伝聞例外の要件を満たすため，異議には理由がなく，異議を棄却する決定をすべきである」という意見になる。B子の発言を非伝聞と説明するのは無理である。

御権や弁護人の弁護権を侵害することのないよう留意しなければならず（82条1項），また，Aが犯人であることの立証責任は検察官にある。したがって，刑事事件における真実義務は，積極的に真実の発見を妨げることを禁ずるに留まり，積極的に真実を明らかにすべき義務までも課すものではないというべきである。

　よって，Aが犯人でないとして無罪主張した場合は，積極的に真実に反する虚偽を述べ，真実の発見を妨げるものであるから，5条に反するが，証拠不十分であるとして無罪主張した場合は，積極的に真実と反することを述べるものでないから，5条に反しない。

以　上

※　実際の答案は4頁以内におさまっています。

● 弁護士職務基本規程5条及び82条1項を摘示して，弁護人は消極的真実義務しか負わないことを論述できている。

● 犯人性を争う否認事件で他に無罪となりうる争点（正当防衛等）が存在しない事件においては，通常，弁護人は「証拠不十分であり被告人は無罪である」旨の意見を述べる。そして，本答案が指摘するように，この意見陳述は5条に反しない。他方，本答案は，「Aが犯人でない」と無罪主張するのは積極的に虚偽を述べ，真実の発見を妨げるとするが，弁論は弁護人の最終的な意見陳述にすぎず，これが偽証でないことは明らかであるし，真実発見を妨害するものでもない。また，「証拠不十分であり」という理由もなく単に「Aが犯人でない」と弁護人が意見を陳述することも想定できない。

第1　設問1について
1　問(1)について
　　３１６条の１６第１項により，意見を述べる法令上の義務がある。
2　問(2)について
　　検察官としては，関連性があるというために，必要最小限度の証明力があることを主張していくと考えられる。
　　甲４号証のサバイバルナイフは本件傷害罪の凶器として使用されたと考えられている物であり事件と関係している。甲４号証の証拠調べは展示による（３０６条１項本文）。サバイバルナイフの形状等を記載した書面が読まれるのに比べ，展示することによっていかなる形状のナイフが犯罪に使われたのか実感をもつことができ，犯人に傷害罪の故意があったかどうかという点を証明するに資する。この点で，本件被疑事実につき必要最小限度の証明力を有しているということができる。
　　検察官としては，このように釈明することが考えられる。
3　問(3)について
　　間接証拠となると考える。甲５号証は凶器と思われるサバイバルナイフからAの指紋が発見されたという証拠であるところ，この証拠自体からAがナイフを使用してVを刺したということまでは直接証明できないので直接証拠ではない。なぜなら，そもそも甲４号証のナイフが凶器であること自体判明して

● 「簡潔に答えなさい」という問題文の要求に対して，端的に条文上の根拠が説明できている。

● 事件との関係性について，再現答案①のように，具体的事実を摘示・評価する必要があった。また，本件ナイフの取調べ方法は，設問1(2)で問われている本件ナイフと事件の関連性の有無を論じるに当たって，何らの関係もない。さらに，本問の事件における争点はAの犯人性であり，Aに傷害罪の故意があったかどうかではない。以上より，本答案の論述は不適切である。

● 間接証拠の意義を論じると，より論理性が高まる。なお，本答案は，直接証拠に該当しない理由を述べることに終始し，間接証拠に当たるとする理由については論述していない。

いない上，過去にAがこのナイフを使用した際に付着した指紋である疑いは残っているからである。
第2　設問2について
1　まず，Aの弁護人は権利保釈ができるか検討するべきである（８９条）。
　　８９条１号については特に該当する事情は存在しない。傷害罪（刑法２０４条）が被疑事実であるからである。また２号，３号，６号に該当する事情もない。
　　４号に該当するか検討する。被疑事実は傷害罪であり，凶器と思われるナイフは既に領置している。そして，その他に証拠となることについても既に報告書等を作成し終わっているのであり，客観的に証拠隠滅の可能性はないというべきである。Aは犯行を否認しており，主観的可能性は残っているものの客観的可能性がない以上，４号該当性はないといわざるを得ない。
　　５号に該当するか検討する。まず，被害者であるVおよびその親族に害を加えまたは畏怖させる行為をすると疑うに足りる相当な理由があるか検討する。甲は犯行を否認しており，Vを憎んでいると考えられる。その上，B子に好意を抱いているAとしてはVをよく思っていないと考えられ，B子にVの住所やメールを聞き出して害を加えたり，もしくは畏怖させたりすると疑うに足りる相当な理由があるというべきである。
　　次に，B子およびその親族に対しても検討する。B子には好

● ２号事由，３号事由，６号事由に該当しないとする理由も簡潔に述べられると良い。

● 本答案は，４号事由の対象を本件ナイフに限定しているが，４号事由の対象としては，他にV及びB子が考えられる。これらの対象についての検討が不足している。

● Aは「V及びB子とは接触しない」旨の誓約書を作成している。この事実を摘示・評価せずに，５号事由があるという検討結果を導くのは，適切とはいえない。

意を抱いていると思われるので害を加えるおそれが高いとは考えにくい。しかし，先述のとおり，Vを憎んでいると思われるところ，Vの住所やメールを知っているのはB子であり，その情報を聞き出すためにB子を脅すなど畏怖させることは十分考えられる。そうすると，B子に畏怖させると疑うに足りる相当な理由があるというべきである。

よって，5号に該当する。権利保釈は認められない。

2　次に，Aの弁護士は職権保釈が認められるか検討するべきである。

Aは否認しており，逃亡する恐れがあるとも思える。しかし，Aは持病のある母と同居しており，Cのもとで働いていることを考えると引越しをするとは考え難く，逃亡するとは考えにくい。さらに，母は1人では日常生活に支障があり，なるべく早くAの手助けをさせてあげるべきである。Cの下で働いているところ，Aが長期間不在にすると現場の仕事を工期内に終わらせることができなくなることからも，なるべく早く仕事に復帰させるべきである。また前科前歴，暴力団関係者との関係もなく，保釈しても犯罪を再度繰り返す可能性は高くない。

もっとも，先述のとおり，B子やVに害を加えたり畏怖させるおそれはあるので，裁判所としては，B子やVと連絡を取らないことを条件として（93条3項），職権保釈を許すべきである。

- 裁量保釈の許否を判断する基準として，保釈の必要性及び相当性を提示できると，より論理性が高まる。

- 保釈の必要性に関しては，上申書・身柄引受書を踏まえて具体的な事実を摘示し，評価を加えることができている。

- 保釈の相当性に関しても，一定の論述はできている。

第3　設問3について

1　問(1)について

伝聞供述とは，①公判廷外の供述で，②要証事実との関連で内容の真実性が問題となる供述を指す。本件では，Vの証人尋問における犯人の供述の供述であるから，①を満たす。次に②についてみる。本件供述は要証事実を検討しなくても，そのように発言したこと自体を問題としているだけであるのは明白であり，内容の真実性は問題となっていない。よって，②を欠く。

以上より，伝聞供述ではないと検察官は意見を述べると考えられる。

2　問(2)について

上記同様，伝聞供述に該当するか検討する。①については，B子の証人尋問におけるAの供述であるから満たす。②についてみる。争点は犯人性であるところ，要証事実はAがそのように発言したこと自体を見るべきである。このように設定したとしても甲4・5・6号証があることから関連性を欠くとまでは言えない。そして，要証事実が発言したこと自体であるとすると，発言の内容については真実性が問題となっていないので，②を欠く。

以上より，伝聞供述ではないと検察官は意見を述べると考えられる。

第4　設問4について

- Vの発言それ自体が要証事実であるとする理由を論述する必要がある。なお，検察官は，「伝聞供述を求める質問ではないため，異議には理由がなく，異議を棄却する決定（規則205の5）をすべきである」という意見を述べることになる。

- B子の発言の要証事実は，供述内容のとおりの事実であるから，伝聞供述であることは明らかである。甲4・5・6号証を前提としても，非伝聞と解することは不可能である。なお，検察官は，「324条1項の準用する322条1項の伝聞例外の要件を満たすため，異議には理由がなく，異議を棄却する決定をすべきである」という意見を述べることになる。

Aから自白されたにもかかわらず，無罪の弁論を行うことは真実義務（弁護士職務基本規程5条）に反するか検討する。
　同条において弁護士は誠実義務についても負っている。本件のように誠実義務と真実義務が衝突する際にどちらを優先するべきかが問題となる。
　弁護士はその中核的な義務として守秘義務を負っており（弁護士職務基本規程23条），本件のような内容についても弁護人に対してのみ行っているのであるから守秘義務の対象になる。そして，弁護人は最善の弁護活動に務める義務も負っている（弁護士職務基本規程46条）。これらの義務を遂行する観点からも，誠実義務は真実義務以上に重視すべき義務というべきである。検察官が犯罪を立証するという役割をもっていることからも，役割分担としては，弁護人は誠実義務を優先させても問題はないというべきである。
　よって，このような場合には弁護士職務基本規程5条に反しないというべきである。

以　　上

※　実際の答案は4頁以内におさまっています。

● 　真実義務（5条）に反するかという問題提起は適切である。

● 　設問4では，守秘義務（23）や最善の弁護活動（46）との関係ではなく，「第5条の解釈適用に当たって，刑事弁護においては，被疑者及び被告人の防御権並びに弁護人の弁護権を侵害することのないように留意しなければならない」とする規程82条1項について言及すべきであった。

# ► MEMO

設問1

1　下線部③は，類型証拠開示（刑訴法（以下，法令名略）31
6条の15）により開示された証拠及び検察官請求証拠（316
条の14）に対する意見であるが，これについては，316
条の16第1項により，弁護人は意見を述べる義務を負うこと
になる。

2　甲4号証は，飛び出しナイフ1丁であるが，これは事件現場
からおよそ10メートルという場所に落ちていたものであり
（甲3号証），しかも，Vと同じDNA型の血液が付着してい
たというのであるから（甲6号証），Vが刺傷された本件事件
の凶器であることが推認される。

　　そして，本ナイフにはAの指紋が検出されたというのである
から，本ナイフとAとの間の強い関連性が推認される。

　　以上より，本ナイフは，被疑事件においてAが使用した凶器
として，関連性を有する物である。

3　結論：　甲5号証は，間接証拠である。
　　理由：　まず，直接証拠とは，主要事実を直接証明する証拠
であり，間接証拠とは，間接事実を証明する証拠である。
　　この点，甲5号証は，ナイフからAの指紋が検出されたとい
うものであるが，これは過去にAがナイフを使用したことがあ
るという事実を証明するものであるといえる。そして，Aが過
去にナイフを使用したという事実は，Aの犯人性を推認させる

にとどまるものであるから，Aの犯人性立証との関係でこれは
間接事実というにとどまる。
　　したがって，これは間接証拠である。

設問2

保釈の要件については，90条に規定される。
職権保釈の可否については，総合的な事情を考慮し，罪証隠滅の
おそれ，逃亡のおそれなどの観点から決するべきであると考える。
この点，本問においては既に有力な証拠はすべて収集されてし
まっていると考えられ，既に収集された証拠をもってAの被疑事
実は証明できるように思われるから，罪証隠滅の恐れは小さい。
また，Aは，H県I市内で母と暮らしており，一定の住居が存在
する。しかも，母が介護を要する状況にあり，介護できるのがA
のみであるから，このような状況でAが逃走するとは考えづら
く，また，1年半務めた勤務先が存在し，しかも勤務者がAのみ
であり，逃走すれば勤務先のCにも多大な迷惑をかけることにな
る。したがって，Aが逃走するおそれも小さいといえる。
さらに，本問ではV・Bとは接触しない旨の誓約書が存在して
おり，もはやAがこれらの者に危害を加えるようなことも考えづ
らい。
以上より，職権保釈が認められるべきであると考える。

設問3

1　320条により原則として証拠能力を否定される伝聞供述と

● 端的に条文上の根拠を説明するこ
とで，「法令上の義務はあるか，簡
潔に答えなさい」という問題文の要
求に答えられている。

● 本件ナイフと事件の関連性を認め
るためには，本件ナイフが犯行に用
いられた凶器であることを示す必要
がある。この点に関する本答案の論
述は，必要・十分な論述となってお
り，適切である。他方，甲5号証が
不同意となっていることから，本件
ナイフからAの指紋が検出されたと
いう指摘は現時点でできないはずで
ある。

● 「結論：」「理由：」という形式を用
いること自体一般的でなく，避ける
のが望ましい。見出し（(1)　結論，(2)
理由）を書けば足りる。

● 適切な結論を導くことができてい
る。

● 「保釈請求手続」の基本的知識と
理解を試す出題趣旨からすれば，権
利保釈（89）の検討をしていない
本答案の論述は，出題趣旨に大きく
反する。

● 保釈の必要性については，上申書・
身柄引受書を踏まえた具体的な論述
ができている。

● Aの誓約書を摘示し，評価を加え
ている点は良いが，危害を加えるお
それがないという点と，定立した規
範（罪証隠滅のおそれ）との対応関
係がはっきりしない。

は，公判外の供述であり，その供述内容の真実性を要証事実とする供述である。

ここで，①の供述は，その「人の女に手を出すんじゃねー」という台詞を，現れた黒目だし帽の男性が発話した，ということが問題となるものであり，男性の発話内容の真実性が問題となるものではない。

したがって，これは伝聞供述に当たらないから，これは伝聞供述を求める質問に当たらないというべきである。

2　②の供述は，「Aがナイフを落とした」という事実を証明しようとするものであると考えられるから，上の定義により伝聞証拠に当たるというべきである。

もっとも，324条，322条1項によれば，被告人の供述を内容とする被告人以外の者の公判供述については，「被告人に不利益な事実の承認を内容とするもの」であれば，伝聞例外として証拠能力が肯定されるのであり，本問の上記供述は，被告人に不利益な供述にほかならない。

したがって，伝聞例外に当たるから，伝聞供述を求める質問であったとしても，許されるべきである。

なお，本問において，上記被告人の供述に，任意性に疑問を挟むべき事情は何ら存在しないといえよう（322条1項但書参照）。

設問4

規程5条によれば，弁護士には真実尊重義務が課されるところ，本問でこれに反しないか問題となる。

ここで，刑事訴訟においては，検察官が被告人の犯罪を立証し，それに対し弁護人が被告人の防御活動をおこなうのが原則であるから，弁護人に積極的真実義務まで課されるものではなく，上の規程5条により課される真実尊重義務も，消極的真実義務にとどまるというべきである。

したがって，弁護人はAから犯人である旨の告白を受けたとしても，これを公判において告げる義務は負わないというべきであり，かかる答弁を行わなかったことが5条に反するということはできない。

もっとも，Aによる告白やその他の事情を総合的に考慮し，弁護人が，Aが犯人であるとの確信を抱いたにもかかわらず，なお無罪の答弁をつづけることは，真実に反する供述を積極的におこなうものであり，消極的真実義務にさえ反するといえる。

したがって，かかる場合には5条違反があるというべきである。

以　上

● Vの発言それ自体が要証事実であるとするのであれば，その理由を述べる必要がある。Vの発言により，犯人が「人の女に手を出すんじゃねー」と発言したことが明らかになれば，犯人とB子との間に一定の関係があることや，犯人の本件犯行の動機等を証明でき，これによりAの犯人性を推認することができる。

● 再現答案①②と異なり，B子の供述を正しく伝聞供述であると把握することができている。もっとも，B子の供述でより重要なのは，「ナイフを落とした」という点ではなく，Aが「Vをナイフで刺した。」と述べた点である。

● 324条1項，322条1項の要件を満たすことを適切に論述できている。

● 弁護士職務基本規程5条を摘示できた点は良い。もっとも，「第5条の解釈適用に当たって，刑事弁護においては，被疑者及び被告人の防御権並びに弁護人の弁護権を侵害することのないように留意しなければならない」とする規程82条1項についても言及すべきであった。

● 弁論は，弁護人による最終的な意見陳述にすぎず，「無罪の答弁」を続けても，真実の発見を積極的に妨げるものとはいえない。そのため，「弁護人といえども裁判所・検察官による実体的真実の発見を積極的に妨害し，あるいは積極的に真実を歪める行為をしてはならない」という消極的真実義務に反することにはならない。

# 平成28年

[刑　事]

次の【事例】を読んで，後記〔設問〕に答えなさい。

【事　例】

1　A（男性，３２歳，暴力団甲組組員）は，平成２８年２月１２日，Ｖ（男性，４０歳，暴力団乙組幹部組員）を被害者とする殺人未遂罪の被疑事実で逮捕され，同月１４日から勾留された後，同年３月４日にＩ地方裁判所に同罪で公判請求された。

　　上記公判請求に係る起訴状の公訴事実には「被告人は，平成２７年１１月１日午後２時頃，Ｈ県Ｉ市Ｊ町１丁目１番３号に所在する暴力団乙組事務所前路上において，同事務所玄関ドア前に立っていたＶに対し，殺意をもって，持っていた回転弾倉式拳銃で弾丸３発を発射したが，いずれも命中しなかったため，同人を殺害するに至らなかった。」旨記載されている。

2　公判請求までに収集された主な証拠とその概要は次のとおりであった。

　証拠①　Ｖの検察官調書

　　　「私は，平成２７年１１月１日午後２時頃，配下のＷを連れて乙組事務所から出掛けることとした。Ｗが先に玄関ドアから外に出たので，私が少し遅れて玄関ドアから外に出て，歩き出そうとした瞬間，私の左側に立っていたＷが私の上半身を両腕で抱え，Ｗの方に引っ張ったので，私は，Ｗ共々左側に倒れ込んだ。倒れ込むと同時に，拳銃の発射音が何発か聞こえた。玄関ドアの南側正面には道路に面した門扉があるが，私は，玄関ドアから出て倒れるまで，門扉の方を見ていなかったし，倒れた後には，門扉の向こう側には誰もいなかった。私の身長は１８０センチメートルである。」

　証拠②　Ｗ（男性，２５歳，暴力団乙組組員）の検察官調書

　　　「私は，平成２７年１１月１日午後２時頃，私が先に乙組事務所の玄関ドアから外に出て，左手の隅によけ，Ｖが出てくるのを待っていた。しばらくしてＶが玄関ドアから出てきたが，ふと玄関ドアの南側正面にある門扉の方を見ると，門扉の向こう側の右側からマスクをした男が走り出てきて，門扉の正面で止まり，拳銃を両手で持って，玄関ドア前に立っていたＶに銃口を向けて構えた。私は，Ｖが撃たれると思い，とっさにＶの上半身に抱き付き，私の方に引き倒すように引っ張った。私とＶが倒れるのと前後して，『死ね。』という男の声と同時に，拳銃の発射音が複数回した。倒れてから門扉の方を見たが，既に誰もいなかった。拳銃を撃った男が誰かは分からない。」

　証拠③　実況見分調書（平成２７年１１月１日付け，立会人Ｗ）

　　　「本件現場は，Ｈ県Ｉ市Ｊ町１丁目１番３号に所在する暴力団乙組事務所（以下「事務所」という。）玄関ドア付近である。事務所は３階建てのビルであり，南側に玄関ド

アがある。事務所の敷地の周囲には高さ約２.５メートルの塀があるが，南側には塀に
設置された門扉があり，門扉の高さは約１.３メートルである。事務所敷地南側は道路
に面しており，門扉の正面の路上に立つと，事務所玄関ドアが門扉越しに遮る物なく北
方向正面に見える。門扉と玄関ドアとの距離は，約３メートルである。玄関ドアは防弾
仕様であり，玄関ドアの中央（玄関ドア東端から西方へ約１メートルから約１.３メー
トル，玄関ドア下端から上方へ約１.３メートルから約１.４メートルの範囲）に，弾
丸３個がめり込んでいた。Ｗは，⑦『私がＶに抱き付く前に，Ｖはこの位置に立ってお
り，私はこの位置に立っていた。』と言って，玄関ドア前にＶ役の警察官Ｙ（身長１８
０センチメートル）を立たせ，自らは玄関ドア前の脇に立ったので，それぞれの位置を
計測したところ，Ｖ役Ｙの位置は，玄関ドアから南側に約５０センチメートル，門扉か
ら約２.５メートルの玄関ドア正面であり，門扉の南側路上から見ると，弾丸の玄関ド
ア着弾位置はＹの胸部の後方となった。Ｗの位置は，玄関ドア東端から東方へ約３０セ
ンチメートル，事務所建物壁から南方へ約１メートルの位置であった。Ｗは，④『犯人
は，門扉の外の路上に立ち，拳銃を玄関ドア方向に向けて真っすぐ構えていた。』と言
ったので，Ｗが犯人と同じくらいの身長の者として選んだ犯人役の警察官Ｚ（身長１７
５センチメートル）を，Ｗの説明どおりに門扉の南側路上に立たせ，模擬拳銃を玄関ド
ア方向に真っすぐ構えさせたところ，犯人役Ｚの立ち位置は，門扉の中央正面（門扉東
端から西方へ約１メートル，門扉から南方へ約１メートルの位置）であり，銃口は門扉
の上端から約１０センチメートル上方であり，銃口から玄関ドアまでは約３メートルで
あった。」

証拠④　弾丸３個

証拠⑤　捜査報告書

　　「暴力団乙組事務所玄関ドア東側付近に設置されていた防犯カメラの平成２７年１
１月１日午後２時頃の映像は，次のとおりである。午後１時５７分頃，Ｗが事務所玄関
ドアから出て，同ドアの東側脇に立つ。午後２時頃，Ｖが同ドアから出て，同ドア前に
立った後，ＷがＶを抱えるようにして東側に倒れ込み，その直後，高速度で物体が玄関
ドアに当たり，玄関ドア表面から煙かほこりのようなものが立ち上るとともに，映像が
激しく乱れた。なお，同カメラの映像は，玄関ドア周辺しか撮影されていない。」

証拠⑥　Ｂ（男性，２０歳，青果店手伝い）の検察官調書

　　「私は，平成２７年１１月１日当時，甲組の組員見習として同組組員であるＡの運転
手をしていたが，同日，私は，Ａの指示で，ＡをＨ県Ｉ市Ｊ町まで車で送った。私がＡ
の指示どおりＪ町の路上に車を止めると，Ａは，『すぐ戻ってくるから。』と言って車
から降り，どこかに行った。その時間は午後２時頃だった。５分ほど経過して，少し遠

くで『パン，パン』という音が聞こえ，間もなく，マスクをしたＡが車に走って戻って
きて，後部座席に乗り込んだ。その際，Ａは，右手に拳銃を持っていた。その後，私は，
Ａの指示どおりＡをＡ方に送った。翌２日，Ａの指示で，ＡをＨ県Ｋ市内のレンタルボッ
クス店まで車で送った。」

証拠⑦　捜査報告書

　　　「Ｂの供述からＨ県Ｋ市内のレンタルボックス店を特定し，同店に照会した結果，平
成２７年１１月２日に，Ａ名義で同店のレンタルボックスを借りた者がいることが判明
した。そこで，平成２８年１月５日，捜索差押許可状に基づき，Ａ名義で賃借中の上記
レンタルボックスを捜索したところ，封筒に入れられた回転弾倉式拳銃１丁が発見され
た。」

証拠⑧　回転弾倉式拳銃１丁

証拠⑨　鑑定書

　　　「証拠④の弾丸３個は，口径９㎜△△型回転弾倉式拳銃用実包の弾丸であり，発射時
に刻まれた擦過痕が一致しているため，同一の拳銃で発射されたものと認められる。証
拠⑧の回転弾倉式拳銃１丁は，口径９㎜の△△型回転弾倉式拳銃である。科学警察研究
所の技官が，証拠⑧の拳銃で試射し，試射弾丸と証拠④の弾丸を対照した結果，試射弾
丸と証拠④の弾丸の発射時の擦過痕が一致した。よって，証拠④の弾丸３個は，証拠⑧
の拳銃から発射されたものと認められる。」

証拠⑩　捜索差押調書

　　　「平成２８年２月１２日，捜索差押許可状に基づきＡ方の捜索を実施したところ，メ
モ帳１冊が発見され，本件に関係すると思料される記載があったため，これを押収し
た。」

証拠⑪　メモ帳１冊（２頁目に『１１／１　Ｊ町１−１−３』という手書きの記載があり，そ
の下に乙組事務所周辺に似た手書きの地図が記載されている。その他の頁は白紙である
が，表紙の裏にＡとＣが一緒に写っている写真シールが貼付されている。）

証拠⑫　Ｃ（女性，２５歳，飲食店従業員）の警察官調書

　　　「私は，平成２７年２月頃からＡと交際しており，Ａが私の家に泊まっていくことも
ある。Ａといつ会ったかなど，いちいち覚えていない。」

証拠⑬　Ａの上申書（平成２８年２月２６日付け）

　　　（Ａ４版のコピー用紙に証拠⑪のメモ帳の２頁目を複写した書面の余白に以下の記
載がある。）

　　　「これは私が書いた犯行計画のメモに間違いない。実行予定日と乙組事務所の住所と
その周辺の地図を記載した。」

証拠⑭　Aの検察官調書（平成２８年３月１日付け）

　　　「事件の１週間前，乙組の組員が甲組や私の悪口を言っていたという話を聞いたので，私は頭に来て，拳銃を撃って乙組の連中を脅そうと思った。そこで，私は，知人から拳銃を入手し，平成２７年１１月１日，Bに運転させて，乙組の事務所近くまで車で行き，午後２時頃，私だけ車から降りて乙組事務所に向かった。私は，乙組事務所の門扉に近づくと，ズボンのポケットに入れていた拳銃を取り出し，門扉前の路上から門扉の向こう側正面にある乙組事務所玄関付近を狙って拳銃を３発撃った。目を閉じて撃ったため人が事務所から出てきたことに気付かなかった。」

3　受訴裁判所は，平成２８年３月７日，Aに対する殺人未遂被告事件を公判前整理手続に付する決定をした。検察官は，同月１８日，証明予定事実記載書を同裁判所及びAの弁護人に提出・送付するとともに，同裁判所に⒜証拠①ないし⑨及び⑭の取調べを請求し，Aの弁護人に当該証拠を開示し，Aの弁護人は，同月２３日，同証拠の閲覧・謄写をした。Aの弁護人は，同年４月６日，検察官に類型証拠の開示請求をし，検察官は，同月１１日，同証拠を開示した。

　　Aの弁護人は，逮捕直後からAとの接見を繰り返していたが，当初からAが証拠⑭と同旨の供述をしていたため，同月２０日の公判前整理手続期日において，⒝「Aが拳銃を撃った犯人であること（以下「犯人性」という。）は争わないが，殺意を争う。」旨の予定主張を裁判所及び検察官に明示するとともに，⒞検察官請求証拠に対する意見を述べた。

4　同月３０日，Aの弁護人がAと接見したところ，Aは，これまでの供述を翻し，「本当は，自分はやっていない。名前は言えないが世話になった人から頼まれて身代わりになった。押収されたメモ帳もその人のもので，私はそのメモ帳には何も書いていない。自分にはアリバイがあり，犯行当日は，女友達のCと，C方にずっと一緒にいた。」旨述べた。Aの弁護人は，同年５月１日，Cから事情を聞いたところ，Cは，「平成２７年１１月１日は，Aと自宅にずっと一緒にいた。警察官から取調べを受け，その日のAの行動について尋ねられたが，覚えていないという話をしたかもしれない。」旨述べた。Aの弁護人は，Cの警察官調書の開示請求をしておらず，証拠⑫を閲覧していなかったが，上記の経過を受けて，⒟殺意は争わないが，犯人性を争う方針を固めた。

5　平成２８年５月２０日の公判前整理手続期日において，⒠検察官は，犯人性が争点となったため，証拠⑩，⑪及び⑬の取調べを追加請求したが，Aの弁護人は証拠⑩については同意し，証拠⑪については異議あり，証拠⑬については不同意である旨意見を述べた。

　　その後，数回の公判前整理手続期日を経て，同年６月１５日に，裁判所は，証拠決定をし，争点はAの犯人性であること及び証拠⑥の採用を留保し，Bの証人尋問を実施すること等の証拠の整理結果を確認して審理計画を策定し，公判前整理手続を終結した。公判期日は，同年７月１日から同月６日までと定められた。

〔設問1〕

下線部ⓑに関し，Aの弁護人は，証拠⑭と同旨のA供述を基に，Aの殺意について，どのような事実上の主張をすべきか，殺意の概念に言及しつつ答えなさい。

〔設問2〕

下線部ⓐに関し，検察官は，証拠③の実況見分調書を「犯行現場の状況等」という立証趣旨で証拠請求したところ，Aの弁護人が下線部ⓒにおいて，「下線部㋐及び㋑は立会人の現場供述であるため，証拠③は不同意である。なお，作成の真正も争う。」旨の意見を述べた。これに対し，検察官は，証拠③の証拠請求を維持したいと考えた。

(1) 検察官は，裁判長から下線部㋐及び㋑が現場供述であるか否かについて意見を求められた場合，どのような意見を述べるべきか，理由を付して答えなさい。

(2) Aの弁護人が，証拠③の実況見分調書について不同意意見を維持した場合，検察官は，どのような対応をとるべきか，答えなさい。

〔設問3〕

Aの弁護人は，下線部ⓓの弁護方針の下，それまでの犯人性についての主張を変更し，Aが犯人ではない旨主張し，Cの証言により，Aが犯行当時C方にいた事実を立証したいと考えた。Aの弁護人が，下線部ⓓ以後の公判前整理手続において行うべき手続は何か。公判前整理手続に関する条文上の根拠を挙げて，手続内容を簡潔に列挙しなさい。

〔設問4〕

(1) 下線部ⓔに関し，仮に証拠⑬が存在しなかった場合，証拠⑩及び⑪から「Aが犯人である事実」がどのように推認されるか。証拠①ないし⑨から何者かが公訴事実記載の犯行に及んだことが認められることを前提に，検察官の想定する推認過程について答えなさい。なお，証拠⑪の2頁の記載は，対照可能な特徴を有する文字が少ないため筆跡鑑定は実施できなかったものとする。

(2) 証拠⑩及び⑪に加えて，証拠⑬も併せて考慮することによって，小問(1)で答えた「Aが犯人である事実」を推認する過程にどのような違いが生じるか答えなさい。

〔設問5〕

(1) 第1回公判期日において，Bの証人尋問が実施され，検察官が尋問の冒頭で以下の質問をしたところ，弁護人が誘導尋問である旨の異議を申し立てた。検察官は，異議には理由がないと述べた場合，裁判所は，その申立てに対しどのような決定をすべきか，理由を付して答えなさ

い。

　検察官：「それでは，証人が，平成２７年１１月１日に，被告人を乗せて車を運転したときの
　　　　　ことについてお尋ねします。」

(2)　第２回公判期日において，Ｃの証人尋問が実施され，Ｃは，弁護人の主尋問において，「平
　成２７年１１月１日，Ａは，一日中，私の家で私と一緒におり，外出したこともなかった。」
　旨証言し，検察官の反対尋問において，「Ａが起訴される前に，私は警察官の取調べを受けた
　が，どのような話をしたのか覚えていないし，その時，警察官が調書を作成したかどうかも覚
　えていない。」旨証言した。検察官は，更にＣの記憶喚起に努めたが，その証言内容に変更が
　なかったため，裁判長に許可を求めることなく，Ｃに証拠⑫のＣの署名押印部分を示そうとし
　た。

　　このような調書の一部を示す行為は，検察官の反対尋問において許されるか，条文上の根拠
　に言及しつつ結論とその理由を答えなさい。

　本問は，犯人性及び殺意の有無が争点となる殺人未遂被告事件を題材に，殺人罪の構成要件，証拠法，公判前整理手続，刑事事実認定の基本構造，証人尋問を含む公判手続についての基本的知識を活用して，殺意の有無に関する当事者の主張（設問1），実況見分調書の立会人の指示説明部分の証拠能力及びその立証方法（設問2），公判前整理手続において当事者が主張を変更する場合に採るべき具体的手続（設問3），証拠から犯人性を推認する場合の証拠構造（設問4），証人尋問の方法及び異議に対する裁判所の対応（設問5）について，問題に指定してある法曹三者それぞれの立場から主張すべき事実や採るべき対応を検討して回答することを求めており，【事例】に現れた証拠や事実，手続の経過に応じた法曹三者の適切な対応を具体的に検討させることにより，基本的知識の正確な理解及び基礎的実務能力を試すものである。

# ▶ MEMO

第1　設問1

1　殺意とは，殺人罪（刑法１９９条）における故意，すなわち，自らの行為によって相手方が死亡することについての認識・認容をいう。

2　本問において，Aは発砲の際に目を閉じているため，Vらの存在を認識していなかったことから，Vの死についての認識がなかったことが推認される。また，拳銃で人を殺す場合は相手方をよく見て狙いを定めるのが通常であるため，Aが目を閉じていたこと自体からも，AにVの死の認識，少なくとも認容がなかったことが相当程度推認される。

さらに，VらはAの発砲後，玄関ドアの前に倒れ込んでいるが，AとVらの距離が僅か２．５メートル前後であり，門扉の高さも１．３メートル程度であったことから，倒れて身動きを十分にとれないVを射殺することは容易だったといえる。しかし，Aはかかる追撃行為をしなかったことから，AにV殺害の認識及び認容がなかったことが強く推認される。

以上より，発砲時，Aに殺意はなかったといえる。

第2　設問2

1　小問(1)について

検察官は，㋐及び㋑が現場指示であると意見すべきである。

証拠③の実況見分調書は，司法警察職員が公判廷外で作成したものであり，かつ記載内容の真実性を証明するために用いら

● 殺意の概念と，Aが「目を閉じて撃ったため人が事務所から出てきたことに気付かなかった」という供述を正しく関連付けて，Aに殺意がないことを端的に論じられており，適切である。なお，Aの「脅そうと思った」という供述については，人を死亡させることの「認容」がなかったという形で主張できると良かった。

● この部分に係る論述は，証拠⑭と同旨のA供述には出てこない事情に言及するものであり，「A供述を基に」という設問1から逸脱している印象を受ける。ただし，論述の内容自体は適切である。

れる証拠であるから，伝聞証拠（刑事訴訟法（以下法名省略）３２０条1項）にあたるが，３２１条3項により，検証の結果を記した書面と同様に伝聞例外として証拠能力が認められる。しかし，㋐及び㋑はWの供述を内容とするものであり，これを現場供述であるとすると，Wの供述の伝聞性が問題となるため，伝聞法則により証拠能力が否定されてしまうのである。一方，現場指示とした場合は，㋐及び㋑の供述は実況見分をなすべき場所を示すものに過ぎず，実況見分の契機となった供述として扱われるため，内容の真実性が問題とならず，Wの供述の存在自体が証拠になるとして，証拠③の実況見分調書と一体のものとして証拠能力が認められるのである。

したがって，検察官は上記意見を述べるべきである。

2　小問(2)について

(1)　㋐については，実況見分調書の証拠能力が認められれば現場指示として証拠能力が認められるため，実況見分調書の作成者の証人尋問を請求すべきである（３２１条3項，２９８条，１４３条）。

(2)　㋑については，現場指示として用いることを認められた場合は㋐の場合と同様であるが，現場指示とすると関連性が否定される場合は，現場供述として用いる旨の主張変更をすべきである。そして，㋑の証拠申請を撤回するとともに，Wの証人尋問を請求すべきである。

● 下線部㋐・㋑は現場指示にすぎず，現場供述ではないとの意見を述べている点，及びその理由（「㋐及び㋑の供述は実況見分をなすべき場所を示すものに過ぎず，実況見分の契機となった供述として扱われる」「Wの供述の存在自体が証拠になるとして，証拠③の実況見分調書と一体のものとして証拠能力が認められる」）を適切に説明できている点で，的確な論述といえる。

● 証拠③の実況見分調書が「真正に作成されたものであること」（321Ⅲ）を供述者（証拠③の作成者）に証人尋問において供述させることが必要となる。ここでは，上記「作成の真正」まで指摘できれば，より適切であった。

**第3 設問4**

**1 小問(1)について**

　まず、証拠⑪のメモ帳には乙組事務所の住所及び乙組事務所周辺に似た手書きの地図が記載されているが、一般人が暴力団事務所についての記載をすることは通常考えられず、また、メモ帳には公訴事実記載の犯行日時と同じ日付が記載されていることから、メモ帳は犯人の所有物であることが相当程度推認される。

　メモ帳にはAとCが一緒に写っている写真シールが添付されているが、AとCは交際関係にあり、このような親密な仲の者同士の写真シールを第三者が持っていることも考えにくいため、本件メモ帳はA又はCの所有物であったことが推認される。そして、メモ帳がA方というAの支配空間から発見されたことから、メモ帳はCではなくAの所有物であることが推認される。

　したがって、メモ帳の所有を媒介にして、Aと犯人の同一性が推認されるのである。

**2 小問(2)について**

　証拠⑬の上申書は、Aの自白を内容とするものであるため、Aの犯人性を推認するにあたって過度に重視すべきではない。もっとも、かかる自白内容は、Aが犯人であることと一致するものであり、上記推認を補強するものであるといえる。

**第4 設問5**

**1 小問(1)について**

　検察官による冒頭の質問は、Bが「被告人を乗せて車を運転した」という未だBの証言に現れていない検察官に有利な事実を前提とする誘導尋問であるため、弁護人は、刑事訴訟規則199条の3第3項柱書違反であるとして異議（309条1項）を申し立てたと考えられる。しかし、BがAを車に乗せて運転した事実はAも認めており、「訴訟関係人に争のないことが明らかな事項に関する」尋問として、刑事訴訟規則199条の3第3項2号により、例外的に誘導尋問が認められる。

　したがって、裁判所は弁護人の異議を棄却する決定をすべきである（刑事訴訟規則205条の5）。

**2 小問(2)について**

　Cは証人尋問において、警察官から受けた取調べについての記憶が曖昧である旨の供述をしているため、検察官はCの記憶を喚起するために証拠⑫のCの署名押印部分を示そうとしたことが考えられる。しかし、このような記憶喚起のための書面の提示は、刑事訴訟規則199条の11第1項によりなされるところ、「裁判長の許可を受け」る必要がある。これは、書面の提示により、証人が書面通りの事実が真実であるか否かに関わらず、書面記載の事実を真実であると誤信してしまうことを可及的に防止するためである。本問において、検察官は裁判長の

- 証拠⑪のメモ帳の記載内容から、メモ帳が「犯人」の所有物であることを推認しており、適切である。

- 写真シールが貼付されていることから、メモ帳が「A又はC」の所有物であるとしており、適切な推認である。また、メモ帳がA方から発見されたという事実と併せて、メモ帳が「A」の所有物であると推認しており、適切である。

- 「犯人」と「A」の結び付きを的確に論述できている。

- 確かに、本答案のように、証拠⑬は「Aが犯人であることと一致するもの」であるが、その具体的な推認過程まで明示できれば、さらに丁寧な論述となった（再現答案③コメント参照）。

- 小問(1)の検察官の尋問が誘導尋問（規199の3Ⅲ）に当たることを適切に指摘できている。

- 確かに、証拠⑭によれば、Aは「平成27年11月1日、Bに運転させて……」と述べており、証拠⑭も証拠採用決定されているはずであるが、Aは「犯行当日は、女友達のCと、C方にずっと一緒にいた」とも述べているから、「訴訟関係人に争のないことが明らかな事項に関する」尋問（規199の3Ⅲ②）とすることには疑問の余地がある。

- 検察官による証拠⑫のCの署名押印部分を示そうとする行為は、記憶喚起のための書面等の提示（規199の11）とすることも一理あるが、書面の成立・同一性について尋問する場合

許可をとっていないため，かかる検察官の行為は許されない。
第5　設問3
　　弁護人は主張変更をするために，裁判所及び検察官に対し，A
　が犯行当時C方にいたということを主張すべきである（316条
　の22第1項）。さらに，証拠⑫の証拠開示を請求し（同条5
　項，316条の20），Cの証人尋問を請求すべきである（31
　6条の22第2項）。

以　上

※　実際の答案は4頁以内におさまっています。

（規199の10Ⅰ）に当たるものと思わ
れる。この場合，記憶喚起の場合と
異なり，裁判長の許可を得る必要はな
いが，証拠⑫は証拠調べを終えたもの
ではないため，あらかじめ，相手方に
閲覧する機会を与える必要がある（同
Ⅱ）。
● 　設問3に関しては，適切に行うべ
　き手続を簡潔に列挙することができ
　ている。

設問1
　　殺意とは，人の死の結果の認識・認容をいう。本件では，Ａの犯行動機は，乙組の組員が甲組やＡの悪口を言っていたという話をＡが聞いたこととされているが，悪口を聞いただけで，人が他人を死亡させようとは直ちにいえない。また，Ａは，拳銃という殺傷能力の高い凶器を用いて，乙組を脅そうとしたと述べているが，これは，暴力団の間ではよくあることとされている。また，Ａは拳銃を３発撃っているところ，対象としたのは，乙組事務所玄関付近であり，本当に人を死亡させようと思うなら，乙組事務所の中に立ち入り，組員の存在を確かめた上で狙撃するのが自然である。また，Ａは目を閉じて撃っており，人が事務所から出てきたことを知らなかったことからすれば，人を死亡させようと思って撃ったと断定することはできない。以上から，Ａには，殺意がない。

設問2
1　検察官は，㋐，㋑が現場指示であるとの意見を述べるべきである。㋐，㋑が現場供述，すなわち，伝聞証拠（刑訴法３２０条１項）にあたるかを検討する。伝聞法則の趣旨は，知覚，記憶，叙述のプロセスにおける誤りを，反対尋問（憲法３７条２項前段）等によりチェックすることにある。そこで，伝聞証拠とは，公判廷外の供述を内容とする供述証拠であり，その内容の真実性が要証事実との関係で問題となるものをいうと考える。
　　　本件では，㋐はＶの立ち位置を示し，㋑は，Ａの立ち位置を示

すものであり，ＡがＶに対し狙撃することが物理的に可能であったかを証明するものと考えられる。そうだとすれば，犯行現場の状況という立証趣旨は合理的といえるから，要証事実も同じと考える。そうすると，㋐，㋑は実況見分の動機，手段ということができ，非伝聞，すなわち現場指示といえる。たしかに，㋐，㋑には，ＡがＶに対し狙撃することが物理的に可能であったかを証明するのに，多少余分な情報が含まれているものの，実況見分の動機，手段が全くないわけではないから，現場指示であることを肯定できる。以上が理由である。

2　証拠③の作成者の証人尋問をし，作成の真正について立証するべきである。刑訴法３２１条３項は，検証について定めているものの，検証と実況見分の違いは，強制か任意かの違いにとどまり，作成内容の正確性は異ならない。そこで，実況見分の場合にも，刑訴法３２１条３項を直接適用できると考える。本件では，作成者が反対尋問に対して崩れなければ，証拠③を証拠とすることができる。また，証拠③に写真等が貼られているのであれば，Ｗを証人尋問し，写真を調書に添付することを申し立てる（刑訴規則４９条）ことも考えられる。

設問3
　　証拠⑫が，刑訴法３１６条の１５第１項６号の証拠にあたることを理由に，類型証拠の開示請求をすべきである。その際，刑訴法３１６条の１５第２項，刑訴法３１６条の１６，刑訴法３１６条の１

- 設問１では，殺意の概念とＡ供述を関連付けて，Ａに殺意がないことを端的に論述すれば十分であると考えられる。この点，Ａ供述のうち，Ａの殺意を否定しうる最も重要な供述は，Ａが「目を閉じて撃ったため人が事務所から出てきたことに気付かなかった」という部分であるから，まずはこれを指摘すべきであった（再現答案③コメント参照）。

- 下線部㋐・㋑が現場指示にすぎないということを具体的に検討できており，説得的な論述がなされている。

- 「多少余分な情報が含まれているものの，実況見分の動機，手段が全くないわけではない」とする論述のみでは，内容が不明確であり十分な論述とはいえない。

- 正しくは，「作成者が反対尋問に対して崩れなければ」ではなく，供述者が「真正に作成されたものであること」（321Ⅲ）を証人尋問において供述した場合には，である。

- 予定主張の変更を内容とする予定主張記載書面の提出等について規定

7の各種手続を行う場合がある。

設問4

1　まず，証拠⑩から，A方からメモ帳が発見されたという事実を認定できる。次に，証拠⑪から，メモ帳に「11／1　J町1－1－3」という手書きの記載があり，その下に乙組事務所周辺に似た手書きの地図が記載されていること，および，AとCが一緒に写っている写真シールが添付されていることを認定できる。A方という第三者が入ることが困難である場所からメモ帳が発見されたことから，メモ帳がAの物であることを推認できる。また，AとCが一緒に写っている写真シールが添付されていることから，メモ帳がAの物であることを推認できる。そして，メモ帳に，犯行日時，犯行場所と思しき記載がなされており，そのメモ帳がAの物であると推認できることから，Aが犯人であることを推認できる。もっとも，このメモ帳が，Cの物であるという可能性は排斥できないから，Aが犯人であることを強く推認できるとまではいえない。

2　証拠⑬から，1で述べたメモ帳の記載はAが書いたものであることを認定できるから，メモ帳の記載は，Cが書いたものであるという可能性を排斥できる。以上より，Aが犯人であることを強く推認できる。

設問5

1　異議を認め，質問を変更させる決定をすべきである。検察官は，証人が，平成27年11月1日に，被告人を乗せて車を運転したことが，あたかも認められたかのように，それを前提とした質問をしている。証人が，平成27年11月1日に，被告人を乗せて車を運転したことは，Aが犯人であることを推認させる間接事実といえ，弁護人が争うものと考えられる。誘導尋問（刑訴規則199条の3第3項）が原則として禁止されているのは，証人の証言に誤りを生じさせるおそれがあるからであるところ，上記のような質問は，証人の証言に誤りを生じさせるおそれがあるといえる。そして，本件では，刑訴規則199条の3第3項ただし書の事由が存在しないから，上記質問は許されない。

2　刑訴規則199条の11第1項かっこ書に反し，許されない。調書を示しながら尋問することが許されない理由は，証人の証言に誤りを生じさせるおそれがあるからであるところ，調書の署名・押印部分を示して尋問することも，証人の証言に誤りを生じさせるおそれがあることに変わりはない。仮に，証人の証言に誤りを生じさせるおそれがないならば，調書の署名・押印部分を示すこと自体は無意味であり，許されない。また，反対尋問では誘導尋問が許されるが，あくまで，「必要があるとき」（刑訴規則199条の4第3項）にしか許されず，反対尋問だからといって，証人の証言に誤りを生じさせていいということにはならない。以上が理由である。

以　上

する316条の22について摘示できておらず，不適切である。

● 犯人性を推認する場合において，個々の証拠を検討する際には，その証拠の内容が「事件・犯人」に結び付くものか，それとも「被疑者」に結び付くものかを意識する必要がある。本答案は，これが十分に意識できていない（この点については，再現答案①が良く意識できている）。

● 小問(2)に関するコメントの詳細は，再現答案③・④参照。

● 本問の事実関係に即して，検察官の質問が誘導尋問に当たることを適切に指摘できている。もっとも，検察官の質問が誘導尋問に当たることは，小問(1)の当然の前提といえる。

● 許される誘導尋問（規199の3Ⅲ各号）には当たらないことについて言及できているが，その具体的な検討がなく，十分な論述とまではいえない。

● 証人に供述調書末尾の署名・押印を見せて本人のものであるかどうかを確かめることは，一般に，刑訴規則199条の10によって許されるものと解されており（ただし，本問においては，事前に相手方に閲覧の機会を与えなければならない），証人を追及する過程で行われても，刑訴規則199条の11による制約を受けないと解されている。

第1　設問1
　一般に，故意とは，構成要件該当事実の認識，認容をいうところ，殺人罪（刑法１９９条）の故意である殺意とは，生命侵害の現実的危険性の認識，認容をいう。
　Ａの弁護人としては，実行行為前の事情として，Ａは甲組やＡの悪口を言っていた乙組の連中を脅す意思で本件行為に及んだにすぎず，Ｖの生命を侵害する認識はなかったと主張すべきである。
　実行行為時の事情としては，Ａは乙組事務所玄関付近を狙って拳銃を撃っており，Ｖをめがけて撃ったわけではないという事実を主張する。また，Ａは目を閉じて拳銃を撃っており，人が事務所から出てきたことにすら気づいていない以上，生命侵害の危険性についての認識，認容はなかった旨を主張すべきである。
第2　設問2
1　小問(1)
(1)　下線部㋐，㋑は現場指示にすぎず，伝聞証拠にはあたらないとの意見を述べるべきである。
(2)　下線部㋐は，Ｗが，Ｖに抱き着いた際のＷとＶとの位置関係を示す供述である。当該供述は，実際に犯行時にＷ及びＶがその位置に立っていたことを証明するものではなく，Ｗが拳銃を持つ男に気づいた際にＶを抱き寄せることが物理的に可能であったかを証明する供述である。したがって，下線部

㋐は，正確には「私がＶに抱き着く前にＶが立っていたのはこの位置であり，私が立っていたのはこの位置である」という現場指示であり，内容の真実性の問題とならないものである。
(3)　下線部㋑は，犯人が拳銃を構えていた位置，その姿についてのＷの供述である。当該供述は，実際にＡが門扉の外の路上で拳銃を構えていたことを証明する供述ではなく，門扉の外の路上で拳銃を構えた場合に門扉と銃口，ドアとの位置関係はどのようになり，弾丸をドアに命中させることが物理的に可能であるかと証明する供述である。したがって，下線部㋑は，「犯人が立って拳銃をドア方向に向けて構えていたのは，門扉の外の路上である」という現場指示であり，内容の真実性は問題とならないものである。
2　小問(2)
　実況見分を作成した司法警察員の証人尋問（刑訴法１４３条以下）を請求し，調書と同一の内容を話させるべきである。
　仮に，下線部㋐及び㋑が現場供述であり，伝聞証拠にあたる場合には，供述者Ｗの証人尋問も必要となる。
第3　設問3
　根拠条文は，刑訴法３１６条の２２である。
　Ａの弁護人は，「犯人性は争わないが，殺意を争う」との元々の予定主張を変更し，「犯人性を争う」との主張をする旨を，速

● 殺意については，原則として，まず，行為態様の認定をすることが重要であり，その次に，動機等を検討することになる。本問では，人に向けて拳銃を撃つという行為から殺意が推認されるため，まずは，この殺意の推認を否定しうる最も重要な供述（「目を閉じて撃ったため人が事務所から出てきたことに気付かなかった」）を指摘すると良かった。もっとも，本答案は，殺意とＡ供述を関連付けて，正しく論述することはできている。

● 現場指示は，現場のどの対象を見分するかを決定する上で不可欠であり，現場指示がその対象を見分した理由・動機を示すものとして利用される場合，指示内容の真実性は問題とならず，実況見分調書と一体となって，321条3項により許容される。本答案は，下線部㋐・㋑が実況見分の理由・動機を示すものである，と明確に論述するところまでは到達していない。

● 321条3項の「真正に作成されたものであることを供述した」とは，作成名義が真正であること，及びその検証が正確な観察によるものであり，その結果を正確に調書に記載したことを供述したという趣旨と解されているため，「調書と同一の内容を話させる」ことまでは必ずしも必要ではない。

やかに裁判所及び検察官に対し，明らかにする必要がある（1項）。

そして，当該証明予定事実を証明するために，Cの供述の証拠調べを請求しなければならない（同2項）。

第4　設問4

1　小問(1)

(1)　まず，A方から発見されたメモ帳には「11／1　J町1－1－3」という記載がある。当該記載の下に乙組事務所周辺に似た手書きの地図が記載されていること，また乙組事務所の住所が「J町1丁目1番3号」であり，本件犯行の日にちが11月1日であることからして，当該メモの記載は犯行日時及び犯行場所を記載したものであると推認される。

そして，赤の他人の犯行計画をメモ帳に細かく記載することは通常考えにくいので，当該メモの所有者が犯人であることが推認される。

(2)　当該メモ帳の表紙の裏にはAとCが一緒に写っている写真シールが添付されている。通常，赤の他人の2ショットの写真を自分のメモ帳の表紙の裏に貼ることはほとんど考えられないことから，当該メモ帳は，AあるいはCの所有物であると推認される。

あわせて，前述の通り，当該メモはA方の捜索により発見されていることからして，当該メモはA，あるいはAと交際

● 316条の22を摘示することができている。

● メモ帳の記載が犯行日時・犯行場所を記載したものであることから検討しており，丁寧な論理展開といえる。

● 証拠の内容が「事件・犯人」に結び付くものであることを示している。

● 証拠の内容が「被疑者」に結び付くものであることを示している。

---

しAの家に泊まっていくこともあったCのいずれかの所有物であることが高度に推認される。

(3)　これらの事情からして，Cの犯人性が否定される限りでは，当該メモ帳の所有者であるAが犯人であるという事実が推認される。

2　小問(2)

証拠⑬は，当該メモがAの所有物であり，メモの記載は，Aによって犯行日時及び場所が記載されたものであることを認める旨の供述である。

当該供述により，小問(1)の推認過程のうち，(2)の部分，及びメモの記載が犯行日時・犯行場所を意味することについての推認が省略される。

その結果，証拠⑬に合わせて，犯行計画を記載したメモの所有者が犯人であるとの推認を併せることで，「Aが犯人である事実」が推認される。

第5　設問5

1　小問(1)

Bが平成27年11月1日に被告人を載せて車を運転したとの事実は，AおよびBが調書の中で認めている事実である。

したがって，「訴訟関係人に争のないことが明らかな事項に関するとき」（刑訴規則199条の3第3項2号）にあたるので，例外的に誘導尋問が認められる。

● 【事例】において，CがA方に泊まったことを示す事情は存在しない。

● 本答案における小問(1)の「犯人＝A」の推認過程は，概ね，「犯人＝メモ帳の所有者（∵メモ帳の記載≒犯行計画，他人のメモ帳に犯行計画を記載するはずがない）」→「メモ帳の所有者＝A（∵AC2ショットの写真貼付，A方で発見）」→「犯人＝A」というものである。他方，証拠⑬は，「メモ帳の記載＝犯行計画」「犯行計画を記載した人物＝A」を示すものであり，「メモ帳に犯行計画を記載した者が犯人である」という経験則を用いた場合，「AC2ショットの写真貼付，A方で発見」という事実を用いずとも「犯人＝A」を推認できる。したがって，証拠⑬を考慮することによって，「犯人＝A」の推認過程に上記の違いが生じ，証拠⑩⑪は，証拠⑬を補強するものとなる。本答案は，小問(2)に

よって，裁判所は，弁護人の異議申立てを理由のないものと
して棄却すべきである（同２０５条の５）。
2　小問(2)
　　刑訴規則１９９条の１１第１項は，訴訟関係人は，証人の記
憶が明らかでない事項について記憶喚起のためには，裁判所の
許可を受けて，書面を提示して尋問できる旨を定めている。
　　しかしながら，書面の内容が証人の供述に不当な影響を及ぼ
すことのないよう注意する必要がある（同２項）。
　　証人尋問において，調書を示せば供述者が調書の内容に傾倒
した主張をするおそれがある以上，調書を示すことは認められ
ない。
　　　　　　　　　　　　　　　　　　　　　　　　以　上

※　実際の答案は４頁以内におさまっています。

真正面から的確に解答するものであ
り，適切である。

●　本問では，調書の署名押印部分を
示そうとしているにすぎないから，
供述者が調書の内容に傾倒した主張
をするおそれはないと思われる。

# MEMO

第1　設問1について
1　殺意とは，人の殺害結果を認識・認容する意思である。A
には，以下の通り，かかる意思が認められない。
2　Aは，乙組事務所玄関付近を狙って拳銃を撃ったのであ
り，そのときは目を閉じていたから，人が事務所から出てき
たことには気づかなかった。すなわち，Aには，人に向かっ
て拳銃を撃つという認識がそもそも欠けており，殺害結果を
認容していたとはいえない。また，Aはそもそも，乙組員を
脅すことを目的として拳銃を撃ったのであり，人に対する傷
害結果が生じることすら認容していなかったといえる。した
がって，上記の結論に至る。
第2　設問2について
1　小問1
(1)　Aの弁護人は，下線部⑦及び④は実況見分調書そのもの
とは別個に刑事訴訟法（以下，法令名略）320条1項に
より証拠能力を否定されるとして意見を述べているものと
考えられる。
　　ここで320条1項の趣旨は，知覚，記憶，表現・叙述
という供述過程に誤りが入り込んでいないか吟味する機会
を確保する点にある。したがって，320条1項により排
除される伝聞証拠とは，公判廷外の供述を内容とする証拠
であって，その内容の真実性が問題となるものを指すと解

● 殺意の概念と，Aの「目を閉じて
撃ったため人が事務所から出てきた
ことに気付かなかった」という供述，
及び「脅そうと思った」という供述
を正しく関連付けて，Aに殺意がな
いことを端的に論じられており，適
切である。

● 設問2小問(1)では，検察官が述べ
るべき意見，及びその理由について
問われている。したがって，再現答
案①～③のように，まずは検察官が
述べるべき意見を明確に示すべきで
ある。

すべきである。
(2)　よって，検察官は，下線部ア及びイは，実況見分調書と
は別個にその内容の真実性が問題となる供述ではなく，実
況見分を行う動機として記載されたものにすぎず，伝聞法
則によっては排除されないとの意見を述べるべきである。
2　小問2
(1)　上記の検察官の意見にかかわらず，下線部ア及びイは，
実際にWの供述通りに犯行が行われたか否かの真実性を問
題とするものであるから，実況見分調書とは別個に伝聞例
外の要件を備えなければならない（326条1項参照）。
(2)　下線部ア及びイは，321条1項3号の「前二号に掲げ
る書面以外の書面」に当たる。しかし，供述者は供述不能
に陥っておらず，同規定の要件を満たさない。したがっ
て，下線部ア及びイについて，独自に伝聞例外の要件を満
たすことはできない。
(3)　したがって，検察官としては，Wを証人尋問（143
条）するよう裁判所に申し立てるべきである。
第3　設問3について
　　検察官はすでに証明予定事実記載書を裁判所およびAの弁
護人に提出・送付する（316条の13第1項）とともに，
Aの弁護人に当該証拠を開示（316条の14）しており，
また，Aの弁護人は，検察官に類型証拠の開示請求（316

● 本答案は，「実況見分を行う動機
として記載されたもの」という現場
指示のキーワードを述べるにとど
まっており，下線部⑦・④が現場供
述かどうかについての具体的な検討
がなされていない。

● 本答案は，小問(1)では「下線部ア
及びイは，……実況見分を行う動機
として記載されたものにすぎ」ない
としているにもかかわらず，小問(2)
では「下線部ア及びイは，実際にW
の供述通りに犯行が行われたか否か
の真実性を問題とするものである」
としており，その理由も明確に論述
していない点で不十分である。また，
小問(2)は，証拠③の証拠請求を維持
したい検察官がとるべき対応につい
て問われており，少なくとも下線部
⑦が現場供述であるとは考えられな
いから，解答の内容としても不適切
である。

条の３１６条の１５）をし，予定主張を裁判所および検察官
に明示している（３１６条の１７第１項）。したがって，Ａ
の弁護人は，立証事実を変更するにあたり，速やかに裁判所
および検察官に対し，変更すべき主張を明らかにしなければ
ならない（３１６条の２２第１項）。

● ３１６条の２２を摘示することがで
きている。

第４　設問４について
1　小問1
　(1)　証拠⑩と⑪は，Ａが犯人であることを直接推認させる証
　　拠ではない。もっとも，これらからＡの犯人性が推認され
　　るか。
　(2)　メモ帳には，暴力団乙組事務所の簡易な住所とその地図
　　が記載されていた。乙組事務所は暴力団事務所であるか
　　ら，通常もっぱら組員のみが出入りする場所であり，その
　　他の人が頻繁に訪れることは想定されていないといえる。
　　したがって，公訴事実記載の犯行（以下，本件犯行とす
　　る）が行われた日に多くの人が訪れることが想定されると
　　はいえないところ，住所と地図の横に，本件犯行が行われ
　　た日付が記載されている。よって，メモ帳に日付，住所，
　　地図を記載しメモ帳を所持している人物が本件犯行に及
　　んだことが，強く推認される。
　(3)　そして，メモ帳の表紙の裏には，ＡとＣが一緒に写って
　　いる写真シールが貼付されている。通常，男女が二人で

● ここでは，メモ帳の記載が「事件・
犯人」に結び付くものであり，「犯
人＝メモ帳の所有者（∵メモ帳の記
載≒犯行計画）」が論述されている。
「他人のメモ帳に犯行計画を記載す
るはずがない」という経験則も指摘
できると，より説得力が増すものと
思われる。

写った写真シールを，そこに写っていない人物が所持して
いる蓋然性は著しく低いといえるから，写真シールに写っ
ているＡかＣのいずれかがメモ帳の持ち主であると考えら
れる。また，上述の通りメモ帳を所持している人物が犯人
であることが推認されることを併せて考えると，ＡとＣの
いずれかが犯人であることが推認される。ここで証拠②よ
り，乙組事務所に向けて拳銃を撃ったのは「マスクをした
男」であるから，女性であるＣが犯人であることはない。
　(4)　以上より，証拠⑩と⑪から，Ａが犯人であることが合理
　　的な疑いを超える程度に推認される。
2　小問2
　　証拠⑬の上申書において，Ａは，メモ帳記載の日付，住
　所，地図は自己が記載したものであることを認めている。し
　たがって，上記の推認のうち，Ａがメモ帳の所持人であるこ
　とを推認した箇所は不要である。そして，メモ帳を記載した
　Ａが実際に犯行に及んだことの推認のみが必要となり，かか
　る推認は上述のとおりである。
第５　設問５について
1　小問1
　(1)　弁護人は，検察官の質問が誘導尋問（刑事訴訟法規則
　　（以下，規則とする）１９９条の３第３項柱書）にあたる
　　として，異議を述べる（３０９条１項，規則２０５条１

● ここでは，「メモ帳の所有者＝Ａ
（∵ＡＣ２ショットの写真貼付）」が
論述されているが，メモ帳が「Ａ方
で発見」されたという事実（証拠⑩）
を用いずにＡの犯人性を肯定してお
り，不当である。

● 小問(1)は，「証拠⑩及び⑪から」
としているため，証拠②を用いるの
は，設問を逸脱するものである。

● 本答案が「Ａがメモ帳の所持人で
あることを推認した箇所は不要」と
しているのは，本答案の「第４　1
(3)」に該当する部分であり，適切で
ある（詳細は，再現答案③のコメン
ト参照）。

項）ものである。では，当該質問は誘導尋問に当たるか。
(2)　誘導尋問とは，尋問者が希望する内容の答弁を暗示しその供述を得ようとする尋問である。当該質問は，Bの証人尋問の冒頭でなされているから，まだBが何も証言していない段階で行われている。それにもかかわらず，当該質問は，Bが本件犯行の当日に被告人を乗せて車を運転したことを前提として尋問を進めようと意図するものであり，Bが犯行当日に運転手として本件犯行に関わった旨の供述を得ようとするものである。したがって，当該質問は誘導尋問に当たる。また，誘導尋問が例外的に認められる事由のいずれにも該当しない（規則199条の3第3項各号）。
(3)　したがって，当該質問は誘導尋問として許されないから，裁判所は，検察官に対し，別の質問に変えるよう命じるべきである（規則205条の6第1項）。

2　小問2
　検察官は，Cの記憶を喚起するために証拠⑫のCの署名押印部分を示そうとしている。Cの署名押印部分のみでは「供述を録取した書面」とはいえないから，Cの署名押印部分を示すことは，規則199条の11第1項にいう「書面（供述を録取した書面を除く）」の提示に当たる。かかる行為には裁判長の許可を受けることが必要であるところ，検察官は，裁判長に許可を求めていない。したがって，かかる行為は反

対尋問において許されない。

以　上

※　実際の答案は4頁以内におさまっています。

● 検察官の質問が誘導尋問に当たるかどうかについて詳細な検討が加えられているが，検察官の質問が誘導尋問に当たることは小問(1)の当然の前提といえる。ここでは，「訴訟関係人に争のないことが明らかな事項に関するとき」（規199の3Ⅲ②）に当たり，検察官の誘導尋問が例外的に許されるかどうかについて，具体的に検討すべきであった。

● ここでは，刑訴規則199条の10を摘示しつつ，証拠⑫がまだ証拠調べを終えていないことを指摘し，相手方に閲覧する機会を与える必要があり，これをせずに証拠⑫の署名押印部分を示す行為は許されない，などと記載できると良かった。

LEC東京リーガルマインド　司法試験予備試験 論文5年過去問 再現答案から出題趣旨を読み解く。法律実務基礎科目・一般教養科目

# 平成29年

［刑　事］

次の【事例】を読んで，後記〔設問〕に答えなさい。

【事　例】

1　A（２６歳，男性）は，平成２９年４月６日午前８時，「平成２９年４月２日午前６時頃，
H県I市J町２丁目３番Kビル前歩道上において，V（５５歳，男性）に対し，その胸部を押
して同人をその場に転倒させ，よって，同人に加療期間不明の急性硬膜下血腫等の傷害を負わ
せた。」旨の傷害事件で通常逮捕され，同月７日午前９時，検察官に送致された。送致記録に
編綴された主な証拠は次のとおりであった（以下，特段の断りない限り，日付はいずれも平成
２９年である。）。

(1)　Vの受傷状況等に関する捜査報告書（証拠①）

「近隣住民Wの１１９番通報により救急隊員が臨場した際，Vは，４月２日午前６時１０
分頃にH県I市J町２丁目３番Kビル前（甲通り沿い）歩道上に，意識不明の状態で仰向け
に倒れていた。Vは，直ちにH県立病院に救急搬送され，同病院において緊急手術を受け，
そのまま同病院集中治療室に入院した。同病院医師によれば，Vには硬い面に強打したこと
に起因する急性硬膜下血腫を伴う後頭部打撲が認められ，Vは，手術後，意識が回復した
が，集中治療室での入院治療が必要であり，少なくとも１週間は取調べを受けることはでき
ないとのことであった。」

「Vは，同市J町４丁目２番の自宅で妻と二人で居住する会社員である。妻によれば，V
は毎朝甲通りをジョギングしており，持病はないとのことであった。」

(2)　Wの警察官面前の供述録取書（証拠②）

「私は，４月２日午前６時頃，通勤のため自宅を出て甲通りをI駅に向かって歩いている
と，約５０メートル先のKビル前の歩道上に，男二人と女一人（B子）が立っていて，その
うち男一人（V）が歩道上に仰向けに倒れた様子が見えた。そして，約１０メートルまで近
づいたところ，もう一人の男（A）が仰向けに倒れたVの腹の上に馬乗りになったので，事
件であると思って立ち止まった。このとき，Aは，Vの腹の上に馬乗りになった状態で，『こ
の野郎。』と怒鳴りながら右腕を振り上げ，B子がそのAの右腕を両手でつかんだ。私は，
自分の携帯電話機を使って，その様子を１枚写真撮影した。その直後，AはVの腹の上から
退いたが，Vは全く動かなかった。私は，１１９番通報し，AとB子に『救急車を呼んだか
ら，しばらく待ってください。』と声を掛けた。しかし，AとB子は，その場を立ち去り，
甲通り沿いのLマンションの中に入っていった。私は，注視していなかったため，Vの転倒
原因は分からない。私は，A，V及びB子とは面識がない。」

(3) B子の警察官面前の供述録取書（証拠③）

「私は，1年半前からAと交際し，半年前からLマンション202号室でAと二人で生活している。私とAは，4月1日夜から同月2日明け方までカラオケをし，Lマンションに帰るため，甲通りの歩道を並んで歩いていた。すると，前方からジョギング中の男（V）が走ってきて，擦れ違いざまに私にぶつかった。私は，立ち止まり，Vに『すみません。』と謝ったが，Vは，立ち止まり，『横に広がらずに歩けよ。』と怒ってきた。Aも立ち止まり，興奮した様子でVに言い返し，AとVが向かい合って口論となった。Aは，Vの面前に詰め寄り，両手でVの胸を1回突き飛ばすように押した。Vが少し後ずさりしたが，『何するんだ。』と言ってAに向き合うと，Aは両手でVの胸をもう1回突き飛ばすように押した。すると，Vは，後方に勢いよく転び，路上に仰向けに倒れ，後頭部を路面に打ち付けた。さらに，Aは，仰向けに寝た状態になったVの腹の上に馬乗りになり，『この野郎。』と怒鳴りながら，右腕を振り上げてVを殴ろうとした。私は，慌ててAの右腕を両手でつかんで止めた。すると，AはVの体から離れたが，Vは起き上がらなかった。Aは，『こちらが謝っているのに，文句を言ってきたのが悪いんだ。放っておけ。』と言った。私とAは，通り掛かりの男の人から，『救急車を呼んだから，待ってください。』と言われたが，VをそのままにしてLマンションに帰った。」

(4) Aの警察官面前の供述録取書（証拠④）

「私は，4月2日早朝，カラオケ店から，交際相手のB子と一緒に帰る途中，B子と二人で並んで歩道を歩いていたところ，ジョギング中の男（V）が擦れ違いざまにB子にぶつかってきた。Vは，B子が謝ったにもかかわらず，『横に並んで歩くな。』と怒鳴った。私は，VがわざとB子にぶつかってきたように感じていたので，『ここはジョギングコースじゃないんだぞ。』と言い返した。私とVは口論となり，そのうち，Vは，興奮した様子で，右手で私の胸ぐらをつかんで前後に激しく揺さぶってきたが，その手を自ら離してふらつくように後退し，後方にひっくり返って後頭部を歩道上に打ち付けた。この間，私は，Vの胸を押したことはなく，それ以外にもVの転倒原因になるような行為をしていない。Vが勝手に歩道上に倒れたので，それを放ったまま自宅に戻った。私は，半年前からLマンション202号室でB子と一緒に生活しており，現在，株式会社丙において会社員として働いている。」

(5) Aの身上調査照会回答書（証拠⑤）

H県I市J町2丁目5番Lマンション202号室が住居として登録されている。

2 Aは，4月7日午後1時，検察官による弁解録取手続において，証拠④と同旨の供述をした。検察官は，弁解録取書を作成した後，H地方裁判所裁判官に対し，Aの勾留を請求した。同裁判所裁判官は，同日，Aに対し，勾留質問を行い，⑧刑事訴訟法第207条第1項の準用する同法第60条第1項第2号に定める事由があると判断して勾留状を発付した。

3　Aは，勾留中，一貫して，Vの胸部を押してVを転倒させ，傷害を負わせた事実を否認した。検察官は，回復したVに対する取調べ等の所要の捜査を遂げ，4月26日，H地方裁判所にAを傷害罪で公判請求した。同公判請求に係る起訴状の公訴事実には，「被告人は，4月2日午前6時頃，H県I市J町2丁目3番Kビル前歩道上において，Vに対し，その胸部を両手で2回押す暴行を加え，同人をその場に転倒させてその後頭部を同歩道上に強打させ，よって，同人に全治3週間の急性硬膜下血腫を伴う後頭部打撲の傷害を負わせた。」旨記載されている。同裁判所は，同月28日，同公判請求に係る傷害被告事件を公判前整理手続に付する決定をした。

4　検察官は，5月10日，前記傷害被告事件について，証明予定事実記載書を裁判所に提出するとともに弁護人に送付し，併せて，証拠の取調べを裁判所に請求し，当該証拠を弁護人に開示した。

　検察官が取調べを請求した証拠の概要は，次のとおりである。

(1)　甲1号証　　H県立病院医師作成の診断書

　　「Vは，4月2日に急性硬膜下血腫を伴う後頭部打撲を負い，全治まで3週間を要した。」

(2)　甲2号証　　H県I市J町2丁目3番Kビル前歩道上において，Vを立会人として，現場の状況を明らかにするために実施された実況見分の調書

(3)　甲3号証　　Vの検察官面前の供述録取書

　　「4月2日早朝，私が甲通りの歩道をI駅方面に向かってジョギング中，前方から，若い男（A）と女（B子）が歩道一杯に広がるように並んで歩いてきた。私は，ぶつからないように気を付けて走ったが，擦れ違う際に，B子がふらつくように私の方に寄ってきたために，B子にぶつかった。B子が私に謝ったが，私は，立ち止まり，『そんなに横に広がって歩くなよ。』と注意した。すると，Aは，『ここはジョギングコースじゃない。』と怒鳴り，興奮した様子で私に詰め寄ってきた。私がAとの距離を取るため，のけ反るように後ずさると，Aは，私の胸を両手で1回強く押してきた。私は，更に後ずさりしながら，『何するんだ。』と言ったが，その後のことは記憶になく，気が付いた時にはH県立病院の集中治療室にいた。」

(4)　甲4号証　　写真撮影報告書

　　I警察署において，Vが甲3号証と同旨のAのVに対する暴行状況を説明し，A役とV役の警察官2名が，Vの説明に基づき，AがVの胸を両手で1回強く押した際のAとVの相互の体勢及びその動作を再現し，同再現状況が撮影された写真が貼付されている。

(5)　甲5号証　　W所有の携帯電話機に保存されていた画像データを印画した写真1枚

　　4月2日午前6時に撮影されたものであり，男（A）が，Kビル前歩道上に仰向けに寝ている男（V）の腹部の上に馬乗りになった状態で，Aの右手掌部が右肩の位置よりも右上方

の位置にあり，女（B子）が，Aの右後方から，そのAの右腕を両手でつかんでいる状況が写っている。

(6) 甲6号証　　Wの検察官面前の供述録取書

Wの警察官面前の供述録取書（証拠②）と同旨の供述に加え，甲5号証につき，「この写真は，私が4月2日午前6時，Kビル前歩道上において，自己の携帯電話機のカメラ機能でAらを撮影したものである。ⓑAは，Kビル前の歩道上に仰向けに寝ているVの腹の上に馬乗りになった状態で，『この野郎。』と怒鳴りながら右腕を振り上げた。すると，傍らにいたB子がAの右腕を両手でつかんで止めたが，この写真はその場面が撮影されている。」旨の供述が録取されている。

(7) 甲7号証　　B子の検察官面前の供述録取書

B子の警察官面前の供述録取書（証拠③）と同旨の供述。

(8) 乙1号証　　Aの検察官面前の供述録取書

Aの警察官面前の供述録取書（証拠④）と同旨の供述に加え，甲5号証につき，「この写真には，転倒したVを私が介抱しようとした状況が写っている。」旨の供述が録取されている。

(9) 乙2号証　　Aの身上調査照会回答書（証拠⑤と同じ）

5　ⓒ弁護人は，検察官請求証拠を閲覧・謄写した後，検察官に対して類型証拠の開示の請求をし，類型証拠として開示された証拠も閲覧・謄写するなどした上，「Aが，Vに対し，公訴事実記載の暴行に及んだ事実はない。Vは，興奮した状態でAの胸ぐらをつかんで前後に激しく揺さぶってきたが，このときVの何らかの疾患が影響して，自らふらついて転倒して後頭部を強打し，公訴事実記載の傷害を負ったにすぎない。」旨の予定主張事実記載書を裁判所に提出するとともに検察官に送付し，併せて，検察官に対して主張関連証拠の開示の請求をした。

　5月24日から6月7日までの間，3回にわたり公判前整理手続が開かれ，ⓓ弁護人は，検察官請求証拠に対し，甲1号証，甲2号証及び乙2号証につき，いずれも「同意」，甲3号証，甲4号証（貼付された写真を含む。），甲6号証及び甲7号証につき，いずれも「不同意」，甲5号証につき，「異議あり」との意見を述べるとともに，乙1号証につき，「不同意」とした上，「被告人質問で明らかにするので，取調べの必要性はない。」との意見を述べた。検察官は，V，W及びB子の証人尋問を請求した。裁判所は，争点を整理した上，甲1号証，甲2号証及び乙2号証につき，証拠調べをする決定をし，甲3号証ないし甲7号証及び乙1号証の採否を留保して，V，W及びB子につき，証人として尋問をする決定をするなどし，公判前整理手続を終結した。

6　6月19日，第1回公判期日において，冒頭手続等に続き，順次，甲1号証，甲2号証及び乙2号証の取調べ，ⓔVの証人尋問が行われ，同尋問終了後に検察官が甲3号証及び甲4

号証（貼付された写真を含む。）の証拠調べ請求を撤回した。同月２０日，第２回公判期日において，Ｗの証人尋問が行われ，Ｗは甲６号証と同旨の証言をし，裁判所が同尋問後に甲５号証の証拠調べを決定してこれを取り調べ，検察官が甲６号証の証拠調べ請求を撤回した。続いて，㋑Ｂ子の証人尋問が行われ，同尋問終了後，検察官は甲７号証につき刑事訴訟法第３２１条第１項第２号後段に該当する書面として取調べを請求した。同月２１日，第３回公判期日において，甲７号証の採否決定，被告人質問，乙１号証の採否決定等が行われた上で結審した。

〔設問１〕

下線部ⓐに関し，裁判官が刑事訴訟法第２０７条第１項の準用する同法第６０条第１項第２号の「罪証を隠滅すると疑うに足りる相当な理由」があると判断した思考過程を，その判断要素を踏まえ具体的事実を指摘しつつ答えなさい。

〔設問２〕

下線部ⓑの供述に関し，検察官は，Ａが公訴事実記載の暴行に及んだことを立証する上で直接証拠又は間接証拠のいずれと考えているか，具体的理由を付して答えなさい。

〔設問３〕

下線部ⓒに関し，弁護人は，刑事訴訟法第３１６条の１５第３項の「開示の請求に係る証拠を識別するに足りる事項」を「Ｖの供述録取書」とし，証拠の開示の請求をした。同請求に当たって，同項第１号イ及びロに定める事項（同号イの「開示の請求に係る証拠を識別するに足りる事項」は除く。）につき，具体的にどのようなことを明らかにすべきか，それぞれ答えなさい。

〔設問４〕

下線部ⓓに関し，弁護人は，甲４号証（貼付された写真を含む。）につき「不同意」との意見を述べたのに対し，甲５号証につき「異議あり」との意見を述べているが，弁護人がこのように異なる意見を述べた理由を，それぞれの証拠能力に言及して答えなさい。

〔設問５〕

下線部ⓔに関し，以下の各問いに答えなさい。

(1) 検察官が尋問中，Ｖは，「私は，Ｋビル前歩道上でＡに詰め寄られ，Ａと距離を取るため，のけ反るように後ずさると，Ａに両手で胸を１回強く押された。」旨証言した。検察官が同証言後に，Ｖに甲４号証貼付の写真を示そうと考え，裁判長に同写真を示す許可を求めたところ，裁判

長はこれを許可した。その裁判長の思考過程を，条文上の根拠に言及して答えなさい。

(2) 前記許可に引き続き，Ｖは，甲４号証貼付の写真を示されて，同写真を引用しながら証言し，同写真は証人尋問調書に添付された。裁判所は，同写真を事実認定の用に供することができるか。同写真とＶの証言内容との関係に言及しつつ理由を付して答えなさい。

〔設問６〕

下線部⑥に関し，Ｂ子の証言の要旨は次のとおりであったとして，以下の各問いに答えなさい。

[証言の要旨]

・ ＡのＶに対する暴行状況について，「ＡとＶがもめている様子をそばでずっと見ていた。ＡがＶの胸を押した事実はない。Ｖがふらついて転倒したので，ＡがＶを介抱しようとした。ＡがＶに馬乗りになって，『この野郎。』と言って殴り掛かろうとした事実はない。Ｖと関わりたくなかったので，Ａの腕をつかんで，『こんな人は放っておこうよ。』と言った。すると，ＡはＶを介抱するのを止めて，私と一緒にその場を立ち去った。」

・ 捜査段階での検察官に対する供述状況について，「何を話したのか覚えていないが，嘘を話した覚えはない。録取された内容を確認した上，署名・押印したものが，甲７号証の供述録取書である。」

・ 本件事件後のＡとの関係について，「５月に入ってからＡの子を妊娠していることが分かった。」

(1) 検察官として，刑事訴訟法第３２１条第１項第２号後段の要件を踏まえて主張すべき事項を具体的に答えなさい。

(2) 甲７号証の検察官の取調べ請求に対し，弁護人が「取調べの必要性がない。」旨の意見を述べたため，裁判長が検察官に必要性についての釈明を求めた。検察官は，必要性についてどのように釈明すべきか答えなさい。

　本問は，暴行の有無が争点となる傷害事件を題材に，勾留における罪証隠滅のおそれの判断要素（設問１），証拠から暴行事実を認定する証拠構造（設問２），類型証拠開示請求の要件（設問３），いわゆる被害再現写真と現場写真の証拠能力の差異（設問４），証人尋問における被害再現写真の利用方策（設問５），刑事訴訟法第３２１条第１項第２号後段書面の要件及び証拠の取調べの必要性（設問６）について，【事例】に現れた証拠や事実，手続の経過を適切に把握した上で，法曹三者それぞれの立場から，主張・立証すべき事実やその対応についての思考過程を解答することを求めており，刑事事実認定の基本構造，証拠法及び証人尋問を含む公判手続等についての基本的知識の理解並びに基礎的実務能力を試すものである。

▶ **MEMO** ——————————————————————

平成29年

第１　設問１
１　「罪証を隠滅すると疑う……理由」の有無については物証と人証にわけ，客観的可能性と主観的可能性の有無で判断する。
２(1)　まず，人証についてみるに，Ｖは現在Ｈ県立病院にいることが明らかになっており，そこを訪ねＶを探し出すことは可能であり，Ｖの証言を変えるよう働きかけることが可能といえることから，罪証を隠滅することは物理的に可能であるといえ，客観的可能性がある。次に，Ａは傷害罪という重い犯罪をおかしており，実刑判決を受ける可能性があり，これを回避しようと罪証を隠滅することが考えられるから，主観的可能性がある。
　　また，Ｂ子についてみるに，Ｂ子はＡとともに暮らしており，ＡがＢ子に会うことは容易である。そして，Ｂ子に会い証言を変えるように言うとしたら，ＡとＢ子は恋人であるため，Ｂ子はＡのために証言を変える可能性が高いといえ，罪証隠滅が物理的に可能であり，客観的可能性がある。次に主観的可能性については，前述のとおりである。
　　よって，人証について「罪証を隠滅すると疑う……理由」があるといえる。
(2)　次に，物証についてみるに，Ｗが撮影した写真は未だ証拠として提出されておらず，Ｗのみが持っている状態という可能性もある。そして，Ｗは犯行現場を通勤のために用いているが，Ａの住所と犯行現場はＨ県Ｉ市Ｊ町２丁目まで一致しており，近所とい

えることから，Ａが犯行現場で待ち伏せすることでＷと会うことが可能である。そして，Ｗに写真を消すよう働きかけることが考えられることから，罪証隠滅が物理的に可能といえ，客観的可能性がある。また，主観的可能性についても前述のとおりである。
　　よって，物証について「罪証を隠滅すると疑う……理由」があるといえる。
３　以上より，「罪証を隠滅すると疑う……理由」がある。
第２　設問２
１　直接証拠とは，犯罪自体をそれ自体で直接証明する証拠のことをいい，間接証拠とは，犯罪事実の証明に役立つ間接事実を推認するような証拠のことをいう。
２　そして，ⓑの事実についてみるに，ＡはＶに暴行を行っておらず，ＡがＶに暴行をしていた可能性が高い状況であったという間接事実を推認させるものである。そして，この事実はＡが公訴事実記載の暴行に及んだという主要事実の証明に役立つものである。よって，ⓑの事実は間接証拠といえる。
第３　設問３
１　刑事訴訟法（以下，刑訴法）３１６条の１５第３項第１号イにいう「証拠の類型」についてみるに，甲３号証でＶの供述録取書は取調べ請求されており，「検察官が取調べを請求した供述録取書」に当たる上，不同意とされた場合にはＶを証人尋問することから，「第３２６条の同意がされない場合には，……尋問を……

● 　一般的に，勾留要件の１つである「罪証を隠滅すると疑うに足りる相当な理由」の存否は，①罪証隠滅の対象・態様，②罪証隠滅の客観的可能性・主観的可能性を検討して判断する（204頁コメント参照）。本答案は，上記の判断要素をほとんどカバーできており，適切である。

● 　本問【事例】から指摘できそうな事実を細かいところまで分析し，自分なりに具体的に検討することができている。もっとも，本問は全部で設問６まであり，紙面と時間を考慮すると，バランスを失している感も否めない。

● 　直接証拠とは，要証事実を直接証明するのに用いられる証拠をいい，間接証拠とは，要証事実の存否を推認させる事実（間接事実）を証明するのに用いられる証拠をいう。この点，要証事実は「Ａが公訴事実記載の暴行に及んだこと」であるところ，ⓑの供述は，本答案のとおり間接証拠にすぎない。

予定しているもの」に当たる。よって、Vの供述録取書は、本条1項5号ロの書面に当たる。

2　次に、刑訴法316条の15第3項第1号ロをついてみる。「当該……証拠が……証明力を判断するために重要」か否かをみるに、Vが他の場面で違う証言をしていた場合には検察官面前調書の信用性が下がることから、これを満たす。また、「被告人の防御の準備のために……必要」かみるに、実際にVが押されたのか否かで犯行があったのかが変化するため、被告人の不利になりうることから、これも満たす。

第4　設問4

1　まず、甲4号証についてみるに、これは動作によって犯行状況を再現し、供述する実況見分調書であるところ、刑訴法323条3項にいう検証調書と実況見分調書の違いは任意処分か強制処分かの違いにすぎないから、実況見分調書であっても同条項の規律が及ぶ。そして、刑訴法326条1項は、伝聞証拠に同意しない場合には伝聞例外を満たさない限り証拠能力を付与しない旨を明記しており、刑訴法323条3項についても326条1項の規律が及ぶこととなるから、「不同意」との意見を述べたといえる。

2　次に、甲第5号証については、本件の写真は実際にあった状況を撮影したものにすぎず、動作によって供述したといえないことから供述証拠といえない。そして、証拠は法の要請を満たす必要があるが、これが満たされていない場合には「異議あり」と述べ

ることとなる。

第5　設問5

1　(1)について

刑事訴訟規則（以下、規則）199条の11第1項をみるに、VはAに押された状況については述べており、甲4号証は犯行を再現したものでかかる状況を示すものであるから、記憶が喚起されることとなり、犯行が行われたのは2か月前のことであってVの記憶も明らかでないといえるから、「証人の記憶が明らかでない事項についてその記憶を喚起するため必要があるとき」といえる。しかし、この場合には「裁判長の許可を受け」ることを要し、本件でも裁判長の許可を受けている。よって、規則199条の11第1項の要件を満たすこととなる。

2　(2)について

(1)　まず、写真を引用しながら証言できるかをみるに、これは規則199条の12第1項より裁判長の許可を受けた場合には認められ、上記のとおり許可を受けており、認められる。

(2)　次に、これを添付することができるかみるに、これは規則49条によって添付することができる。

(3)ア　最後に、写真を事実認定の用に供することができるか。

イ　そもそも、写真は別途伝聞法則の規律を受けることとなるため、これが絶対的に事実認定の用に供することができるとなると、かかる規律の趣旨を没却してしまう。しかし、写真が単独

● 証拠の類型を正しく指摘できている。

● 開示の重要性（316の15Ⅲ①ロ）を明らかにするに当たっては、開示することが、どの検察官請求証拠の証明力を判断するために、いかなる意味で重要であるかを具体的に説明する必要がある。本答案は、甲3号証の指摘ができていないが、それ以外は適切に論じられている。

● 出題趣旨によれば、設問4では「いわゆる被害再現写真と現場写真の証拠能力の差異」が問われていた。本答案は、この点について的確な論述を展開しており、模範的である。

● 刑事訴訟規則190条2項前段を摘示できると、さらに良かった。

● 設問5によれば、Vは、「私は、Kビル前歩道上でAに詰め寄られ、Aと距離を取るため、のけ反るように後ずさると、Aに両手で胸を1回強く押された。」旨証言しており、この暴行状況に基づいて再現・撮影されたのが甲4号証貼付の写真である。かかるVの具体的な被害状況とAの位置関係等を明らかにするには、この写真を示して証言を得る必要がある。したがって、裁判長は、刑訴規則199条の12第1項（証人の供述を明確にするための図面等の利用）に基づいて、この写真の利用を許可したのであり、刑訴規則199条の11第1項（記憶喚起のための書面等の提示）に基づいて、この写真の利用を許可したわけではない。

で意味を持たない場合にはかかる弊害はない。そこで，写真が証人尋問調書と一体化されたといえる場合には，事実認定の用に供することが認められる。
ウ　本件についてみるに，同写真はVの供述内容を分かりやすくするために示すものであり，関連性が強いことから，写真と証人尋問調書が一体化されたといえる。よって，事実認定の用に供することができる。

第6　設問6
1　(1)について
(1)　刑訴法321条1項2号の要件についてみるに，相反供述については，甲第7号証によれば胸を押した事実及びAがVに殴りかかろうとした事実があるが，証人尋問ではこれらの事実を否定しているから，相反供述といえる。
(2)　次に，相対的特信情況についてみるに，これは外部的付随的事情を考慮する。本件においては，甲第7号証は犯行時と近く正確性が高いといえる。B子はAとの子を妊娠しており，Aと家族になることを考え，Aに有罪判決が及ぶことを恐れ，証人尋問で嘘をついたと考えられ，書面の方が正確性が高いといえる。以上より，相対的特信情況がある。
2　(2)について
本件における争点は，AがVを押したか，すなわち犯行があったかであるところ，甲第7号証は実行行為に及んでいることを示

● 相反供述について，端的に事実を摘示できている。

● 相対的特信情況についても，本問の事情を簡潔に指摘できており，適切である。B子が「嘘を話した覚えはない。録取された内容を確認した上，署名・押印したものが，甲7号証の供述録取書である」と供述した点についても言及できると，なお良かった。

● 甲7号証は，Aの犯行及びVの受傷状況についての唯一の供述である（Vは記憶がなく，Wは注視していなかった）点についても論じる必要があった。

しており，犯行があったことを証明するに役に立つことから，取調べの必要性があるといえる。
以　上
※　実際の答案は4頁以内におさまっています。

► **MEMO** ――――――――――――――――――――――――――

第1 設問1
1 「罪証を隠滅すると疑うに足りる相当な理由」は，罪証隠滅がなされる蓋然性に加え，これをすることが客観的に可能であるかも考慮される。そして，ここにいう罪証とは，物証のみならず人証も含む。

● 「罪証を隠滅すると疑うに足りる相当な理由」の存否の判断要素を十分に指摘できていない。

2 本件では，傷害の被疑事実で逮捕されており，素手での犯行とされているから，特に物証があるとはいえない。しかし，目撃者Wは人証に当たり，これに危害を加えて証言を不能にするなどの罪証隠滅行為がなされる可能性がある。また，WはAと面識がないとはいえ，近所に住んでいることからその住所を特定することは不可能とまではいえず，上記罪証隠滅行為の客観的可能性も認められる。
3 以上の理由より，裁判官は「罪証を隠滅すると疑うに足りる相当な理由」があると判断した。

● 設問1では，B子の供述が圧倒的にAにとって不利であるところ，AはB子の供述を変えさせるために働きかけることが容易であり，かつB子もその働きかけに応じて供述を変える可能性が非常に高いことから，本問において，B子の供述に関する検討は必須である。本答案は，この点に関する検討を欠いており，不十分である。

第2 設問2
1 間接証拠に当たると考えている。
2 直接証拠とは，主要事実，すなわち構成要件該当事実を直接推認する証拠を指し，間接証拠とは，主要事実を推認する間接事実の存在を基礎づける証拠を指す。
3 下線部ⓑの供述は，Vが倒れた後のAによるVへの暴行を目撃した供述であり，公訴事実記載の暴行は倒れさせた暴行であるから，かかる目撃供述から直接倒れさせた暴行を推認するこ

● 要証事実が何であるかをきちんと特定しており，的確な論述である。また，間接証拠となる理由も適切に論述できている。

とはできない。そのため，直接証拠とはならない。しかし，かかる供述からAからVへのV転倒後の暴行の事実を推認でき，かかる事実から転倒前もAがVに暴行を働いていたという事実，すなわち公訴事実記載事実を推認できる。そのため，間接証拠となる。

第3 設問3
1 「証拠の類型」（316条の15第3項1号イ）として同条1項5号ロに当たることを明らかにする。

● 証拠の類型を正しく指摘できている。

2 「事案の内容，特定の検察官請求証拠に対応する証明予定事実，開示の請求に係る証拠と当該検察官請求証拠との関係その他の事情に照らし，当該開示の請求に係る証拠が当該検察官請求証拠の証明力を判断するために重要であることその他の被告人の防御の準備のために当該開示が必要である理由」（ロ）については，Vは被害者であるところ，目撃者が少ない本件においては（「事案の概要」），Vの供述の証明力は重要であり，「Vの供述録取書」という類型証拠とVの検察官面前での供述録取書たる甲3号証を対比することで，甲3号証の証明力判断ができる（「証明力を判断するために重要」）ということを明らかにする。

● 紙面と時間の制約を考慮すると，316条の15第3項1号ロを摘示すれば足り，わざわざ条文の文言を余すことなく記述する必要はない。

第4 設問4
1 甲4号証は伝聞証拠（320条1項）に当たり，同意（326条）なき限り伝聞例外（321条以下）の要件を充足するこ

● いわゆる被害再現写真が伝聞証拠に当たる理由が論じられていない。

とが証拠能力を得るために必要となる。そのため，不同意とすることで伝聞例外の要件充足を要求したといえる。

2　これに対して，甲5号証は写真という機械的所作によって録画されたものであるので，知覚・記憶・表現・叙述の各過程に誤りが混入しえず伝聞証拠に当たらない。そのため，不同意としても伝聞例外の要件充足は必要とならず，証拠能力が肯定されてしまう。そこで，「異議あり」とすることで関連性がないなどの主張により，証拠として採用されることを防ごうとしたと考えられる。

第5　設問5

1　小問(1)

(1)　甲4号証は伝聞証拠であり，伝聞例外の要件を満たさない限り証拠能力は認められず，これを用いることはできない。そのため，許可はできないとも思える。しかし，刑訴規則（199条の12第1項）で「証人の供述を明確にするため必要があるときは」，「写真」を利用して尋問できると規定されている。そして，本件ではVの供述を明確にするために写真が添付してある甲4号証を用いようとしている。

(2)　そこで，裁判長は規則199条の12第1項で許容されると考えて許可をした。

2　小問(2)

(1)　事実の認定は証拠によるという証拠裁判主義（317条）が

● 適切な論述であるが，刑訴規則190条2項前段を摘示できると良かった。

● 刑訴規則199条の12第1項を摘示できており，適切である。

● 判例（最決平23.9.14／刑訴百選［第10版］〔68〕）は，「証人に示した被害再現写真は，独立した証拠として採用されたものではないから，証言内容を離れて写真自体から事実認定を行うことはできないが，本件証人は証人尋問中に示された被害再現写真の内容を実質的に引用しながら……証言しているのであって，引用された限度において被害再現写真の内容は証言の一部となっていると認められるから，そのような証言全体を事実認定の用に供することができる……。このことは，被害再現写真を独立した供述証拠として取り扱うものではないから，伝聞証拠に関する刑訴法の規定を潜脱するものではない」としている。本答案は，かかる判例法理を意識した論述となっており，適切である。

採られており，甲4号証は適式な証拠調べを経ていないのでこれを事実認定に供することはできないとも思える。しかし，上述のように規則199条の12によって用いられた場合，同写真は証言と一体となるといえる。

(2)　そのため，証言内容の一部と評価でき，これを事実認定に供することができる。

第6　設問6

1　小問(1)

(1)　甲7号証でAがVの胸を押した，AがVに馬乗りになったと供述していたのに，証言では胸を押していない，馬乗りになった事実はないといっており，「前の供述と相反」するといえるということを主張すべきである。

(2)　事件後B子はAの子を妊娠しており，Aとの関係が密になったことで，Aに有利な証言をする蓋然性が高まったことから，関係が密になる前になされた供述を内容とする甲7号証の方が証言に比して相対的に信用できるといえ，「前の供述を信用すべき特別の情況の存するとき」といえると主張すべきである。

2　小問(2)

目撃者が少なく，物的証拠も特にない本件において，B子の証言は訴訟の結果に大きな影響を及ぼすので，その信用性判断は極めて重要であり，これを判断するのに資する甲7号証の取調べは必要であると釈明すべきである。　　　　以　上

設問１
1　「罪証を隠滅すると疑うに足りる相当な理由」（罪証隠滅の
おそれ，刑事訴訟法（以下法名省略）２０７条１項，６０条
１項２号）の有無は，罪証隠滅の対象，方法，客観的可能性，
主観的可能性を考慮し判断する。

2　ＡはＶの胸を押したことはないと供述するのに対し，Ｂ子は
ＡがＶの胸を２度押したと供述しており，両者の間に供述の食
い違いがある。そこで，Ａは，Ｂ子と口裏を合わせるよう働き
かけることにより，Ｂ子の供述を隠滅することが考えられる。
ＡはＢ子と１年半前から交際し，二人で同居しているから，Ｂ
子に働きかけを行う客観的可能性はある。また，Ｖが全治３週
間の怪我を負っていることから，初犯とはいえ実刑判決のおそ
れも否定できず，Ａが罪証隠滅に及ぶ主観的可能性もある。

3　以上を考慮し，罪証隠滅のおそれがあると判断した。

設問２
　直接証拠とは，主要事実を直接証明する証拠である。Ａが公訴
事実記載の暴行に及んだことを立証する上で下線部ⓑの供述が直
接証拠といえるためには，Ｗが，ＡがＶに暴行を加える様子を直
接現認した旨を供述していなければならない。しかるに，下線部
ⓑの供述は，ＡがＶの腹の上に馬乗りになって右腕を振り上げる
様子を現認した旨を供述するのみで，暴行を加える様子を現認し
た旨は供述していない。したがって，下線部ⓑの供述は直接証拠

● 「罪証を隠滅すると疑うに足りる相当な理由」の存否の判断要素を余すことなく指摘できている。また，検討している事実の量は再現答案①と比べて少ないが，Ｂ子の供述に関する検討ができている点で，設問１に対する解答としては十分だと思われる。

● 本答案も，再現答案②と同じく，要証事実が何であるかをきちんと特定した上で，ⓑの供述は直接証拠ではない旨論じられており，適切である。

とはいえない。他方，下線部ⓑの供述は，ＡがＶに対して暴行に
及びうる勢いがあったことから，ＡがＶに実際に暴行に及んだこ
とを推認させる間接事実を証明するものではある。よって，検察
官は，これを間接証拠と考えている。

設問３
　弁護人は，「当該開示が必要である理由」（３１６条の１５第
３項１号ロ）として，以下の事項を明らかにすべきである。本件
では，ＡとＢ子との供述はＡがＶに暴行を加えたか否かにつき食
い違っているところ，ＶはＡがＶに暴行を加えた旨供述している
ため，Ｖの供述の信用性はＡの防御の観点から重要な事実であ
る。Ｖは，ＡがＶの胸を押した後のことは「記憶にな」いと述べ
ており，Ｖの知覚・記憶の条件には疑いを入れる余地がある。そ
こで，Ｖの供述録取書全体の内容をみて，その内容に一貫性があ
るか，具体的な供述をしているか，といったことを検討するため
に，Ｖの供述録取書の開示は必要である。

設問４
　甲第４号証に貼付された写真は，Ａ役とＶ役の警察官２名が，
ＡがＶの胸を強く押した際のＡとＶの体勢及び動作を再現するも
のである。すると，当該写真は，甲６号証のＶの供述内容を超え
て，Ａが実際に暴行を加えたことを，警察官自らが動作をもって
表現するものといえ，公判廷外の警察官の供述を内容とする「書
面」（３２０条１項）にあたる。そこで，弁護人は，甲第４号証

● 証拠の類型を指摘できていない。

● 甲３号証の信用性を判断するために重要である旨具体的に論述されており，適切である。

● 本答案は，「当該写真は，甲６号証のＶの供述内容を超えて，Ａが実際に暴行を加えたことを，警察官自らが動作をもって表現するもの」としているが，明らかな事実誤認であ

につき同意（３２６条１項）をしないとの意見（刑事訴訟規則
（以下「規則」という）１９０条２項）を述べることで，甲第４
号証に貼付された写真の証拠能力を否定しようとした。

他方，甲第５号証の写真は，Ａと思しき男性が，Ｖと思しき男
性の上に馬乗りになる様子を撮影したものである。この写真は，
暴行を加えたこととの関係では，関連性がないと考える余地があ
る。そこで，弁護人は，甲第５号証の写真は関連性がなく証拠能
力を有しないとして，異議（３０９条１項，規則２０５条１項本
文）を述べた。

設問５(1)

規則１９９条の１２第１項は，証人に写真を示しながら尋問を
する際には，裁判長の許可を要する旨規定する。その趣旨は，写
真等を示しながらの尋問は，証人の証言内容に不当な影響を与え
うるため，裁判長の許可によってその適切性をチェックさせる点
にある。

本件では，証人Ｖは自らＡから胸を押された旨を証言してお
り，当該証言の後に，ＡがＶの胸を押す様子を再現した写真を示
そうとしている。そのため，Ｖの証言内容に不当な影響を与える
とはいえない。

したがって，裁判長は写真を示すことを許可した。

設問５(2)

証人尋問調書に添付された写真の証拠能力は，当該証言内容と

り，不当である。

● 関連性がないとの理由で「異議あ
り」との意見を述べた，という論述
は的確であるが，ここでの異議は刑
訴規則190条２項前段に基づく弁護
人の意見である。

● 供述の明確化という点には言及で
きていない。

---

写真の内容とが無関係である場合には，否定されると解する。な
ぜならば，客観的証拠である写真のもたらすイメージは鮮烈で
あって，証言内容と無関係の写真が添付されれば，当該証拠を取
り調べる者による証言内容の受け取り方も変わってくる可能性が
あり，事実認定に齟齬をきたすおそれがあるからである。

本件では，Ｖは甲第４号証の写真を示されて，同写真を引用し
ながら証言をしている。そのため，Ｖの証言は，当該写真の内容
に沿って行われている以上，写真の内容と無関係とはいえない。

したがって，写真の証拠能力は否定されず，これを事実認定の
用に供することができる。

設問６(1)

1　Ｂ子が証人尋問で取調べと異なる証言をしたことから，検察
官としては，甲第７号証を証拠調べ請求することが考えられ
る。しかるに，甲第７号証の調書は，公判廷外のＢ子の供述を
内容とする書面（３２０条１項）であるから，３２１条１項
２号後段の伝聞例外の要件を満たす必要がある。

2　そこで，以下のように主張すべきである。

(1)　まず，供述者Ｂ子は，「前の供述」と「相反する」証言をし
ている。

(2)　そして，Ｂ子は証言時にＡの子を妊娠していたため，Ａのこ
とをかばって虚偽の供述をする主観的可能性がある。他方，
「前の供述」の取調べ時には，Ｂ子はＡの子を妊娠していな

● そもそも，Ｖの証言と関係のない
写真を示そうとした場合，関連性が
ないとして，裁判長からその写真の
利用を却下されるはずである。

● 「引用された限度において被害再現
写真の内容は証言の一部となってい
ると認められるから，そのような証
言全体を事実認定の用に供すること
ができる」（最決平23.9.14／刑訴百
選［第10版］〔68〕）というのが判例
法理である。

● 具体的な指摘がなく，不十分であ
る。

● Ｂ子が「嘘を話した覚えはない。
録取された内容を確認した上，署
名・押印したものが，甲７号証の供
述録取書である」と供述している点

かったし，事件直後ゆえに記憶も鮮明なままだったと考えられ，供述内容も矛盾点等は見当たらない。

　したがって，同項ただし書の相対的特信情況も認められる。

設問6(2)

　AとVとで供述に食い違いがあることから，AがVの胸を押したか否かは本件の核心的争点といえ，被告人及び被害者以外の第三者であるB子の供述を検討する必要がある。そして，上述のように甲第7号証には相対的特信情況が認められることから，この取調べが行われれば，B子の証言の証明力は覆され，AがVの胸を押したという蓋然性が高まることとなる。そのため，甲第7号証が取り調べられるか否かは，Aの有罪無罪をも左右し得る重大な事項であって，その必要性は認められる。

　検察官は，上記のように釈明（規則208条1項）すべきである。

以　上

※　実際の答案は4頁以内におさまっています。

についても指摘・言及できると良かった。

● 　的確な論理展開がなされており，説得力がある。さらに，甲7号証は，Aの犯行及びVの受傷状況についての唯一の供述である（Vは記憶がなく，Wは注視していなかった）点について指摘できると，より説得力が増した。

▶ MEMO ────────────────────────────────

第1　設問1
　「罪証を隠滅すると疑うに足りる相当な理由」とは，被疑事実に関する罪証隠滅のおそれが具体的・現実的に存する場合に認められる。
　この点，AとBは交際関係にある。そして，Aは被疑事実につき否認しており，しかもその証言はBの証言と食い違う。とすれば，交際関係ゆえの親愛の情から，BがAを助けるため，両者がAに有利に口裏を合わせ，事実に反する証言をするおそれが具体的・現実的に認められるものといえる。
　よって，「罪証を隠滅すると疑うに足りる相当な理由」が認められる。

● 「罪証を隠滅すると疑うに足りる相当な理由」の存否の判断枠組みが抽象的である。また，検討している事実の量が他の答案と比較して少ない。

第2　設問2
　直接証拠とは，その証拠から直接に被疑事実が推認できる証拠をいう。間接証拠とは，被疑事実を推認させる間接事実を推認できる証拠をいう。
　ⓑの供述は，Aはすでに倒れたVに「この野郎」と言いながら殴りかかっている。もし両者に乱闘状況がないならば，倒れている人に向かって怒鳴りながら殴りかかるということは考え難い。とすれば，本事実からはAとVの間に乱闘状況があったという事実を推認させる。この事実は，その乱闘の中でAがVに傷害を負わせたことを推認させる間接事実である。
　よって，本供述は，間接事実を推認させる間接証拠である。

● 定義は正しく述べることができている。

● 本答案は，何が要証事実であるかが不明確である。また，本答案は，ⓑの供述は「AとVの間に乱闘状況があった」という事実を推認させるものとしているが，このような抽象的な事実を要証事実に設定することも不適切である。

第3　設問3
　開示の類型は刑事訴訟法316条の15第1項5号ロである。
　弁護人は，本件でAの暴行はなく，ただVがAを揺さぶった際にVの疾患により自ら転倒したものと主張している。この主張は，Aによって殴られたというVの主張と相反するものである。
　とすれば，その主張の検討に当たって，Vの供述にあたって何らかの誘導・暗示はないかなど，取調べ状況を考慮し，その信用性を検討する必要がある。よって，本証拠は被告人の防御のために重要である。

● 証拠の類型を正しく指摘できている。

● 開示の重要性（316の15Ⅲ①ロ）を明らかにするに当たっては，開示することが，どの検察官請求証拠の証明力を判断するために，いかなる意味で重要であるかを具体的に説明する必要がある。本答案は，甲3号証の指摘ができておらず，重要性が認められる理由も抽象的である。

第4　設問4
　甲4号証は，公判廷外でのVの証言に基づく犯行再現の結果が記されたものであるから，Vの証言の真実性が，犯行状況という立証事実との関係で問題になる伝聞証拠である（刑事訴訟法320条1項）。伝聞証拠は，原則として証拠能力が認められないが，本人の同意（同法326条1項）があれば，例外的に証拠能力を付与することができる。本件でも，甲4号証には原則として証拠能力がない。そして，弁護人は，同意によりその証拠能力を付与する意思もないことを明らかにするために，「不同意」の意見を述べたと考えられる。
　一方，甲5号証は通常の物証であり，原則として証拠能力は認められる。もっとも，証拠能力のある物証であっても，その証拠調べが相当でない場合（刑事訴訟規則205条1項）は，異議の

● いわゆる被害再現写真が伝聞証拠に当たり，弁護人は甲4号証について「同意」（326Ⅰ）しない旨の意見を述べたと論じており，的確である。

申立て（刑事訴訟法３０９条１項）によりその取調べを阻むことができる。本件でも，甲５号証には証拠能力が認められるが，その取調べが相当でなく，これをすべきでないと考えたゆえに，弁護人は異議を申し立てたものと考えられる。

● ここでの異議は刑訴規則190条2項前段に基づく弁護人の意見である。

第５　設問５

１　(1)について

　原則として，証拠物の提示は，証拠採用決定を受けたものに限られる。ただし，証人の供述を明確にする必要のある場合に関しては，証拠採用決定がない書面であっても，裁判長の許可のもと，これを示して証人を尋問することができる（刑事訴訟規則１９９条の１２）。

● 刑訴規則199条の12第１項を摘示できており，適切である。

　本件でも，Ｖの証言はＫビル前歩道上やＡとの距離といった場所的要素が含まれ，これは本人の証言のみでは不明確なものとならざるをえない。そこで，甲４号証貼付の写真撮影報告書をもって，かかる要素を明確にする必要がある。

● 供述の明確化という点にもきちんと言及できており，適切である。

　よって，裁判長としては，本写真を示しての尋問を許可するべきである。

２　(2)について

(1)　甲４号証貼付の写真を事実認定の用に供することができる。

(2)　この点については，あくまで写真の提示は証言を明確にするためで，証拠決定がなされていない以上，事実認定に同写真を用いてはならないとも思える。しかし，刑事訴訟規則１９９条

の１２が書面を提示しながらの尋問を許可するのは，尋問によってその書面が証人の証言の内容となることによる。とすれば，提示書面は別途証拠採用決定を受けていなくとも，証言とともに事実認定の用に供することができると解すべきである。

● 判例（最決平23.9.14／刑訴百選[第10版]〔68〕）を明確に意識した模範的な論述といえる。設問５全体としての解答に限れば，本答案が他の再現答案と比べて一番的確である。

　よって，本件で提示された書面はＶの証言の部分を成すものとして，裁判所はこれを事実認定の用に供することができる。

第６　設問６

１　(1)について

(1)　「相反する」（刑事訴訟法３２１条２項後段）とは，従前の証言と当該証言とで，被疑事実の存否につき反対の結論を導く場合をいう。本件でＢは，警察官に対して「ＡがＶの胸を突き飛ばした」とＡの傷害行為を認める発言をしていたのに，公判廷ではＡがＶを突き飛ばした事実はないとの傷害行為を否定する発言をしているから，両者はＡのＶに対する傷害罪の成否について反対の結論を導く。よって，「相反する」といえる。

● 正しくは，刑事訴訟法321条１項２号後段である。条文の摘示は間違えないようにしたい。

(2)　「前の供述を……特別の状況」とは，相対的特信情況をいい，それは供述の際の外部的状況に照らして判断される。そして，供述の内容も，補助的に外部的状況の判断材料として考慮することができる。

● 相反供述について，端的に事実を摘示できている。

　本件では，事件後にＢがＡの子を妊娠している。とすれば，事件発覚当時以上に，自らと子の生活を守るため，Ａに罪を免れさせる動機が強く認められるといえる。とすれば，その事情

のなかった従前の証言の方がより信用性の高い供述といえる。
　さらに，証言内容としても，従前の証言の方が詳細にわたっており，しかも事件後間もない時期に録取された証言であるから，より新鮮な記憶のもと供述がなされたものと考えられる。Bが従前の供述をよく覚えていないということも，公判廷におけるBの供述が色褪せた記憶のもとなされたものであることを推認させる。
　よって，本件では「前の供述を……特別の状況」が認められる。
2　(2)について
　本件の争点は，AがVを押し倒した事実の存否である。そして，甲7号証は右事実の存在を基礎付ける証言である上に，事件後間もない時間に録取されているから，新鮮な記憶のもとなされたものと考えられる上に，Bからすれば恋人であるはずのAに不利な証言であるから，信用性が高い。
　以上の事実からすれば，本件書面の取調べの必要性は高いものというべきである。

以　上

※　実際の答案は4頁以内におさまっています。

● 相対的特信情況についても，本問の事情を簡潔に指摘できており，適切である。B子が「嘘を話した覚えはない。録取された内容を確認した上，署名・押印したものが，甲7号証の供述録取書である」と供述した点についても言及できると，なお良かった。

● 証拠の「取調べの必要性」と，甲7号証の「信用性」を混同して論じてしまっている。

平成30年

［刑　事］

　次の【事例】を読んで，後記〔設問〕に答えなさい。

【事例】

1　A（２１歳，男性）は，平成３０年５月３０日，「氏名不詳者と共謀の上，平成３０年４月
　２日午前４時頃，H県I市J町２丁目３番K駐車場において，同所に駐車されていたV所有の
　普通乗用自動車（以下「本件自動車」という。）の運転席側窓ガラスを割るなどして，同車を
　損壊した上，同車内にあったV所有の現金２００万円在中の鞄１個及びカーナビゲーションシ
　ステム１台（以下「本件カーナビ」という。）を窃取した。」旨の器物損壊・窃盗被告事件
　（以下「本件被告事件」という。）でH地方裁判所に公訴提起された。

　　Aの弁護人は，同年５月３０日，Aについて保釈の請求をしたところ，ⓐH地方裁判所裁判
　官は，刑事訴訟法第８９条第４号に該当する事由があり，また，同法第９０条に基づく職権に
　よる保釈を許すべき事情も認められないとして，同保釈請求を却下した。

2　その後，本件被告事件は，公判前整理手続に付することが決定され，検察官は，同年６月１
　２日，証明予定事実記載書面を裁判所に提出するとともにAの弁護人に送付し，併せて，証拠
　の取調べを裁判所に請求し，当該証拠を同弁護人に開示した。検察官が取調べを請求した証拠
　の概要は次のとおりである（以下，日付はいずれも平成３０年である。）。

　　・　Vの告訴状（甲１号証）

　　　「本件自動車を壊して，車内にあった現金２００万円が入った鞄や本件カーナビを盗んだ
　　犯人として，Aが逮捕されたと聞いたが，知らない人である。盗難被害のほか，本件自動車
　　の損壊についても，Aの厳しい処罰を求める。」

　　・　K駐車場の実況見分調書（甲２号証）

　　　Vを立会人として行われたK駐車場の実況見分の結果を記載したものであり，同駐車場の
　　位置や広さなどのほか，本件自動車の駐車状況及び被害後の状況を含めた被害現場の状況な
　　どが記載されている。

　　・　Vの警察官面前の供述録取書（甲３号証）

　　　「４月１日午後８時頃，本件自動車をK駐車場に駐車した。本件自動車及び同車内在中の
　　鞄，現金，本件カーナビは，いずれも私が所有するものである。主なもので，その日に銀行
　　から下ろした現金２００万円及び本件カーナビ（時価５万円）の損害のほか，本件自動車の
　　修理代金として，約２５万円の損害が発生しており，犯人を早く捕まえてほしい。」

　　・　W１の警察官面前の供述録取書（甲４号証）

　　　「私は，L県内で中古電化製品販売店を営んでおり，中古電化製品の買取りも行っている。

　４月２日午前１１時頃，Ａとして身分確認をした男性からカーナビゲーションシステム１台を買い取った。今刑事さんと一緒に買取台帳等を確認し，製品番号などから，このとき買い取ったカーナビゲーションシステムが，本件カーナビであることが分かった。本件カーナビは未販売であり，警察に提出する。また，当店では，買取りに際し，自動車運転免許証等で身分確認をしており，本件カーナビを売却した男性についても，自動車運転免許証の提示を求めた上，その写しを作成して保管しているので，その写しや買取台帳の写しも提出する。」

・　警察官作成の捜査報告書（甲５号証）

　　Ｗ１から提出されたカーナビゲーションシステムの写真が添付されており，同カーナビゲーションシステムの製造番号が本件カーナビの製造番号と一致することなどが記載されている。

・　Ａ名義の自動車運転免許証の写し（甲６号証）

　　Ｗ１から提出されたＡ名義の自動車運転免許証の写しであり，乙２号証の身上調査照会回答書記載のＡの生年月日，住所地等と合致する記載がある。

・　Ｗ１から提出された買取台帳の写し（甲７号証）

　　「買取年月日　３０年４月２日」，「顧客名　Ａ」，「商品　カーナビ１台（メーカー名，型番，製造番号）」，「買取代金　３万３０００円」等の記載がある。

・　Ｗ２（男性）の検察官面前の供述録取書（甲８号証）

　　「私は，自宅近くのコンビニエンスストアで買い物をして帰宅する途中の４月２日午前４時頃，Ｋ駐車場前の歩道を歩いていたところ，駐車場内に駐車されていた本件自動車の車内ランプが光っていることに気付き，注視しながら同車に近づいた。同車まで約５メートルの距離まで近づいたところで，黒い上下のウィンドブレーカーを着た身長１７５センチメートルくらいの男が，慌てた様子で，ティッシュペーパーの箱を２つ重ねたくらいの大きさの電化製品に見えるものを持って同車の運転席側のドアから降りてきて，１秒ほど私と目を合わせた。そして，その男が，同車の横に停車していた自動車の助手席に乗り込むや否や，その車は急発進し，私のすぐ左側を通り過ぎ，Ｋ駐車場から出て，左折して走り去った。私は，男たちの行動を不審に感じ，本件自動車に近づいてその様子を見ると，同車の運転席側の窓ガラスが割れていたので，先ほどの男たちが車上荒らしをしたのだと思い，１１０番通報をした。本件自動車から降りてきた男については，１秒ほど目が合ったし，自動車が通り過ぎる際にも助手席側の窓ガラス越しに顔を見たので，その男の顔は覚えている。検事から，『これらの写真に写っている男の中に，あなたが見た男がいるかもしれないし，いないかもしれない。』と説明を受けた上で，３０枚の男性の顔の写真が貼られたものを見せられたが，１２番の写真の男が，顔の輪郭や目鼻立ち，特につり上がった目の感じや左頬のあざなどか

ら，本件自動車から降りてきた男に間違いないと思う。この１２番の写真の男は，知り合い
ではなく，４月２日に初めて見た男である。また，急発進した自動車の運転席には，助手席
に座っていた男とは別の人物が座っていたが，この人物の性別などは分からない。１２番の
写真の男とは知り合いではないものの，私はＫ駐車場の直ぐ隣の一軒家に住んでおり，１２
番の写真の男がその気になれば，私のことを特定したり，私の家を知り得ると思うので，嫌
がらせなどされないかが不安だ。」（末尾に「１２番」とされたＡの写真が含まれた写真台
帳が添付されている）。

・　Ａの警察官面前の供述録取書（乙１号証）

「私は，独身で，３か月前から一人で住所地のマンションに住んでおり，無職である。たま
に，工事現場のガードマンとして短期間のアルバイトをして，生活費を稼いでいる。Ｋ駐
車場には一度も行ったことがない。本件カーナビをＷ１が経営する中古電化製品販売店に売
ったことは間違いないが，それは，Ｂという友人から売却を頼まれて売ったのであり，本件
カーナビや鞄などを盗んだのは私ではないし，本件自動車を壊したのも私ではない。本件カ
ーナビが盗品であることは知らなかった。刑事さんから，犯行日時に，Ｋ駐車場で本件自動
車から出てくる私を見た人がいると聞いたが，人違いではないかと思う。」

・　Ａの身上調査照会回答書（乙２号証）

Ａの氏名，生年月日，住所地などが記載されている。

3　⑥Ａの弁護人は，検察官請求証拠を閲覧・謄写した後，検察官に対して類型証拠の開示の請
　求をし，類型証拠として開示された証拠も閲覧・謄写するなどした上，「Ａが，公訴事実記載
　の器物損壊や窃盗を行った事実はいずれもない。Ａは，友人Ｂから本件カーナビの売却の依頼
　を受けてこれを中古電化製品販売店に売却したが，盗品であることは知らなかった。Ａは，公
　訴事実記載の日時頃，Ｋ駐車場にはいなかった。」旨の予定主張事実記載書を裁判所に提出す
　るとともに検察官に送付し，併せて，検察官に対して主張関連証拠の開示の請求をした。

4　検察官は，本件被告事件について，Ａの公訴提起後も，Ｂなる人物の所在を捜査していたと
　ころ，Ｂの所在が判明し，更に所要の捜査の結果，このＢがＡの共犯者であった疑いが濃厚と
　なった。そうしたところ，６月２６日に，Ａに係る本件被告事件の第１回公判前整理手続期日
　が開かれたが，その後の７月５日，Ｂが，「Ａと共謀の上，４月２日午前４時頃，Ｈ県Ｉ市Ｊ
　町２丁目３番Ｋ駐車場において，同所に駐車されていたＶ所有の本件自動車の運転席側窓ガラ
　スを割るなどして，同車を損壊した上，同車内にあったＶ所有の現金２００万円在中の鞄１個
　及び本件カーナビを窃取した。」旨の器物損壊・窃盗被疑事件で逮捕され，７月６日，Ｈ地方
　検察庁検察官に送致された。Ｂは，その後，勾留中の取調べにおいて，友人Ａと相談の上で，
　本件自動車を壊して本件カーナビなどを盗んだことを認め，さらに，本件自動車から盗んだ鞄
　内には，現金２００万円のほか，アイドルグループのＣＤ１枚（以下「本件ＣＤ」という。）

が在中し，同ＣＤを自宅に置いてある旨述べて，自宅にあったＣＤを，親族を通じて，警察に提出した。検察官は，所要の捜査を遂げ，同月２５日，Ｂについて，被害品を「現金２００万円及び本件ＣＤ在中の鞄１個並びに本件カーナビ」と変更したほかは，逮捕事実と同じ事実で，Ｈ地方裁判所に公訴提起した。

5　その後，検察官は，Ｂに係る事件の捜査を踏まえて，既に公訴を提起していたＡに係る本件被告事件について，ＡとＢが共謀の上で行った事実である旨証明するに足りる証拠や本件ＣＤも被害品である旨証明するに足りる証拠が収集できたものと判断し，©所要の手続を順次行った上，本件被告事件について，下記の甲９号証及び甲１０号証の証拠を追加で取調べ請求し，それらの証拠をＡの弁護人に開示した。

・　Ｖの警察官面前の供述調書（甲９号証）

「Ｂの自宅にあったＣＤを刑事さんから見せてもらったが，私宛てで，私が一番好きなメンバーであるＱのサインが書かれていることから，盗まれた私の鞄の中に入っていたものに間違いない。見当たらなくなっていたので，もしかしたら盗まれた鞄に入っていたのかとも思っていたものの，確信が持てなかったので，当初は被害品として届けていなかった。」

・　Ｂの検察官面前の供述調書（甲１０号証）

「友人であるＡと相談して，いわゆる車上荒らしをやることにし，事前に役割分担を決めた。具体的には，Ａが，マイナスドライバーで，自動車の窓ガラスを割ってドアのロックを外し，車中にある金目の物のほか，カーナビを外して盗み出す役，私が，Ａが助手席に乗る自動車を運転して，現場に行き，Ａが金目の物やカーナビを盗む間に見張りをして，盗み終わった後も運転役をすることを決めた。４月２日午前４時前頃，私が運転する私の自動車でＫ駐車場に行き，本件自動車の運転席側の隣に私の自動車を停めた。その後，助手席から降りたＡが，マイナスドライバーで，本件自動車の運転席側の窓ガラスを割ってドアのロックを外し，車中に入った。私は，エンジンをかけた状態の私の自動車の運転席に座ったまま周囲に注意を払っていた。その後，Ａは，鞄１個のほか，本件カーナビを持って，車外に出てきたが，その際，一人の男性が，私の車の方に近づいてきたのが見えたため，私は，Ａが助手席に飛び乗るや否や，私の自動車を急発進させて，Ｋ駐車場から逃走した。本件カーナビは，Ａが，Ｌ県内の中古電化製品販売店に３万円くらいで売った。現金２００万円及びＡが売却した本件カーナビの売却金については，Ａと二等分した。また，Ａと盗んだ鞄の中には，現金のほか，本件ＣＤが入っていたが，Ａが要らないと言ったので，私がもらって自宅に置いていた。本件ＣＤについても，Ａと一緒に盗んだものに間違いない。」

6　８月２１日に開かれたＡに係る本件被告事件の第２回公判前整理手続期日において，検察官請求証拠に対し，弁護人は，甲８号証及び甲１０号証につき，いずれも「不同意」とし，そのほかの証拠については，いずれも「同意」と意見を述べた。

7　同期日において，Aに係る本件被告事件に関し，検察官は，「共謀状況及び共同犯行状況等」を立証趣旨としてBの証人尋問を，「犯行目撃状況等」を立証趣旨としてW2の証人尋問を請求した。裁判所は，争点を整理した上，弁護人が同意した証拠についていずれも証拠調べをする決定をし，弁護人に対して，B及びW2の証人尋問請求に対する意見を聞いたところ，弁護人は，Bについては，「しかるべく」とし，W2については，「必要がない」旨の意見を述べた。⒟裁判長は，検察官に対し，「Bに加えてW2を尋問する必要性」について釈明を求め，検察官の釈明を聞いた上で，B及びW2につき，いずれも証人として尋問する旨の決定をするなどし，公判前整理手続を終結した。

8　その後，Aに係る本件被告事件については，9月12日に開かれた第1回公判期日において，B及びW2の証人尋問などが行われたところ，同証人尋問において，B及びW2は，それぞれ，甲8号証，甲10号証のとおり証言した。続いて，同月26日，第2回公判期日において，被告人質問等が行われ，10月17日，第3回公判期日において，検察官及び弁護人がそれぞれ意見を述べ，被告人の最終陳述等が行われた上で結審した。


〔設問1〕

　下線部⒜に関し，裁判官が刑事訴訟法第89条第4号の「被告人が罪証を隠滅すると疑うに足りる相当な理由がある」と判断した思考過程を，その判断要素を踏まえ，具体的事実を指摘しつつ答えなさい。


〔設問2〕

　下線部⒝に関し，Aの弁護人は，刑事訴訟法第316条の15第1項柱書き中の「特定の検察官請求証拠」を甲8号証の「W2の検察官面前の供述録取書」とし，その「証明力を判断するために重要であると認められるもの」に当たる証拠として

　　①　本件被告事件の犯行現場の実況見分調書（W2が説明する目撃時の人物等の位置関係，現場の照度などについて明らかにしたもの）

　　②　W2の警察官面前の供述録取書

　　③　本件被告事件の犯行日時頃，犯行現場付近に存在した者の供述録取書

の開示の請求をしようと考えた。弁護人は，同請求に当たって，同条第3項第1号イ及びロに定める事項（同号イの「開示の請求に係る証拠を識別するに足りる事項」は除く。）につき，具体的にどのようなことを明らかにすべきか，①から③の証拠についてそれぞれ答えなさい。


〔設問3〕

　下線部⒞に関し，検察官が順次行った所要の手続について，条文上の根拠に言及しつつ，簡

潔に説明しなさい。

〔設問4〕

下線部④に関し，以下の各問いについて答えなさい。

(1)　検察官は，W2の供述によって「Aが公訴事実記載の器物損壊や窃取に及んだ」という事実を立証しようと考えている。この場合，W2の供述は，直接証拠又は間接証拠のいずれに当たるか，具体的理由を付して答えなさい。

(2)　裁判長が，検察官に対し，「Bに加えてW2を尋問する必要性」について釈明を求めたのはなぜか，条文上の根拠を示しつつ答えなさい。

(3)　検察官は，W2を尋問する必要性について，どのように釈明すべきか答えなさい。

〔設問5〕

Aに係る本件被告事件の公判前整理手続終結後，第1回公判期日前である8月28日，BがVに対して250万円を弁償し，同日，弁償金を受領した旨の領収証がVからBに交付された。Aの弁護人は，9月15日，同領収証の写しを入手したため，これを第2回公判期日において，取調べ請求したいと考えた。この場合における，刑事訴訟法上及び弁護士倫理上の問題についてそれぞれ論じなさい。

　本問は，犯人性が争点となる器物損壊，窃盗事件（共犯事件）を題材に，保釈における罪証隠滅のおそれの判断要素（設問1），類型証拠開示請求の要件（設問2），訴因の変更の請求及び証明予定事実の追加・変更の手続（設問3），器物損壊事実及び窃取事実を認定する証拠構造，証拠の厳選，共犯者供述と第三者供述の信用性の相違に着目した証人尋問の必要性（設問4），公判前整理手続終了後の証拠調べ請求の制限，犯人性を否認している被告人の弁護において共犯者が行った弁償事実に関する証拠を取調べ請求する際の弁護士倫理上の問題点（設問5）について，【事例】に現れた証拠や事実，手続の経過を適切に把握した上で，法曹三者それぞれの立場から，主張・立証すべき事実やその対応についての思考過程を解答することを求めており，刑事事実認定の基本構造，証拠法及び公判手続等についての基本的知識の理解並びに基礎的実務能力を試すものである。

▶ **MEMO**

第1　設問1

1　Aについて，「被告人が罪証を隠滅すると疑うに足りる相当な理由がある」（刑事訴訟法（以下略）89条4号）があるといえるか。かかる判断にあたっては，主観的な罪証隠滅の意思だけでなく，客観的な罪証隠滅の可能性も考慮すべきである。

2　まず，証拠として考えられるのは，被害者Vの証言，本件カーナビを買い取ったW1の証言，目撃者であるW2の証言である。

(1)　被害者Vに関しては，犯人を見ておらず，AもVとは面識がないため，Vに対してAが働きかけを行う可能性は低いといえる。

(2)　次に，W1の証言であるが，W1はAを目撃しており，A名義の免許証により身分確認も行っている。そして，AはW1の店を知っているためW1に接触し働きかけを行うことが可能であるとも思える。もっとも，W1は本件カーナビを警察に提出しており，免許証の写し・買取台帳の写しについてもすでに押収されている。そのため，Vに働きかけを行っても物証が押収されている以上Vの証言によって物証の証拠能力が否定されることは考えづらく，W1への働きかけによる証拠隠滅の客観的可能性は低い。

(3)　では，W2の証言はどうか。W2は犯行の一部を目撃しているものの，Aとは知り合いではなく，AはW2の所在を知り得ないため，証拠隠滅の客観的可能性がないとも思える。

　　もっとも，W2はAと1秒ほど目が合ったと証言しており，逆にAもW2の顔を認識していると考えられる。また，W2が現場となったK駐車場のすぐ隣の一軒家に住んでおり，AがW2を探しにK駐車場を再び訪れた

際にW2と偶然鉢合わせになる可能性も考えられるし，W2の特徴をAが覚えていればその特徴からW2を探し出すことも不可能であるとは言えない。そのため，客観的な証拠隠滅の可能性がないとはいえない。

　　そして，Aは犯行を否認しており，W2の証言が重要な証拠価値を有している点からすれば，主観的な証拠隠滅の意思も否定できない。そのため，W2への働きかけの危険があることをもって，「被告人が罪証を隠滅すると疑うに足りる相当な理由がある」と認められる。

第2　設問2

1　まず，類型証拠開示（316条の15第1項）においては，「証拠の類型」（同条3項イ）及び開示の必要性・相当性（同項ロ）を主張することが必要である。

2(1)　①について，実況見分調書は，「321条3項に規定する書面」（同条1項3号）にあたると考える。321条3項は検証の結果を記載した書面を対象としているところ，実況見分調書と検証は強制か任意かの違いしかなく，捜査官によって作成されたものであるため信用性も担保されているといえるからである。

(2)　そして，W2が現場の状況を説明した実況見分調書は，実際にW2が目撃した状況を示すものであり，明るさや距離などW2の犯行現場の視認状況を図る上で重要なものであるため，必要性を満たす。そして，実況見分調書はすでに作成されているものであり，特別な捜査も必要ない上，W2のプライバシーを侵害するようなものでもないため開示を行うことにより生じる弊害は小さく，開示の必要性が大きいため，相当であるといえる。

● 　一般的に，「罪証を隠滅すると疑うに足りる相当な理由」の存否は，①罪証隠滅の対象・態様，②罪証隠滅の客観的可能性（罪証隠滅行為が実行可能であること），③罪証隠滅の主観的可能性（具体的な罪証隠滅行為に出る意図を持ち得ること）を検討して判断する。

● 　本答案は，上記判断要素を踏まえて，本問事案の事実を摘示・評価できている。もっとも，本件が共犯事件であることを踏まえて，共犯者との口裏合わせの可能性があることや，Aについて保釈の請求がされた時点ではいまだに押収されていない現金200万円及び鞄1個の毀棄・隠匿の可能性にも言及できれば，さらに高く評価されたものと考えられる。

● 　犯行を否認することそれ自体が罪証隠滅の可能性を高めると論述するだけでは，説得力に欠ける。ここでは，本件が共犯事件であることや，再現答案②のように，本件被告事件の重大性に着目するなどして罪証隠滅の主観的可能性を検討すべきである。

● 　書面①（本件被告事件の犯行現場の実況見分調書）は316条の15第1項3号に該当するところ，本答案は適切な理由も述べつつ，書面①が316条の15第1項3号に該当することを論述することができている。

(3) そのため，①の開示請求は認められるべきである。

3(1) ②について，Ｗ２の警察官面前調書は，検察官が取り調べを請求した供述録取書等の供述者であって，３２６条の同意が得られない場合には証人として尋問を請求することを予定している者の供述録取書等（同項５号ロ）にあたる。Ｗ２の供述書は検察官により取り調べ請求されており，目撃証言の重要性から弁護人が同意しない場合には証人尋問が請求されることが予測されるからである。

(2) そして，Ｗ２の供述の変遷があるかどうかは，Ｗ２の供述の信用性を判断する上で重要であり，必要性を満たす。また，Ｗ２への聴取は既に終わっていると考えられるし，プライバシー侵害についても検察官面前調書が開示されている以上特段の危険性は考えられない。そのため，相当性も認められる。

(3) したがって，②の開示請求は認められるべきである。

4(1) ③について，他の目撃証言については，被告人以外の供述録取書等であり，検察官がＷ２の供述録取書により証明しようとする事実の有無に関する供述であるとして，３１６条の１５第６号にあたる。

(2) そして，Ｗ２の供述の信用性を判断するために，Ｗ２以外の目撃者の証言とＷ２の証言との整合性を確認することが重要であり，必要性を満たす。また，他の目撃証言をすでに聴取していれば，特段開示に困難な事情は認められないし，プライバシー侵害についても開示によって必ず証人尋問等の手続きが行われるとも言い切れない以上格別の不利益があるとも認められない。そのため，相当性も認められる。

(3) したがって，③の開示請求は認められるべきである。

第3 設問3

まず，甲9号証・甲10号証所定の書面については検察官が新たな証拠を入手した場合にあたるため，新たに保管するに至った証拠の一覧表の交付をしなければならない（３１６の１４第５項）。

次に，検察官はＡの事件についてＡとＢが共謀の上で行ったものと考えており，その証明を行うために甲9号証・甲10号証の請求を行おうとしているため，証明予定事実の変更があるとして，変更すべき証明予定事実記載書面を裁判所に提出し，及び被告人又は弁護人に送付しなければならない（３１６の２２第１項）。検察官はかかる手続を行う必要があると考える。

第4 設問4

1 (1)について

(1) 直接証拠とは，要証事実を直接証明することができる証拠のことを指す。そして，本問については「Ａが公訴事実記載の器物損壊や窃取に及んだ」という事実が要証事実である。

(2) 本件では，Ｗ２は男性がＶ所有の車から電化製品のようなものを持って降りてきて，隣に止めてあった車に乗り込み走り去っていったことを目撃している。そして，Ｗ２は男性と1秒程度目を合わせており男性がＡであることは確認しているものの，Ａが車の窓ガラスを割ったところ，またＡがカーナビ及び鞄1個を窃取したところは見ておらず，実行行為についての視認をしていないため，Ｗ２の供述によって主要事実を立証することはできない。そのため，Ｗ２の供述は直接証拠に当たらず間接証拠である。

● 本答案は，適切な理由も述べつつ，書面②が316条の15第1項5号ロに該当することを論述することができている。

● ここでは，抽象的には，書面②はＷ２の供述の変遷の有無ないし一貫性を明らかにするものであるから，Ｗ２の供述の信用性を判断するために重要である旨述べることになる。本答案は，この点について適切に論述できている。

● 本答案は，書面③が316条の15第1項6号に該当することを指摘できており，簡潔ながら，その理由も述べることができている。また，書面③はＷ２以外の目撃供述等を示すものであり，これとＷ２の目撃供述との整合性を明らかにするものであるから，Ｗ２の供述の信用性を判断するために重要である旨指摘できている。

● 出題趣旨によれば，設問3では，訴因変更の請求及び証明予定事実の追加・変更の手続について解答することが求められていた。本答案は，訴因変更の請求について論述できていない点で，不適切である。

● 直接証拠とは，本答案も論述するとおり，要証事実を直接証明する証拠をいう。また，間接証拠とは，要証事実の存否を推認する事実（間接事実）を証明する証拠をいう。本答案は，Ｗ２の供述を具体的に考察して直接証拠ではない旨を適切に論述できている点は高く評価されたものと思われるが，間接証拠に当たる具体的な理由まで検討できていれば，さらに高く評価されたものと考えられる。

2　(2)について

　　証人も証拠にあたり、また検察官には証拠調べ請求を行うことが認められている（298条）。もっとも、証拠調べが請求された場合には相手方に意見を聴くことが求められており（規則190条2項）、また無制限に証拠調べ請求を認めれば真実発見、訴訟経済の観点から問題がある。そこで、証拠調べが認められるためには証拠調べを行う必要性を主張することが必要である。そのため、裁判所が訴訟指揮権（294）として釈明権を行使し、検察官に対し証拠調べの必要性について釈明を求めたと考える。

3　(3)について

　　まず、Bの証言によってのみでAの公訴事実について立証が可能であるから、さらにW2の尋問を行う必要がないとも思える。

　　もっとも、BはAの共犯者であり、共犯者の自白は自白法則の適用はなくそれのみで有罪立証が可能であるが、共犯者の自白には巻き込み供述の可能性があり虚偽供述の可能性が高い。また、そもそもBの供述の信ぴょう性が低い場合には、Aの有罪立証がBの証言のみではなされない可能性がある。そのため、第三者でありAの犯行の一部を現認しているW2の証言によってBの供述を補完ないし補充する必要がある。

　　そのため、W2の尋問を行う必要性は認められると釈明する。

第5　設問5

1　まず、刑事訴訟法上の問題点について、弁護人は第2回公判期日においてBがVに対して被害弁償を行ったことを示す領収証について証拠調べ請求を行うことを考えているところ、本事件は公判前整理手続に付されてい

るため、証拠制限によって証拠調べ請求は認められないのではないか（316の32第1項）。

　　もっとも、同領収証が作成されたのは第1回公判期日前である8月28日であるが、Aの弁護人がこれを入手したのは9月15日であり、第1回公判期日である9月12日よりも後である。そのため、Aの弁護人が公判前整理手続において同領収証を証拠調べ請求することは不可能であったといえるため、「やむを得ない事由」があったと認められる。

　　そのため、例外的に証拠調べ請求が認められこの点は問題とならない。

2　次に、弁護士倫理上の問題点について、Aは公訴事実について否認しているにもかかわらず、同領収証を証拠調べ請求することは弁護士倫理上許されるか。

　　ここで、同領収証の証拠調べを行うことは、Aが器物損壊・窃盗における犯人であることを認めたうえで情状酌量のためになされるものである。そのため、Aが犯人性について否認していることと矛盾する。そして、弁護士は依頼人の意思を尊重する必要がある（弁護士職務基本規程22条）ため、かかる義務に違反するものとして問題がある。

　　そのため、弁護人の行為は弁護士倫理上許されず、Aに罪を認めて情状酌量を求める方が利益になることを説明し説得した上で同領収証の証拠調べ請求を行うべきである。

以　上

※　実際の答案は4頁以内におさまっています。

● 　出題趣旨によれば、ここでは「証拠の厳選」（刑訴規189の2）を指摘する必要があった。詳細なコメントについては、再現答案③参照。

● 　出題趣旨によれば、ここでは共犯者供述と第三者供述の信用性の相違に着目した証人尋問の必要性について具体的に検討することが期待されていた。本答案は、この点について具体的に検討できており、説得的な論述として高く評価されたものと思われる。

● 　出題趣旨によれば、設問5では、①公判前整理手続終了後の証拠調べ請求の制限（316の32Ⅰ）、②犯人性を否認している被告人の弁護において共犯者が行った弁償事実に関する証拠を取調べ請求する際の弁護士倫理上の問題点について、具体的に検討することが求められていた。本答案は、上記①について条文を正しく摘示し、本問事案の具体的な事実を適切に指摘しつつ、「やむを得ない事由」があったことを論述しており、優れた答案といえる。また、上記②についても、弁護士職務基本規程22条を摘示して具体的な考察ができている点で、非常に高く評価されたものと推察される。

# ▶ MEMO

第1　設問1について

1　「被告人が罪証を隠滅すると疑うに足りる相当な理由」（刑事訴訟法（以下法名省略）８９条４号）は，犯罪の軽重，被告人の態度，共犯者の有無等を総合的に考慮してその存否を決する。

2　これを本件についてみると，Aには共犯者が存在することがW2の供述より窺われるが，その者はいまだ判明しておらず身柄を拘束されていないから，Aの保釈によりその者と口裏を合わせるおそれが高い。また，W2はいまだ証人尋問されておらず，検察官面前調書があるのみであるから，AがW2に働きかけて証言を変えるよう強要するおそれもある。本件の公訴事実は器物損壊及び窃盗という重大なものであり，Aは犯行を否認しているから，保釈されれば今後の不利益を避けるために罪証隠滅をする主観的可能性は高い。

3　以上より，Aについて「被告人が罪証を隠滅すると疑うに足りる相当な理由」が認められる。裁判官の思考過程は以上のようなものである。

第2　設問2について

1　証拠①について

(1)　３１６条の１５第３項１号イの「第一項各号に掲げる証拠の類型」については，実況見分調書は強制処分たる検証と同様の性格を有するから，３２１条３項に規定する書面に「準ずる書面」といえる。したがって，３１６条の１５第１項３号に当たると明らかにすべきである。

(2)　３１６条の１５第３項１号ロについては，W2の本件犯行の目撃は午前４時であり，外は暗いため，目撃が可能であったかどうかがW2の供述の信用性に大きく関わる。その信用性判断のために，証拠①の開示が必要であるということを明らかにすべきである。

2　証拠②について

(1)　同号イについては，３１６条の１５第１項６号に当たると明らかにすべきである。

(2)　３１６条の１５第３項１号ロについては，W2の検面調書と証拠②の間に供述の変遷及び具体化がある場合，W2の検面調書の信用性判断に大きく関わる。その信用性判断のために，証拠①の開示が必要であるということを明らかにすべきである。

3　証拠③について

(1)　同号イについては，３１６条の１５第１項６号に当たると明らかにすべきである。

(2)　３１６条の１５第３項１号ロについては，W2の検面調書での供述内容が，証拠③での供述内容と整合していない場合，W2の検面調書の信用性判断に大きく関わる。その信用性判断のために，証拠③の開示が必要である，という

● 保釈における罪証隠滅のおそれの判断要素については，再現答案①コメント参照。

● 本答案は，W2の供述から本件が共犯事件であることに着目し，共犯者との口裏合わせの可能性を指摘できている点で，他の答案よりも優れている。

● なお，勾留にも同様の要件（「罪証を隠滅すると疑うに足りる相当な理由」）が規定（６０Ⅰ②）されており，保釈における同様の要件と理論的な意義では差異はないと解されているが，勾留は証拠収集段階であるのに対し，保釈は起訴後であるため，通常は罪証隠滅のおそれは低下するはずだとする見解もある。いずれにせよ，本問事案の事実を摘示し，具体的な評価を加えて論理的に結論を導くことが求められる。

● ここでは，抽象的には，書面①はW2の視認状況（正確な距離，明るさ，遮へい物の有無等）を明らかにするものであるから，W2の供述の信用性を判断するために重要である旨述べることになる。本答案は，書面①がW2の供述の信用性に大きく関わる旨指摘できており，適切な論述といえる。

● 本答案は，書面②を３１６条の１５第１項６号に当たるとしているが，誤りである。書面②の供述者はW2であり，本問事案において，弁護人が甲８号証を不同意とした結果，検察官はW2の証人尋問を要求している。したがって，書面②は３１６条の１５第１項５号ロに該当する。

● 書面③が３１６条の１５第１項６号に当たることは指摘できているが，

ことを明らかにすべきである。

第3　設問3について

　検察官は訴因変更手続（３１２条１項）を行ったと考えられる。具体的には，検察官が訴因変更請求を記した書面を謄本１部を付して裁判所に提出し（刑事訴訟規則（以下「規則」という。）２０９条１項，２項），その後の公判期日においてこれを検察官が朗読（規則同３項）した。

第4　設問4について

1　(1)について

　(1)　直接証拠とは，刑罰権の存否及びその範囲を画定するために必要な事実たる主要事実を直接証明する事実をいう。

　(2)　そして，本件Ｗ２の供述はＡが電化製品に見えるものを持っているのを見たという，Ａと窃盗の犯人の同一性を直接証明する証拠であるので，直接証拠である。

2　(2)について

　裁判長は，必要と認めるときは訴訟関係人に対して釈明を求めることができる（規則２０８条１項）ところ，ＢはＡの共犯者であり，その検面調書によって，Ａがガラスを割った旨及び本件カーナビを社外に持ち出したという主要事実を証明できるため，これと内容が重複すると思われるＷ２の証人尋問は不要であるとも考えられるため，その関連性及び必要性を確認するために釈明したものと考えられる。

3　(3)について

　Ｂは，Ａと共犯であるため，Ａのために供述を検面調書の内容と異なるものにする可能性がある。そのため，Ｗ２を証人尋問することで，Ｗ２の証言を法廷の記録として固定する必要がある。

第5　設問5について

　本件では公判前整理手続が終結しているため，証拠調請求ができないのが原則である（３１６条の３２第１項）。もっとも，本件では公判前整理手続が８月２１日に終結しており，Ａの弁護人が領収証の写しを入手したのが９月１５日であるため，「やむを得ない事由」によって公判前整理手続において同領収証を証拠調請求できなかったといえる。このため，証拠調請求できる。

以　上

理由が述べられていない。

● 本答案は，訴因変更の請求について論述できている点で，出題趣旨に合致する。もっとも，証明予定事実の追加・変更の手続（316の21Ⅰ）については論述できていない。

● 直接証拠の意義を正確に提示できている。

● Ｗ２の供述の要証事実は，設問4・小問(1)のとおり，「Ａが公訴事実記載の器物損壊や窃盗に及んだ」という事実である。本答案は，要証事実の把握を誤っている上に，Ｗ２の供述は上記要証事実を直接証明するものではない（再現答案①参照）ので，「直接証拠」であるとする点も誤りである。

● 出題趣旨によれば，ここでは「証拠の厳選」（刑訴規189の２）を指摘する必要があった。詳細なコメントについては，再現答案③参照。

● 出題趣旨によれば，設問5では，①公判前整理手続終了後の証拠調べ請求の制限（316の32Ⅰ），②犯人性を否認している被告人の弁護において共犯者が行った弁償事実に関する証拠を取調べ請求する際の弁護士倫理上の問題点について，具体的に検討することが求められていた。本答案は，上記①については適切に論述できているものの，上記②については何ら言及できておらず，不十分である。

平成30年

第1　設問1

1　「罪証を隠滅すると疑うに足りる相当な理由」については，「罪証」たる対象，「隠滅」の態様，その主観的可能性及び客観的可能性を判断要素として決すべきである。

2(1)　「罪証」のうち，人証としては，本件ではＷ２が考えられる。

(2)　また，「罪証」のうち，物証としては，本件では本件カーナビ，本件ＣＤ，被害品である現金２００万円及びＶの鞄が考えられるが，本件カーナビと本件ＣＤについては既に押収されており，現金２００万円についても既に費消されていると考えられるため，「隠滅」の対象としてはＶの鞄のみが挙げられる。

3(1)　Ｗ２については，「隠滅」の態様として，Ｗ２を脅迫することによって，Ａに不利な証言を撤回させ，Ａに有利な証言をさせることが考えられる。

　また，本件では，ＡはＷ２の証言に対し，「人違いではないかと思う」として現場にいたことを否認しているため，主観的可能性は認められ，Ｗ２はＫ駐車場の直ぐ隣の一軒家に住んでおり，Ａはその気になれば，Ｗ２のことを特定したり，Ｗ２の家を知り得ることから，客観的可能性も認められる。

(2)　Ｖの鞄については，捨てるなどの態様が考えられ，Ａが自己の犯行を否認していることやＶの鞄を捨てることは容易であることから，主観的，客観的可能性が認められる。

4　以上より，Ａは，「罪証」たるＷ２やＶの鞄を，脅迫や捨てるなどの態様により，「隠滅すると疑うに足りる相当の理由」がある。

第2　設問2

1　①について

(1)　「証拠の類型」（刑訴法（以下省略）３１６条の１５第１項１号イ）としては，「３２１条３項に規定する書面……に準ずる書面」（３１６条の１５第１項３号）にあたると主張する。

　なぜなら，実況見分調書は，実況見分が，五官の作用により，物の形状を感知するという検証と同一の性質を有するため，検証調書に準ずる書面といえるからである。

(2)　「必要である理由」としては，本件では，Ｗ２が犯人を目撃したのは，午前４時頃のＫ駐車場という暗い状況であったと考えられ，Ｗ２の目撃証言が正確なものであるかを判断しなければならないと主張する。

2　②について

(1)　「証拠の類型」としては，３１６条の１５第１項６号にあたると主張する。

(2)　「必要である理由」としては，通常，検面調書よりも，員面調書の方が先に作成されるため，Ｗ２の記憶がより鮮明であり，甲８号証での供述とは異なる供述が含まれている可能性があることを主張する。

● 保釈における罪証隠滅のおそれの判断要素を適切に提示できている。

● 本件が共犯事件であることはＷ２の供述調書（甲８号証）からも明らかであるから，共犯者との口裏合わせにも言及したいところであった。

● Ｗ２に対する罪証隠滅行為の客観的・主観的可能性が認められることに言及できている点は適切であるが，Ｗ２の供述内容にも着目し，Ｗ２の供述内容がＡにとって最も不利であることも踏まえて検討できれば，より高く評価されたものと推察される。

● 本答案は，適切な理由も述べつつ，書面①が３１６条の１５第１項３号に該当することを論述することができている。

● 書面①の開示を求めた最も重要な理由は一応押さえられている。

● 再現答案②と同様のミスをしている。また，書面②が３１６条の１５第１項６号に当たるとする理由も述べられていない。

3　③について

(1)　「証拠の類型」としては，３１６条の１５第１項６号にあたると主張する。

(2)　「必要である理由」としては，本件では，Ａは本件被告事件当時，犯行現場にいたことを否認しており，甲８号証でのＷ２の目撃証言以外に，犯行現場付近に存在した者がＡを目撃していなければ，Ｗ２の目撃証言は見間違いであった可能性があるということを主張する。

第3　設問3

1　本件では，検察官はＢに係る事件の捜査を踏まえて，本件被告事件について，ＡとＢが共謀の上で行ったという事実を新たに証明しようとしている。

そのため，「証明予定事実を追加……する必要があると認められるとき」（３１６条の２１第１項）にあたる。

2　したがって，検察官は，所定の手続として，３１６条２１第１項より，証明予定事実を記載した書面を裁判所に提出し，被告人または弁護人に送付しなければならず，同条３項より，追加すべき証拠として，甲９号証及び甲１０号証の取り調べを請求しなければならない。

第4　設問4

1　小問(1)

間接証拠である。

● 書面③が316条の15第１項６号に当たることは指摘できているが，理由が述べられていない。

● 本答案は，書面③が甲８号証の証明力を判断するために重要であることについて，自分なりに具体的に考察して検討できている。

● 本答案は，証明予定事実の追加・変更について論述できている点で，出題趣旨に合致する。もっとも，訴因変更の請求（312Ⅰ）については論述できていない。

なぜなら，Ｗ２は，ＡによるＶ所有の鞄や本件カーナビの窃取を直接目撃したわけではなく，Ａが本件自動車から降りてくるところを目撃したにすぎないため，Ｗ２の供述は，Ａの犯行後の行動（後足）というＡの犯人性を基礎づける間接事実を証明するものに過ぎないからである。

2　小問(2)

裁判長が検察官に釈明を求める条文上の根拠は，刑訴規則（以下規則）２０８条１項であり，規則１９９条の１４第１項より，「立証すべき事項…について尋問する場合には，その関連性」を明らかにする必要があるところ，本件では，ＢはＷ２の供述と同じ趣旨の供述をしていることから，Ｂに加えてＷ２を尋問することは，「立証すべき事項」との関連性が認められないと考えられるため，釈明を求めた。

3　小問(3)

確かに，ＢはＷ２と同趣旨の供述をしており，Ｂに加えてＷ２を尋問する必要はないとも思えるが，ＢはＡと共犯関係にあり，Ａに不利な供述をする引っ張り込みの危険が高いといえ，そのような供述については，その信用性が低いといえる。

そのため，Ｂに加えてＡと利害関係を有しないＷ２を尋問する必要があると釈明すべきである。

第5　設問5

本件では，８月２１日に，Ａに係る本件被告事件の公判前整理

● 間接証拠の意義を提示できると，より的確な論理展開が可能であった。

● 本答案も，再現答案②と同じく，要証事実を正しく把握できていない（器物損壊の事実を把握し忘れている）が，結論としては正しい。

● 出題趣旨によれば，ここでは「証拠の厳選」（刑訴規189の２）を指摘する必要があった。すなわち，裁判所は，刑訴規則189条の２の趣旨に照らせば，証拠の採否に当たり，その必要性について厳格に吟味することが求められており，特に立証趣旨を同じくするような証拠が複数ある場合は，請求者に説明を求めて，その必要性を十分に吟味しなければならない。そのため，裁判長が検察官に「Ｂに加えてＷ２を尋問する必要性」について釈明を求めたものと考えられる。

手続が終結していることから，Ａの弁護人が，９月１５日にＶからＢに交付された領収証の証拠調べ請求をすることは，３１６条の３２第１項より認められないとも思える。

　もっとも，本件では，上記の公判前整理手続終結後の８月２８日に，ＢがＶに対して２５０万円を弁償し，同日，弁償金を受領した旨の領収証がＶからＢに交付され，Ａの弁護人は，９月１５日に同領収証を入手している。

　そのため，公判前整理手続において，Ａの弁護人が同領収証を証拠調べ請求することは不可能であるといえ，「やむを得ない理由」があるといえる。

　したがって，同領収証の取り調べ請求は認められる。

以　上

※　実際の答案は４頁以内におさまっています。

● 出題趣旨によれば，設問５では，①公判前整理手続終了後の証拠調べ請求の制限（316の32Ⅰ），②犯人性を否認している被告人の弁護において共犯者が行った弁償事実に関する証拠を取調べ請求する際の弁護士倫理上の問題点について，具体的に検討することが求められていた。本答案は，上記①については適切に論述できているものの，再現答案②と同様，上記②については何ら言及できておらず，不十分である。

▶ **MEMO**

設問1
1　刑訴法89条4号の「被告人が罪証を隠滅すると疑うに足りる相当な理由」判断は，隠滅の対象，態様，客観的可能性，主観的可能性を判断要素として判断される。
2　本件においては，Aが犯したと思料される窃盗事件及び器物損壊事件におけるW2の供述が罪証隠滅の対象となっている。そして，本件においては，W2が証人として，Aが犯行現場にいた旨を供述しており，W2を威迫するなどの態様によりその供述を変えさせるという態様での隠滅が考えられる。また，W2はK駐車場のすぐ隣の家に住んでいるところ，AがW2の住所を知ることは容易であり，Aに対し威迫する等により証拠を隠滅する客観的可能性が認められる。また，Aは犯行を否認しているとともに，犯行現場にいたことを否定しており，W2の供述内容と相反する主張をしているところ，その主観的可能性も認められる。
3　以上のような判断要素を判断するという思考過程を経て，裁判官は，「被告人が罪証を隠滅すると疑うに足りる相当な理由」があると判断したと考えられる。

設問2
1　証拠①について
　まず，刑訴法316条の15第3項1号イの事項としては，実況見分調書は「刑訴法321条3項」の検証調書に「準ずる書面」であるとして，刑訴法316条の15第1項3号に当たると

● 保釈における罪証隠滅のおそれの判断要素を適切に提示できている。

● 本答案は，W2の他にも罪証隠滅の対象となるべき証拠が存在するにもかかわらず，W2に対する罪証隠滅しか検討できていない。そのため，本答案は，再現答案①②③と比較して最も検討の量が少なく，相対的に低く評価されたものと思われる。

主張すべきである。そして，同条3項1号ロの事項として，W2が犯行現場にAを目撃することが客観的に可能であったか否かによりその証言の信用性は大きく左右されるので，「重要」であると主張すべきである。
2　証拠②について
　まず，同条3項1号イの事項としては，W2は，「検察官が取り調べを請求した供述録取書等の供述者」であり，「証人として尋問を請求することを予定しているもの」であり，その者の警察官面前の「供述録取書」であるから，同条1項5号ロに当たると主張すべきである。また，同条3項1号ロの事項としては，W2の供述が警察官面前におけるものと検察官面前におけるもので異なる場合，供述が変遷していることとなりその証明力は弱くなるため，「重要」であると主張すべきである。
3　証拠③について
　まず，同条3項1号イの事項としては，「被告人以外の者の供述録取書」であり，W2の供述録取書により「直接証明しようとしている」犯行現場にAがいたことという「事実の有無に関する供述を内容とするもの」にあたるとして，同条1項6号にあたると主張すべきである。また，同条3項1号ロの事項については，他の供述者がW2の供述と矛盾する内容の供述をしていた場合，W2の供述の信用性は弱くなるため，「重要」であると主張すべきである。

● 書面①が316条の15第1項3号に当たることは指摘できているが，理由を述べることができていない。答案政策上，端的に示すだけでも構わないので，理由は述べた方が良い。

● 再現答案①と同様に，適切な理由を付して，書面②が316条の15第1項5号ロに該当することを述べた上で，書面②はW2の供述の変遷の有無ないし一貫性を明らかにするものであるから，W2の供述の信用性を判断するために重要である旨指摘することができている。

● 本答案は，適切な理由を付して，書面③が316条の15第1項6号に該当することを述べた上で，書面③はW2以外の目撃供述等を示すものであり，これとW2の目撃供述との整合性を明らかにするものであるから，W2の供述の信用性を判断するために重要である旨指摘することができている。

設問3
　刑訴法３１６条の３２第１項は，原則として，公判前整理手続終了後の証拠の提出を禁じている。そうすると，本件においては既に公判前整理手続が終了しているとみられるので，原則としてその証拠提出は認められない。
　もっとも，「やむを得ない事由」（刑訴法３１６条の３２）がある場合にはこの限りでないところ，甲９号証及び１０号証は，公判前整理手続が終了した後に初めて検出された証拠であるため，「やむを得ない事由」が認められる。
　したがって，検察官は，「やむを得ない事由」がある旨を明らかにしたうえで，証拠調べ請求を行ったものである。
設問4(1)
1　直接証拠とは，犯罪事実を直接に推認させる証拠をいう。そして，犯罪事実を直接推認させるというためには，犯罪事実を構成する事実全てについて推認させるものである必要がある。
2　本件におけるＷ２の供述では，Ａが車の窓ガラスを割ったという器物損壊を構成する事実については現認したものではなく，直接推認させるものではない。本件においては，窃盗罪及び器物損壊罪が公訴事実となっている。
3　よって，Ｗ２の供述は，直接にＡの犯罪事実を推認させるものではなく間接証拠にあたる。
設問4(2)

　本問における裁判官の釈明は，証拠として採用するか否かの「決定」にあたるところ，裁判官は「訴訟関係人の陳述を聴かなければならない」ものである（刑訴規則３３条１項）。
　したがって，裁判官は同規定に基づき釈明を求めたものである。
設問4(3)
　本件において，Ｂの供述とＷ２の供述はその客観的状況において内容が相当程度に一致している。そうすると，Ｗ２の供述によりＢの供述を補強できる。そして，Ｂの供述は犯罪を構成する事実の全てを推認させる直接証拠にあたるところ，このような直接証拠型の認定の場合，その信用性が非常に重要となるので，その信用性を基礎付けるＷ２の供述を証拠とする必要性は高く認められる。
　よって，Ｗ２を尋問する必要性が認められる。
設問5
1　まず，当該証拠提出は，公判前整理手続終了後のものなので，刑訴法３１６条の３２第１項により原則として，認められない。
　しかし，当該証拠は，手続が終了した後に初めて顕出されたものであるから，手続の中で証拠提出することが不可能であり，「やむを得ない事由」が認められる。
　したがって，刑訴法上は問題とならない。
2　もっとも，被害弁償金は有罪を前提として情状弁護の点において被告人にとって有利であるが，Ａは犯罪そのものを否認している。このような依頼者の意思に沿わない弁護活動をすることは許

● 出題趣旨によれば，設問３では，訴因変更の請求及び証明予定事実の追加・変更の手続について解答することが求められていた。本答案は，訴因変更の請求について論述できていない点で，不適切である。
　なお，下線部ⓒが行われた時点では，まだ公判前整理手続は終了していないため，本答案は事実誤認というミスも犯している。

● 本答案は，再現答案①ほど具体的にＷ２の供述を考察できているわけではないが，直接証拠に当たらない具体的な理由を述べている点で，適切である。もっとも，間接証拠に当たる具体的な理由についても言及できれば，なお良かった。

● 出題趣旨によれば，ここでは「証拠の厳選」（刑訴規189の２）を指摘する必要があった。詳細なコメントについては，再現答案③参照。

● 出題趣旨によれば，ここでは共犯者供述と第三者供述の信用性の相違に着目した証人尋問の必要性について具体的に検討することが期待されていた。本答案は，この点を意識した論述できていない。

● 出題趣旨によれば，設問５では，①公判前整理手続終了後の証拠調べ請求の制限（316の32Ⅰ），②犯人性を否認している被告人の弁護において共犯者が行った弁償事実に関する証拠を取調べ請求する際の弁護士倫理上の問題点について，具体的に検討することが求められていた。本答案は，上記①について条文を正しく摘示し，端的に「やむを得ない事由」があったことを論述できてい

平成30年

されるか。

　この点について，弁護士は誠実義務（基本規程５条）を負っている一方で，依頼者の意思を尊重しなければならない（基本規程２２条１項）。そして，誠実義務が定められている趣旨は，弁護士の職務に対する信頼を維持するところにあるところ，当該信頼を維持するためには，依頼者の意思に沿わなければならない。したがって，依頼者が無罪を主張している場合において，有罪を前提とする弁護活動を行うことは許されないと解すべきである。

　本件では，依頼者は犯罪を否認しているにもかかわらず，情状弁護という有罪を前提とする弁護活動を行うこととなる。

　よって，本件証拠の取り調べ請求は，基本規程２２条１項に反するものである。

以　上

※　実際の答案は４頁以内におさまっています。

る。また，上記②についても，弁護士職務基本規程22条を摘示して具体的な考察ができている点で，再現答案②③よりも優れている。

令和元年

［刑　事］

次の【事例】を読んで，後記〔設問〕に答えなさい。

【事例】

1　A（25歳，男性）及びB（22歳，男性）は，平成31年2月28日，「被疑者両名は，共謀の上，平成31年2月1日午前1時頃，H県I市J町1番地先路上において，V（当時35歳，男性）に対し，傘の先端でその腹部を2回突いた上，足でその腹部及び脇腹等の上半身を多数回蹴る暴行を加え，よって，同人に，全治約2か月間を要する肋骨骨折及び全治約3週間を要する腹部打撲傷の傷害を負わせた。」旨の傷害罪の被疑事実（以下「本件被疑事実」という。）で通常逮捕され，同年3月1日，検察官に送致された。

　送致記録に編綴された主な証拠の概要は以下のとおりである（以下，日付はいずれも平成31年である。）。

①　Vの警察官面前の供述録取書

　「2月1日午前1時頃，H県I市J町1番地先路上を歩いていたところ，前から2人の男たちが歩いてきた。その男たちのうち，1人は黒色のキャップを被り，両腕にアルファベットが描かれた赤色のジャンパーを着ており，もう1人は，茶髪で黒色のダウンジャケットを着ていた。その男たちとすれ違う際，黒色キャップの男の持っていた鞄が私の体に当たった。しかし，その男は謝ることなく通り過ぎたので，私は，『待てよ。』と言いながら，背後から黒色キャップの男の肩に手を掛けた。すると，その男たちは振り向いて私と向かい合った。茶髪の男が，『喧嘩売ってんのか。』などと怒鳴ってきたので，私が，『鞄が当たった。謝れよ。』と言うと，黒色キャップの男が，『うるせえ。』などと怒鳴りながら，持っていた傘の先端で私の腹部を突いた。私が後ずさりすると，その男は，再度，傘の先端で私の腹部を強く突いたため，私は，痛くて両手で腹部を押さえながら前屈みになった。すると，茶髪の男と黒色キャップの男が，私の腹部や脇腹等の上半身を足でそれぞれ多数回蹴った。私が，路上にうずくまると，男たちは去って行った。通行人が通報してくれて救急車で病院に搬送された。これらの暴行により，私は，全治約2か月間を要する肋骨骨折及び全治約3週間を要する腹部打撲傷を負った。

　犯人の男たちについて，黒色キャップの男は，目深にキャップを被っていたのでその顔はよく見えなかった。また，私は，黒色キャップの男の方を主に見ていたので，茶髪の男の顔はよく覚えていない。」

②　診断書

　2月1日に，Vについて，全治約2か月間を要する肋骨骨折及び全治約3週間を要する腹

部打撲傷と診断した旨が記載されている。

③　Wの警察官面前の供述録取書

　「2月1日午前1時頃，H県I市J町1番地先路上を歩いていたところ，怒鳴り声が聞こえたので右後方を見ると，道路の反対側で，男が2人組の男たちと向かい合っていた。2人組の男たちのうち，1人は，黒色のキャップを被り，両腕にアルファベットが描かれた赤色のジャンパーを着ており，もう1人は，茶髪で黒色のダウンジャケットを着ていた。黒色キャップの男は，持っていた傘の先端を相手の男に向けて突き出し，相手の男の腹部を2回突いた。すると，相手の男は両手で腹部を押さえながら前屈みになった。さらに，茶髪の男と黒色キャップの男は，それぞれ足で相手の男の腹部や脇腹等の上半身を多数回蹴った。相手の男がその場にうずくまると，2人組の男たちは，その場から立ち去って行った。相手の男がうずくまったまま動かなかったので心配になって駆け寄り，救急車を呼んだ。

　2人組の男たちについて，黒色キャップの男の顔は，キャップのつばで陰になってよく見えなかった。茶髪の男の顔は，近くにあった街灯の明かりでよく見えた。今，警察官から，この写真の中に犯人がいるかもしれないし，いないかもしれないという説明を受けた上，20枚の男の写真を見せてもらったが，2番の写真の男が，『茶髪の男』に間違いない。警察官から，この男はBであると聞いたが，知らない人である。」

④　W立会いの実況見分調書

　犯行現場の写真及び図面が添付されており，また，Wが2人組の男たちの暴行を目撃した位置から同人らがいた位置までの距離は約8メートルであり，その間に視界を遮るようなものはなく，付近に街灯が設置されていた旨が記載されている。

⑤　A及びBが犯人として浮上した経緯に係る捜査報告書

　犯行現場から約100メートル離れたコンビニエンスストアに設置された防犯カメラで撮影された画像の写真が添付されており，同写真には，2月1日午前0時50分頃，黒色のキャップを被り，両腕にアルファベットが描かれた赤色のジャンパーを着た男と，茶髪で黒色のダウンジャケットを着た男の2人組が訪れた状況が撮影されている。また，同画像について，警察官が同店の店員から聴取したところ，同人は，「以前，ここに映っている黒色キャップの男と茶髪の男が酔って来店し，店内で騒いだので通報した。その際，臨場した警察官が，彼らの免許証などを確認していたので，その警察官なら彼らの名前などを知っていると思う。」と供述したため，その臨場した警察官に確認したところ，黒色キャップの男がA，茶髪の男がBであることが判明した旨が記載されている。

⑥　A方及びB方の捜索差押調書

　2月28日，A方及びB方の捜索を実施し，A方において，傘，黒色キャップ，両腕にアルファベットが描かれた赤色のジャンパー及びA所有のスマートフォンを発見し，B方にお

令和元年

いて，黒色のダウンジャケット及びB所有のスマートフォンを発見し，これらを差し押さえた旨がそれぞれ記載されている。

⑦ 押収したスマートフォンに保存されたデータに関する捜査報告書

A所有及びB所有のスマートフォンのデータを精査した結果，2月2日にAがB宛てに送信した「昨日はカラオケ店にいたことにしよう。」と記載されたメールや，同メールにBが返信した「防犯カメラとかで嘘とばれるかも。誰かに頼んで一緒にいたことにしてもらうのは？」と記載されたメールが発見された旨が記載されている。

⑧ Aの警察官面前の弁解録取書

「本件被疑事実について，私はやっていない。昨年，傷害罪で懲役刑に処せられ，現在その刑の執行猶予中であるため，二度と手は出さないと決めている。Bは，中学の後輩である。2月1日午前1時頃は犯行場所とは別の場所にいたが，詳しいことは言いたくない。生活状況について，結婚はしておらず，無職である。約1年前に家を出てからは，交際相手や友人宅を転々としている。」

⑨ Aの前科調書

平成30年に傷害罪で懲役刑に処せられ，3年間の執行猶予が付された旨が記載されている。

⑩ Bの警察官面前の弁解録取書

「本件被疑事実については間違いない。」

2 検察官は，A及びBの弁解録取手続を行い，以下の弁解録取書を作成した。

⑪ Aの検察官面前の弁解録取書

⑧記載の内容と同旨。

⑫ Bの検察官面前の弁解録取書

「本件被疑事実については間違いない。Vの態度に立腹し，Aが傘の先端でVの腹部を突いた後，私とAがVの腹部や脇腹等の上半身を足で蹴った。犯行当時，私は，茶髪で黒色のダウンジャケットを着ており，Aは，黒色のキャップを被り，両腕にアルファベットが描かれた赤色のジャンパーを着ていた。Aは，中学の先輩で，その頃からの付き合いである。もし自分がこのように話したことが知られると，Aやその仲間の先輩たちなどから報復されるかもしれない。生活状況について，結婚はしておらず，無職である。自宅で両親と住んでいる。前科はない。」

検察官は，3月1日，両名につき勾留請求と併せて接見等禁止の裁判を請求し，同日，裁判官は，A及びBにつき本件被疑事実で勾留するとともに，㋐Aにつき接見等を禁止する旨を決定した。

なお，Aの勾留質問調書には，Aの供述として，「本件被疑事実については検察官に述べた

とおり。」と記載され，Bの勾留質問調書には，Bの供述として，「本件被疑事実については間違いない。」と記載されている。

3 　3月2日，Aの弁護人は，勾留状の謄本に記載された本件被疑事実を確認した上，Aと接見したところ，④Aは，「実は，Vに暴力を振るって怪我をさせた。Bと歩いていると，いきなり後ろから肩を手でつかまれた。驚いて勢いよく振り返ったところ，手に持っていた傘の先端が，偶然Vの腹部に1回当たり，私の肩をつかんでいたVの手が外れた。傘が当たったことに腹を立てたVが，拳骨で殴り掛かってきたので，私は，自分がやられないように，足でVの腹部を蹴った。それでもVは，『謝れよ。』などと言いながら両手で私の両肩をつかんで離さなかったため，私は，Vから逃げたい一心で更にVの腹部や脇腹等の上半身を足で多数回蹴った。このとき，Bも，私を助けようとして，Vの腹部や脇腹等の上半身を足で蹴った。」旨話した。

4 　その後，検察官は，所要の捜査を行い，以下の供述録取書を作成した。

⑬ 　Aの検察官面前の供述録取書

　　下線部④記載の内容と同旨。

⑭ 　Bの検察官面前の供述録取書

　　「自分が，Vの態度に立腹してVの腹部や脇腹等の上半身を足で多数回蹴って怪我をさせたことは間違いない。このとき，Aも一緒にいたが，Aが何をしていたのかは見ていないので分からない。」

⑮ 　Wの検察官面前の供述録取書

　　③記載の内容と同旨。

5 　検察官は，所要の捜査を遂げ，A及びBにつき，本件被疑事実と同一の内容の公訴事実で公訴を提起した（以下，同公訴提起に係る傷害被告事件につき，「本件被告事件」という。）。

　　Aの弁護人は，検察官から開示された関係証拠を閲覧した上，再度Aと接見したところ，Aは，「本当は，Vの態度に腹が立って，VやWが言っているとおりの暴行を加えた。しかし，自分は同種前科による執行猶予中なので，もし認めたら実刑になるだろうし，少しでも暴行を加えたことを認めてしまうと，Vから損害賠償請求されるかもしれない。検察官には供述録取書記載のとおり話してしまったが，裁判では，犯行現場にはいたものの，一切暴行を加えていないとして無罪を主張したい。」旨話した。

6 　第1回公判期日における冒頭手続において，【事例】の5記載の接見内容を踏まえ，Aは「犯行現場にはいたものの，一切暴行を加えていない。」旨述べ，⑦Aの弁護人も無罪を主張した。一方，B及びBの弁護人は，公訴事実は争わないとした。

　　その後，検察官が，①，②，④から⑦，⑨，⑪から⑬及び⑮記載の各証拠の取調べを請求したところ，Aの弁護人は，①，④，⑪から⑬及び⑮記載の各証拠について「不同意」とし，そ

の他の証拠については「同意」との意見を述べた。また，Bの弁護人は，検察官請求証拠について すべて「同意」との意見を述べた。

　　裁判所は，A及びBに対する本件被告事件を分離して審理する旨を決定し，分離後のBに対する本件被告事件の審理を先行して行った。

7　Bは，自身の審理における被告人質問において，「Aと歩いていたところ，いきなりVが『待てよ。』などと言ってきたので，何か因縁を付けられたと思った私は，『喧嘩売ってんのか。』などと言った。すると，Vは，『鞄が当たった。謝れよ。』などと言ってきたので，私は，その横柄な態度に腹が立った。Aが，『うるせえ。』などと怒鳴りながら，持っていた傘の先端でVの腹部を2回突き，私は，前屈みになったVの腹部や脇腹等の上半身を足で多数回蹴った。Aも，Vの腹部や脇腹等の上半身を足で多数回蹴っていた。このことは，逮捕された当初も話していたが，途中からAに報復されるのが怖くなり，検察官にきちんと話すことができなかった。しかし，今は，きちんと反省していることを分かってもらおうと思い，本当のことを話した。」旨供述し，後日，結審した。

8　その後，分離後のAに対する本件被告事件の審理において，V及びWの証人尋問など所要の証拠調べが行われ，さらに，Bの証人尋問が行われた。その際，㋳Bは，一貫して「本件犯行時にAが一緒にいたことは間違いないが，Aが何をしていたのかは見ていないので分からない。」旨証言した。

　　後日，Aは，被告人質問で，自身が暴行を加えたことを否認した。


〔設問1〕

　　下線部㋐に関し，裁判官が，Aにつき，刑事訴訟法第207条第1項の準用する同法第81条の「罪証を隠滅すると疑うに足りる相当な理由がある」と判断した思考過程を，その判断要素を踏まえ，具体的事実を指摘しつつ答えなさい。


〔設問2〕

　　検察官は，勾留請求時，③記載のWの警察官面前の供述録取書は，本件被疑事実記載の暴行に及んだのがA及びBであることを立証する証拠となると考えた。A及びBそれぞれについて，同供述録取書は直接証拠に当たるか，具体的理由を付して答えなさい。また，直接証拠に当たらない場合は，同供述録取書から，前記暴行に及んだのがAであること又は前記暴行に及んだのがBであることが，どのように推認されるか，検察官が考えた推認過程についても答えなさい。なお，同供述録取書に記載された供述の信用性は認められることを前提とする。

〔設問3〕

　Aの弁護人は，3月2日の時点で，下線部㋑のAの話を踏まえ，仮にAが公訴提起された場合に冒頭手続でどのような主張をするか検討した。本件被疑事実中，「傘の先端でその腹部を2回突いた」こと及び「足でその腹部及び脇腹等の上半身を多数回蹴る暴行を加え」たことについて，それぞれ考えられる主張を，具体的理由を付して答えなさい。

〔設問4〕

　下線部㋒に関し，Aの弁護人が無罪を主張したことについて，弁護士倫理上の問題はあるか，司法試験予備試験用法文中の弁護士職務基本規程を適宜参照して論じなさい。

〔設問5〕

　下線部㋔のBの証人尋問の結果を踏まえ，検察官は，新たな証拠の取調べを請求しようと考えた。この場合において，検察官が取調べを請求しようと考えた証拠を答えなさい。また，その証拠について，弁護人が不同意とした場合に，検察官は，どのような対応をすべきか，根拠条文及びその要件該当性について言及しつつ答えなさい。

　本問は，犯人性が争点となる傷害事件（共犯事件）を題材に，接見等禁止における罪証隠滅のおそれの判断要素（設問1），犯人性を認定する証拠構造（設問2），被疑者の弁解等を踏まえた事実認定上及び法律上の主張（設問3），弁護士倫理上の問題点（設問4），刑事訴訟法第321条1項1号書面の証拠能力（設問5）について，【事実】に現れた証拠や事実，手続の経過を適切に把握した上で，法曹三者それぞれの立場から，主張・立証すべき事実，その対応についての思考過程や問題点を解答することを求めており，刑事事実認定の基本構造，刑事手続についての基本的知識の理解及び基礎的実務能力を試すものである。

令和元年

第1 設問1
1 本件で，刑訴法（以下略）２０７条1項，８１条の「罪証を隠滅すると
 疑うに足りる相当な理由」があるといえるか検討する。
　罪証隠滅のおそれの有無については，①罪証隠滅の客体，②その態様，
③隠滅の客観的可能性，④主観的可能性を考慮して決する。
(1) ①について，本件で隠滅の対象として考えられる証拠としては，Ｖの供
 述とＢの供述が考えられる。
　Ｖの供述は，犯行態様だけでなく，Ｂの家から押収された黒いキャップ
や，赤いジャンパーを身につけた者に攻撃されたとの部分から，Ｂの犯人
性を前記の物証が発見された事実と相まって強く推認できる，重要な証拠
である。また，Ｂの証言も，Ａの犯人性への唯一の直接証拠であり，極め
て重要な証言であるといえる。
　なお，Ｗの証言は，犯行態様を証明しうるとはいえ，Ａの犯人性との関係
ではＶの供述とあまり異ならないため，Ａにとって徹底的に不利な証拠では
なく，隠滅に及ぶ実益が大きくないことから，専らＶとＢにつき検討する。
(2) ②について，Ｖの供述については，同人を，友人など接見した者に命じ
 て自己に有利な証言をするよう脅すことが考えられる。
　Ｂの供述については，Ｂは，Ａの中学以来の後輩にあたり，Ａとその友
人たちを恐れているから，接見により面会した友人たちを通して説得した
り，脅したりすることで，アリバイ作りや，Ａに罪を被らせるための口裏
合わせをすることが考えられる。
(3) ③について，まず，Ｖについては，警察官面前の供述録取書は取られて

いるが，未だ検察官面前での供述録取書は作成されていないから，異なる
内容の供述をさせることで罪を逃れることは十分可能である。また，Ｂに
ついても，検察官面前での弁解書は作成されているが，署名押印のある供
述録取書は作成されていないから，同様に隠滅は十分に可能である。
　また，接触可能性に関しては，ＶはＪ町付近に居住していたり，通勤し
ている可能性がありうるから，可能性がないとはいえない。
　一方，ＢについてはＡの友人は同人とは旧知の仲であり，容易に面会等
を取り付けることができるし，釈放がされても当然に居所などをＡもその
友人も知っていると考えられるから，非常に高い接触可能性がある。
　これらのことからは，Ｖについては一定の客観的可能性が，Ｂについて
は非常に高い客観的可能性が認められる。
(4) 主観的可能性について，まず，Ａは未だ犯行を否認しているから，無罪
 となるために上記のような行為に及ぶ可能性は一定程度存するといえる。
　さらに，傷害罪（刑法２０４条）の法定刑は懲役１５年の可能性がある
重いものである。
　そして，Ｖの怪我は，全治２ヶ月の肋骨骨折とかなり重いものであり，
犯情が重く，厳罰が科される恐れがある。
　また，Ａには傷害の前科があり，執行猶予中の身である。本件で有罪に
なれば，これが取り消される（同法２６条1号）。このため，前科の分の
懲役を免れるためにも，隠滅に及ぶ高い可能性がある。
　そして，前科が傷害罪であるから，累犯を犯したとして，厳罰の可能性
が高いといえる。

● 一般的に，「罪証を隠滅すると疑
うに足りる相当な理由」の存否は，
①罪証隠滅の対象（犯罪事実及び起
訴・不起訴の決定や刑の量定に影響
を及ぼす重要な情状事実），②罪証
隠滅の態様（証拠に対する不正な働
きかけの態様），③罪証隠滅の客観
的可能性・実効性（想定される罪証
隠滅行為が客観的に実行可能なこ
と），④罪証隠滅の主観的可能性
（具体的な罪証隠滅行為に出る意図
を持ち得ること）を総合して判断す
る。
　本問では，関係者の供述証拠が中
心となる場合（その中でも，特に共
犯者であるＢの供述は，Ａの犯人性
を直接証明する証拠（直接証拠）で
ある）であり，非供述証拠が中心と
なる場合と比べて，③罪証隠滅の客
観的可能性が大きいといえる。また，
被疑者がこれまでに罪証隠滅に向け
た働きかけを行っていた場合（証拠
⑦参照）には，④罪証隠滅の主観的
可能性が強く認められる。

● 本答案は，共犯者であるＢと被害
者Ｖとで，罪証隠滅の客観的可能
性・実効性が異なることを論じてお
り，的確な分析がなされているとい
える。

● 罪証隠滅の主観的可能性の有無を
判断するに当たっては，予想される
刑の軽重や，事件関係者との人的関
係，客観的な罪証隠滅の余地の大き
さ，それまでの罪証隠滅に向けた働
きかけの有無，被疑者の供述態度等
がその判断要素となる。

このように，Aは本件で有罪になった場合の不利益が非常に大きく，非常に高い隠滅の主観的可能性があるといえる。

2 以上のように，少なくともBの供述については非常に高い罪証隠滅のおそれがある以上，接見禁止を付すべきと裁判官は考えたと思われる。

第2 設問2

1 Aとの関係

直接証拠とは，犯罪事実を直接に証明する証拠をいう。そして，犯罪事実の存在を推認させる間接事実の存在を証明する証拠は，間接証拠である。

本件で，Wの証言は，黒色のキャップをかぶり，赤色のジャンパーを着た人物が，本件の犯行時刻頃にBと共に暴行に及んだことを証明するものである。しかし，かかる証言だけでは，黒色キャップの人物の犯人性のみが証明されるにすぎず，Aの犯人性を直接証明することはできない。しかし，⑥の証拠から，A方からキャップとジャンパーが発見されたことが証明され，また警察官の証言により以前Aがキャップとジャンパーを着用していたことも証明できる。これらの証拠からは，Aと黒色キャップの男が同一人物であることが合理的に推認できるので，これらの証拠と合わさると，Wの証言はAの犯人性を強く推認できる証拠であるといえ，重要な間接証拠に当たる。

以上のような推認過程を検察官は想定していると考えられる。

2 Bとの関係

Bとの関係では，Wの証言は直接証拠にあたる。

なぜなら，Wの証言は，茶髪で黒色のダウンジャケットを着た男が犯人であることのみならず，写真を確認した結果それがBであった旨をも供述

するものであり，Bの犯人性を直接証明できるためである。

第3 設問3

1 傘の先端でVの腹部を2度突いた点

まず，傘は1度しか当たっていない。そして，1回当たったのは，Vに肩を掴まれて驚いて勢いよく振り返ったためであるから，そもそも「暴行」（刑法208条）の故意（同38条1項本文）がない。

また，突然後ろから肩を掴まれた時に，驚いて振り返ることは無理からぬことであり，過失傷害（同209条1項）ともならない。

よって，傘が当たった点については犯罪が成立しない。

2 多数回蹴る暴行を加えた点

たしかに，かかる行為は傷害罪の構成要件に該当する。しかし，少なくとも過剰防衛（36条2項）にあたることから，裁判所の裁量により刑を減免すべきである。

(1) まず，「急迫不正の侵害」とは，違法な法益侵害が現に存在しまたは間近に押し迫っていることをいう。

本件で，VがAの肩を掴んだことで，Aの身体の利益が害されているといえる。また，VがAを殴打しようとしていたことから，傷害を負わされる危険も間近に迫っていたといえ，明らかに「急迫不正の侵害」が認められる。

(2) また，「防衛するため」との文言から，防衛の意思が必要となるところ，これは急迫不正の侵害を認識しつつこれを避けようとする単純な心理状態のことをいう。

AはVに攻撃を受け，Vから逃げたい一心で暴行に及んでいるから，明

本答案は，証拠⑦（捜査報告書）で示されているAの罪証隠滅に向けた働きかけを摘示・評価していない点で不十分であるが，その他の事情を多く摘示・評価し，説得的に論理を展開することができている。

直接証拠・間接証拠の正しい定義を示すことができている。

本答案は，Aとの関係について，証拠③（Wの供述録取書）は直接証拠には当たらないという適切な結論を述べ，その具体的な理由も的確に論じることができている。また，Aの犯人性に関する検察官の推認過程についても，端的に論述できている。

本答案は，Bとの関係について，証拠③（Wの供述録取書）は直接証拠に当たるという適切な結論を述べ，その具体的な理由も的確に論じることができている。

本問では，弁護人の意見陳述（刑訴291Ⅳ・罪状認否）における事実認定上・法律上の主張が求められている。本答案は，「傘の先端でその腹部を2回突いた」ことについて，「傘は1度しか当たっていない」こと（事実認定上の主張），及び暴行の故意がなく，Aに傷害罪（刑204）は成立しないこと（法律上の主張）を論じており，適切である。

弁護人としては，「足でその腹部及び脇腹等の上半身を多数回蹴る暴行を加え」たことについて，まず正当防衛（刑36Ⅰ）による無罪主張をすべきであり，その後に過剰防衛による刑の減免（同Ⅱ）を主張すべきである。

令和元年

らかに認められる。
(3) 「やむを得ずにした」とは，防衛行為が相当性を有することをいう。

　　そして，Aの暴行は，たしかに，Bと共に複数人で行っている上，多数回人体の枢要部たる腹部などを蹴っており，強度のものであった。しかし，Vが一度蹴られてもまだAを殴ろうとしていたことに鑑みれば，最小限度の反撃と捉えることもできる。また，仮に必要最小限度の防衛行為といえないとしても，少なくとも過剰防衛となる。

　　Vが強い意欲を示していたことからすれば，A，Bが上記のような暴行を行ったことは主観的にはやむを得ないといえ，刑を免除すべきである。

第4　設問4
1　Aの弁護人の無罪主張は，真実義務（規程5条）に反しないか。

　　たしかに，弁護人は真実義務を負うが，弁護人はあくまでも依頼者のために職務を行う者であり，最善の弁護活動（同46条）をせねばならず，また依頼者の意思を尊重する必要がある（同22条1項）。そして，真実の発見は第一次的には検察官の職務である。

　　そこで，弁護人は，証拠の偽造などにより検察官による立証を殊更に妨害しなければ，無罪主張をすることが許されると考える。
2　よって，本件でも，弁護人は単にAの意向を受けて無罪主張をしているだけであり，検察官の立証を妨害するような行為は行っていないから，かかる行為は規程5条に反しない。

第5　設問5
1　検察官としては，B自身の公判におけるBの被告人質問の内容が記載さ

れた公判調書を証拠調べ請求（298条1項）すべきである。
2　かかる書面は，Bの「公判期日における供述に代え」た「書面」であるから，伝聞証拠（320条1項）である。

　　そこで，弁護人が不同意（326条）とした場合，検察官としては321条1項1号に該当するとの主張をすべきである。
(1)　まず，Bの公判調書は，共犯者も「被告人以外の者」にあたるので，「供述を録取した書面」にあたる。そして，公判調書は，誤りが生じることは通常ないので，Bの署名・押印は不要である。
(2)　では，「供述することはできないとき」にあたるか。
　ア　そもそも，321条の趣旨は，伝聞証拠でも証拠としての必要性が高い場合もあり得るから，信用性の担保を条件として例外を認めた点にある。そこで，列挙事由は単なる例示だと考える。

　　　そのため，裁判所が手を尽くしても証人が供述を拒む状況が変わらない場合には，「供述することができないとき」にあたる。
　イ　本件で，BはAの公判では一貫してAの犯行を証言することを拒んでおり，もはや供述を引き出すことは望めない。よって，認められる。
(3)　また，1号における「異なつた供述」とは，2号と異なり正反対の結論を導くほど異なる必要はないところ，Aの犯人性への直接証拠はBの供述しかなく，その点への言及がない点で明らかに二つの供述は異なっているといえ，認められる。
3　よって，要件を満たし，証拠採用が認められる。　　　　　　　　以　上
※　実際の答案は4頁以内におさまっています。

● 正当防衛（過剰防衛）の成立要件について，その意義を述べつつ，具体的事実を摘示・評価することができている。

● 弁護人が負っているのは，いわゆる消極的真実義務であり，これを述べるには，弁護士職務基本規程82条1項2文（「第5条の解釈適用に当たって，刑事弁護においては，被疑者及び被告人の防御権並びに弁護人の弁護権を侵害することのないように留意しなければならない」）を摘示する必要がある。もっとも，本答案は，誠実義務に関する規程46条を指摘している点，及び被告人の犯罪を立証する義務はあくまでも検察官に課されている点について論述できており，適切である。

● 判例（最決昭57.12.17／刑訴百選［第10版］〔A36〕）は，裁判官の面前における供述を録取した書面（刑訴321 I①）には，「被告人以外の者に対する事件の公判調書中同人の被告人としての供述を録取した部分を含む」と判示している。なお，公判調書につき供述者の署名・押印が不要であることについては，再現答案③コメント参照。

● 刑事訴訟法321条1項1号の裁判官面前調書は，3号書面と異なり，供述不能要件と相反供述要件のいずれかが満たされれば証拠能力が認められる。本問では，相反供述要件が満たされることを検討すれば十分である。

► **MEMO** ———————————————————————

令和元年

第1 設問1

1 罪証隠滅の恐れは，①対象・態様②実効性③客観的可能性④主観的可能性で判断する。

2 証人Wや被害者Vに働きかけること，共犯者間や交際相手である者と犯行当時のアリバイについて口裏を合わせることが考えられる（①）。

本件犯行現場は防犯カメラなどを客観的な証拠によって記録されているわけではないので，他のアリバイを証言する者が現れれば，公判で紛糾することが考えられる。したがって実効性はある（②）。

たしかに，W・VとAは面識がなく，W・Vに働きかけることは客観的可能性がない。また共犯者Bも身体拘束を受けており，働きかけることは客観的可能性がない。しかし，交際相手ともなれば庇う供述をすることも考えられる。したがって交際相手などに働きかける客観的可能性はある（③）。

Aには傷害事件の前科があり実刑が確実である。また資力がなく，Vから損害賠償請求を受けた場合に支払うことができない。さらにはメールにてBで証拠隠滅しようとしていた形跡がある。よって主観的可能性は高い（④）。

3 以上より，Aには罪証隠滅の恐れがある。

第2 設問2

1 直接証拠とは①犯人目撃証言と②犯人識別証言からなる。

2 Bについて

WはBが暴行を加えている現場を目撃している（①）。また，WとBの間に視界を遮るものはなく，街灯の明かりで顔がよく見える状況であった。その後おそらく記憶の鮮明なうちに，「写真の中に犯人がいるかもしれないし，いないかもしれない」と誘導を避けた言い方で，20人もの中からBを「茶髪の男」と断言した。したがって犯人識別情報がある（②）。

よってBとの関係では直接証拠に当たる。

3 Aについて

(1) 「黒色キャップの男」の暴行現場を目撃しているため，犯人目撃情報はある（①）。もっとも，黒色キャップの男の顔は，キャップのツバで影になってよく見えなかった。したがって，識別情報がない（②）。よって，直接証拠に当たらない。

(2) もっとも，Aの犯人性を推認するため間接証拠には当たる。

ア 犯人は2月1日午前1時ごろ，黒色のキャップをかぶり，両腕にアルファベットが書かれた赤色のジャンパーを着て，傘を所持していた。Aは同日12時50分ごろ，黒色のキャップをかぶり，赤色のジャンパーを着ており，傘を所持していて，同一である。しかし服装は顕著なものではなく相当程度の推認力しか持たない。

イ 犯人は茶髪で黒色のダウンジャケットを着た男と行動を共にしていた。そしてAは12時50分ごろに茶髪で黒色のダ

● 「罪証を隠滅すると疑うに足りる相当な理由」の一般的な要件については，再現答案①コメント参照。本答案は，②実効性と③客観的可能性を区別しているが，②実効性は，罪証隠滅の余地（客観的可能性）があるかどうかの判断の際に一体的に検討されるから，区別しない理解がより適切である。

● Aは，弁護人を介さないで，第三者を通じてBに働きかける（当該第三者がBに接見する）ことが可能である（そのため，裁判官は接見等禁止の決定をしている）。したがって，「共犯者Bも身体拘束を受けており，働きかけることは客観的可能性がない」との論述は，誤りである。

● 「メールにてBで証拠隠滅しようとしていた形跡がある」と指摘できており，的確な論述といえる。

● 直接証拠とは，犯罪事実を直接証明する証拠をいう。具体的には，犯行目撃証言や犯人の自白がこれに当たる。本答案は，直接証拠は「①犯人目撃証言と②犯人識別証言からなる」としているが，不正確であり，正しく定義を述べるべきである。

● 本答案は，Aとの関係について，証拠③（Wの供述録取書）は直接証拠には当たらないという適切な結論を述べ，その具体的な理由も的確に論じることができている。

ウンジャケットを着たBと，行動を共にしていた。しかし，このような格好はありふれたものであり，相当程度の推認力しか持たない。
ウ　もっとも，AとBが目撃されたコンビニから，犯行現場まではわずか１００メートルであり，目撃された時間も１０分とかなり近い。このような近接した時点で同様の格好をした２人組が２組いることは考えにくい。このため，同様の格好をした２人組が近接した時点で目撃されているという点では，同一性を強く推認させる。
エ　このため，Aの犯人性を推認させる間接証拠となる。

● Aの犯人性に関する検察官の推認過程についても，詳細かつ説得的に検討できている。

第３　設問３
1　傘の先端でその腹部を２回突いたことについて
　(1)　弁護人は上記事実について，無罪であると主張する。
　(2)　その傘の先端がVの腹部に当たったのは，勢いよく振り返る際に偶然当たってしまったにすぎない。このため当たった回数も２回ではなく１回である。よって暴行罪（刑法２０８条）の故意はなく，暴行罪の構成要件に該当しない。
2　足でその腹部及び脇腹などの上半身を多数蹴る暴行を加えたことについて
　(1)　無罪または過剰防衛（３６条２項）として任意的減免を受ける。
　(2)　上記暴行をしたのは，VがAにげんこつで殴りかかってきた

● 本答案は，「傘の先端でその腹部を２回突いた」ことについて，傘に当たった回数は「２回ではなく１回である」こと（事実認定上の主張），及び暴行の故意がないこと（法律上の主張）を論じており，適切である。もっとも，Aは傷害罪の公訴事実で起訴されているので，「暴行罪の構成要件に該当しない」との論述は不適切である。

ことに対して，自らの身を防衛するためである。このため正当防衛（３６条１項）となり，違法性が阻却される。または防衛行為の相当性を欠くとしても過剰防衛となるため任意的減免を受ける。
第４　設問４
　弁護人はAが犯行を認めていると知りながら，無罪を主張している。このため真実義務（弁護士職務規程５条）に反しないか。
　弁護士は，秘密保持義務（２３条）や，依頼人の意思を尊重する義務（２２条１項）を負う。そこで，真実義務とは，消極的真実義務である。消極的真実義務とは，殊更に事実と反することを主張したり，証拠を提出したりすることは許されないというものである。もっとも，最善の弁護活動（４６条）のため，無罪主張した場合の今後の見通しや不利益を伝えた上で，意思を確認すべきである。
　本件では，弁護人は無罪を主張したに過ぎず，殊更に事実と反する主張や証拠の提出をしていない。このため消極的真実義務に反しておらず，５条には反しない。
第５　設問５
　検察官はBの公判における質問調書を提出しようとする。そこで，弁護人はこれが「書面」（３２０条１項）にあたり，伝聞証拠にあたるとして，不同意（３２６条１項）とした。
　そこで，検察官は「被告人以外の者」の供述録取書（３２１条１項柱書）の中でも，裁面調書（３２１条１項１号）に該当し，伝聞

● 紙面・時間の制約上，正当防衛の成立要件のすべてを詳細に検討するのは事実上困難であるといえるが，少なくとも，条文の文言（「急迫不正の侵害」「権利を防衛するため」「やむを得ずにした行為」）は記載したいところである。

● 弁護士は「積極的真実義務」を負うものではないことの根拠として，規程82条１項２文を指摘する必要がある。

● 妥当な結論を示すことができている。

例外となると主張する。

　Bの被告人質問は「裁判官の面前」で行われている。「異なった」とは異なる事実認定を導く程度のことを言う。本件では，「公判期日」ではBはAが何をしていたかは見ていないと証言している。しかし「前の供述」たる質問調書では，Aが実行行為を行っていることを証言している。これは異なる事実認定を導くと言える。したがって３２１条１項１号に該当する。

以　上

※　実際の答案は４頁以内におさまっています。

● 　刑事訴訟法321条１項１号にいう「前の供述と異なつた供述」（相反供述）は，同項２号（検察官面前調書）の場合と異なり，「前の供述と相反するか若しくは実質的に異なつた供述」である必要はない。すなわち，前の供述の方が詳細で証明力が異なるだけでも足りると解されている。これに対し，同項２号の相反供述要件が満たされるためには，事実認定に差異を生ずる可能性（異なる結論を導く可能性）が認められなければならないと解されている。

## MEMO

第1　設問1
1　まず, 罪証隠滅の対象として, 被害者V, 目撃者W, 共犯者B が考えられる。
2　被害者Vに対しては, 虚偽の証言をするように働きかけること をAの仲間やその先輩に依頼するという態様による罪証隠滅が考え られる。もっとも, VとAは1番地先路上で出会ったに過ぎ ず, 面識もないため, AがVの居場所を特定することは困難であ り, 上記態様による罪証隠滅を行う客観的可能性は小さい。
3　また, 目撃者Wに対しても前述の態様による罪証隠滅が考えら れるが, WとAは面識がないため, AがWの居場所を特定するこ とは困難であり, 上記態様による罪証隠滅を行う客観的可能性は 小さい。
4　そして, 共犯者Bに対しては, Aに有利なように証言をするよ うに勾留中のBに伝えるようにBの両親に圧力をかけることをA の仲間やその先輩に依頼するという態様による罪証隠滅が考えら れる。そして, AはBの中学の先輩でその頃から付き合いがある ため, Bの自宅もAは把握できると考えられるところ, Bに働き かけるためにBの両親の居場所を特定することは容易であるため, 上記態様による罪証隠滅を行う客観的可能性は大きい。ま た, Bは共犯者でありBの証言は補強証拠なくしてAの公判にお ける証拠となるので上記態様による罪証隠滅を行う主観的可能性 も大きい。

5　よって, Bまたはその両親を対象とした「罪証を隠滅すると疑 うに足りる相当な理由がある」と認められる。
第2　設問2
1　A及びBについて, 同供述調書は本件被疑事実記載の暴行に及 んだのがA及びBであるという要証事実を直接証明する証拠では ない。なぜなら, 同供述調書は, 黒色キャップの男と茶髪の男が 本件被疑事実記載の暴行に及んだことは証明するが, 黒色キャッ プの男と茶髪の男がA及びBであるということは証明できないか らである。そのため, 同供述調書は以下の推認過程を経てAまた はBが前記暴行に及んだことを証明する間接証拠となる。
2　まず, Bについての推認過程は以下の通りである。
(1)　本件事件を目撃したWは茶髪の男の顔を見たと証言している ところ, 20枚の男の写真の中から2番の写真の男が茶髪の男 に間違いないと供述している。そして, 2番の男はBであっ た (③より)。
　　Wが犯行を目撃した位置は犯行現場からたった8メートルの 距離しか離れておらず, その間に視界を遮るものはなく, 付近 に街灯が設置されていたことから (④より), 茶髪の男が2番 の男であったというWの証言は信用性が高い。
　　したがって, 茶髪の男がBであると推認できる。
(2)　また, 犯行時刻の直前に犯行現場から100メートル離れた コンビニで茶髪の男と黒色キャップの男がいたところ, 警察官

● 「罪証隠滅の対象」の問題は, 具 体的な事実に関する証拠の隠滅が想 定される場合に, その事実が「犯罪 事実」や,「起訴・不起訴の決定や 刑の量定に影響を及ぼす重要な情状 事実」に関するものかどうか, とい う問題を検討するものである。すな わち, 関係者の供述が「犯罪事実」 等に関するものかについて検討する のが「罪証隠滅の対象」の問題であ る (再現答案④コメント参照)。

● 罪証隠滅の主観的可能性では, ① 有罪になると執行猶予の取消し・実 刑が確実であること, ②AがBの中 学の先輩であり, その力関係を背景 にBに優位な立場にある (影響力が 強い) こと (証拠⑫), ③接見が許 されれば知人を利用したアリバイ作 出や共犯者Bとの通謀が可能である こと, ④罪証隠滅工作の跡があるこ と (証拠⑦), ⑤犯行時のアリバイ について「詳しいことは言いたくな い」と曖昧な供述をしていること (証拠⑧) 等の具体的事実を摘示・ 分析し, Aに罪証隠滅の主観的可能 性があることを論じるべきである。 本答案は, 上記②③に言及している が, その他の要素については言及で きていない。

● 本答案は, Bとの関係について, 証拠③ (Wの供述録取書) は直接証 拠には当たらないという結論を述べ ているが, 誤りである。本答案は, 証拠③は茶髪の男が本件被疑事実記 載の暴行に及んだことは証明する が, その茶髪の男がBであることは 証明できない旨述べている。しかし, Wは, 茶髪の男がVに対して本件被 疑事実記載の暴行に及んだことを目 撃し, その茶髪の男はBであると述 べているから, 証拠③は, Bとの関 係ではいわゆる犯行目撃証言に当た る。したがって, Bとの関係につい て, 証拠③は直接証拠に当たる。

の確認によれば，茶髪の男がBであったこととも整合する（⑤より）。

(3) 加えて，茶髪の男は黒色のダウンジャケットを着ていたところ，B方において黒色のダウンジャケットが見つかったことと整合する（⑥より）。

(4) したがって，茶髪の男がBであると推認できるため，Bが本件暴行に及んだと推認できる。

3 次に，Aについての推認過程は以下の通りである。

(1) まず，茶髪の男と黒色キャップの男が犯行時刻の直前に犯行現場の近くにいたところ，警察官の確認によれば，茶髪の男がBで黒色キャップの男がAであるとのことだった。したがって，犯行現場に茶髪の男，すなわちBと一緒にいた黒色キャップの男はAであると推認できる（⑤より）。

(2) また，黒色キャップの男は赤色のジャンパーを着ていたところ，A方において赤色のジャンパーが見つかったことと整合する（⑥より）。

(3) そして，押収したスマートフォンのデータの結果，AとBが2月1日に起こった出来事を隠しているようなやり取りが見つかったことから，2月1日に何か事件性のあることをAとBが行ったことが推認できる（⑦より）。

(4) したがって，黒色キャップの男がAであると推認できるため，Aが本件暴行に及んだと推認できる。

第3 設問3

1 Aの弁護人は冒頭手続における罪状認否（刑事訴訟法（以下略）291条4項後段）において，以下の主張をすると考えられる。

2 まず，「傘の先端でその腹部を2回突いた」ことについては，Vに対する傷害の故意（38条1項）が存在しないため，かかる行為に傷害罪は成立しないと主張すると考えられる。なぜなら，AはVに肩を手で掴まれ驚いた拍子に勢いよく振り返ったところ，手に持っていた傘の先端が偶然Vの腹部に当たったと主張しているからである。

3 次に，「足でその腹部及び脇腹等の上半身を多数回蹴る暴行を加え」たことについては，Vの攻撃に対する正当防衛として行われたものであり，違法性が阻却される（36条1項）ため，かかる行為に傷害罪は成立しないと主張すると考えられる。なぜなら，Aは，Vが両手でAの両肩を掴んで離さなかったため「急迫不正の侵害」が存在したこと，AはVから逃げたい一心だったこと（「自己…の権利を防衛するため」），かかる暴行は必要かつ相当であったこと（「やむを得ずにした行為」）を主張しているからである。

第4 設問4

1 Aの弁護人の行為は弁護士職務基本規程5条の真実義務に反する恐れがあるという問題がある。

- Aの犯人性に関する検察官の推認過程については，詳細かつ説得的に検討できている。

- 証拠⑦（捜査報告書）は，犯行の翌日になされたAB間のメールのやりとりやその内容が記載されているだけであり，これらの事実から，黒色キャップの男がAであることを推認することはできないから，Aの犯人性を推認させる間接証拠とはなり得ないと考えられる。

- 有形的方法（暴行）による傷害の場合，判例・通説は，傷害の故意がある場合のほか，暴行の故意しかない場合であっても傷害罪が成立するとの立場に立っている。本問は，有形的方法（暴行）による傷害の事案であるので，弁護人としては，再現答案①②のように，暴行の故意がない旨主張すべきである。

- 再現答案①のように，詳細に検討できる時間・紙面が存在するのであればそれに越したことはないが，詳細な検討が十分にできないような場合には，本答案のように，最低限，条文の文言を記載しつつ，重要な事実を摘示して済ませるのも答案政策上やむを得ないものと思われる。

令和元年

2　そもそも，弁護士は「被告人…の権利及び利益を擁護するた
　め，最善の弁護活動に努める」という誠実義務を負う（同４６
　条）。もっとも，弁護士は同時に「真実を尊重し…職務を行う」
　という真実義務を負うため，これらの義務の衝突が生じる。
3　これについては，弁護人は積極的に真実発見を妨害してはなら
　ないという消極的真実義務を負うに過ぎないところ，本件被疑事
　実の行為に及んだことをAが認めている本件において，Aが無罪
　であることを主張することは積極的に真実発見を妨害しているこ
　ととなる。
4　したがって，Aの弁護人の行為は同５条に反する。
第5　設問5
1　検察官はBの公判におけるAが本件被疑事実の暴行を加えたと
　いうBの供述録取書を新たな証拠として取り調べ請求をすると考
　えられる。
2　これに対して，弁護人は，Bの供述録取書は「公判期日外にお
　ける他の者の供述を内容とする供述」（３２０条）であるため，
　この証拠について不同意とすると考えられる。
3　そもそも，供述証拠は知覚・記憶・叙述の各過程において誤り
　が介在する危険があるにもかかわらず公判期日外においては反対
　尋問等により供述の正確性を担保できないことから，公判廷外供
　述であって要証事実との関係でその内容の真実性が問題となるも
　のは，伝聞証拠にあたり証拠能力が認められない。

　　　　そして，検察官はBの供述録取書を，Aが本件被疑事実の暴行
　　をVに加えたということの立証に用いようと思っているため，かか
　　る供述録取書は，公判廷外供述であって要証事実との関係でそ
　　の内容の真実性が問題となるものに当たる。
　　　　したがって，原則として証拠能力は認められない。
4　もっとも，伝聞例外にあたり証拠能力が認められないか。
　⑴　かかるBの供述はBの公判における被告人質問でなされたも
　　のであり，かかる供述録取書は「裁判官の面前…における供述
　　を録取した書面」に当たる（３２１条1項1号）。
　⑵　また，BはAの公判において一貫して「Aが何をしていたの
　　かわからない」と証言しており，「供述者…が公判期日におい
　　て前の供述と異なった供述をした」場合に当たる。
5　したがって，かかる供述書にBの署名もしくは押印がある場合
　には，伝聞例外に当たるとして，検察官は証拠調べ請求をする。
　　　　　　　　　　　　　　　　　　　　　　　　　　　　以　上
※　実際の答案は4頁以内におさまっています。

● 　真実義務について規定する規程5
　条と，被告人に対する誠実義務につ
　いて規定する規程46条の衝突につい
　て論じることができている。

● 　弁護人の単なる無罪主張は，「弁
　護人といえども裁判所・検察官によ
　る実体的真実の発見を積極的に妨害
　し，あるいは積極的に真実をゆがめ
　る行為（規程75参照）をしてはなら
　ない」という消極的真実義務には反
　しない。

● 　伝聞法則の趣旨が適切に述べられ
　ている。また，伝聞・非伝聞の区別
　基準（要証事実との関係でその内容
　の真実性が問題となるかどうか）に
　ついても，本問の具体的事実に即し
　て適切に検討できている。

● 　「前の供述と異なつた供述」（相反
　供述，刑訴321Ⅰ①）の意義につい
　ては，再現答案②コメント参照。

● 　供述録取書の原供述者の署名・押
　印（刑訴321Ⅰ柱書）は，供述者が
　録取内容の正確性を承認したことを
　意味するから，供述者の署名・押印
　によって担保されるのと同程度に録
　取内容の正確性が担保されている場
　合（公判調書の録取の正確性が担保
　されていることについては，刑訴規
　則45条参照）には，供述者の署
　名・押印は不要である（再現答案①
　参照）。

▶ **MEMO** ———————————————————

令和元年

設問1について
1　「罪証」とはあらゆる物証・人証を含む。「罪証を隠滅すると疑うに足りる相当な理由」は隠滅される罪証の内容，考えられる隠滅の対象，客観的可能性，主観的可能性を考慮して決める。
2(1)　隠滅される対象としてはＶＷＢの証言が挙げられる。Ｖは被害者であり目撃者でもある。Ｗは犯行を終始目撃していた人物である。彼らの目撃証言は重要な人証である。また，確かにＶとＷはすでにその供述が録取されているが，Ｂが見たと言うＡの犯行の様子についての供述は未だ検面調書に録取されていない。するとＢのかかる供述はこれから録取されなければならないものであり，仮にＢが脅迫されてＡの犯行を供述しなくなると，犯人性の立証に影響が出る。
(2)　考えられる罪証隠滅の方法としてはＡが，Ａの仲間にＷＶＢに脅迫するなどしてその供述を覆すよう又はこれから供述しないように働きかけることを，依頼することが考えられる。
(3)　Ｖは被害者であるから，Ａは当然Ｖの顔を知っている。またＷは街灯が照らされている状況で犯行を目撃していることから，ＡからもＷの顔が認識できた可能性がある。ＢはＡの仲間であるから当然顔は知られている。このようにＡは彼らの顔を認識し，特定していると考えられるため，仲間に3人に接触するよう依頼することが客観的に可能である。
(4)　Ａは現在傷害罪の執行猶予中であり，今回の事件で有罪とな

れば執行猶予が取り消される。Ａ本人もこれを恐れ何としても実刑を免れようと考えている。よって主観的可能性も認められる。
3　以上のような思考過程を辿って裁判官は「罪証を隠滅すると疑うに足りる相当な理由がある」と判断した。
設問2について
1　Ａについては直接証拠にならない，Ｂについては直接証拠となる。
2　直接証拠とは，その信用性が認められれば他の証拠を介在することなく直接に主要事実を認定できる証拠である。一方間接事実とは，間接事実すなわち，その存在によって主要事実を推認する事実を認定できる証拠である。本件では主要事実はＡＢが公訴事実記載の行為を行なったと言うこと，つまりＡＢの犯人性である。Ｗは茶髪の男がＶに対して暴行をしていたことを目撃し，その後にＢが茶髪の男であると供述している。このような供述を録取した③証拠はＢの犯人性を直接に認定するものであるから，直接証拠と言える。しかし，Ａについては，Ｗはキャップをかぶった男が暴行を加えることを目撃したにすぎず，その男の顔を現認していない。したがって，直接証拠にはならない。
3　もっともＷのキャップの男が暴行を加える様子を見たと言う目撃証言は，他の証拠によりキャップの男がＡであったことを推認する証拠と合わせることで，Ａの犯人性を推認する間接証拠とし

●　再現答案③コメントにおいても述べたとおり，「罪証隠滅の対象」で検討されるべき事項は，「何が隠滅の対象となるのか」ではなく，「隠滅の対象となる証拠は犯罪事実や重要な情状事実に関するものか」である。本問では，具体的に隠滅が想定される証拠は被害者Ｖ・目撃者Ｗ・共犯者Ｂの供述であるところ，これらの供述（特にＢの供述）は，Ａの犯罪事実・犯人性に関する供述であり，罪証隠滅の対象に当たることは明らかである。

●　Ｗがいた場所に街灯の明かりがあったかどうかについての事実はないから，「ＡからもＷの顔が認識できた可能性がある」とまでは断定できない。

●　罪証隠滅の主観的可能性の有無を判断する際の考慮要素については，再現答案①コメント参照。具体的な当てはめについては，再現答案③コメント参照。本答案は，再現答案①と比較して，具体的な検討の量が著しく少ない。

●　直接証拠・間接証拠の意義を正しく理解できている。また，証拠③（Ｗの供述録取書）は，Ａとの関係では直接証拠には当たらず，Ｂとの関係では直接証拠に当たるという適切な結論を導くことができている。

●　本答案は，Ａの犯人性に関する検察官の推認過程を具体的に論述できていない。

て機能する。よって検察官は例えば⑥や⑦証拠と合わせることでAの犯人性を推認する。

設問3について

1　「傘の先端でその腹部を2回突いた」ことについて

　　Vにいきなり肩を掴まれて驚いて振り返った際に偶発的に持っていた傘がVに当たっただけであり，故意はなく過失に過ぎない。そして実際は傘は1度しか当たっていなく，Vが2回突いたと感じたのは，Vが怒りのあまり興奮し，勘違いをおこしたためである。

2　「足でその腹部及び脇腹等の上半身を多数回蹴る暴行を加え」たことについて

　　弁護人としてはかかる行為をAがやったことは認めつつ，以下のように正当防衛（刑法36Ⅰ）による違法性阻却を主張する。Vが一方的に襲いかかったため，「急迫不正の侵害」から「自己」の「権利」を守るため，行なったものである。そして素手の相手に対して蹴ると言う行為をしたに過ぎないから「やむを得ず」した行為であると言える。

設問4について

1　本件のような無罪答弁は弁護士職務規程（以下「規程」）5条の真実義務に反しないか。

2　弁護士としては被告人から罪を犯したことを告げられ無罪を求められた場合に，無罪を主張すべきか，もしくは罪を告知すべき

か。弁護士は真実義務と同時に忠実義務を負っているため（22Ⅰ）問題となる。

　　この点，まずは被告人に対して有罪を受け入れるように説得をし，それでも被告人が受け入れなかった場合は原則として無罪の主張をすべきである。もっとも人命に関わるような事件であれば例外的に無罪の主張は許されないと考える。なぜなら，そもそも弁護士制度は被告人からの信頼がその制度の根幹になっており，また，当事者主義的構造の下に検察官が立証責任を負っているところ，無罪となるのは単に検察官が立証に失敗したに過ぎないと評価できるからである。もっとも人命は極めて重大な法益であるから，人命が関わる事件の公判では無罪の主張は許されないと考える。

　　本件，確かに暴行事件であり人命に関わる事件ではないが，そもそも弁護士はAに対して罪を受け入れるよう説得を試みていない。よってこのような無罪の主張は5条に違反し許されない。

設問5について

1　検察官は証拠⑫の取り調べを請求する。

2(1)　伝聞証拠とは公判廷外の供述を内容とする供述証拠であり，要証事実との関係でその真実性が問題となるものをいう。証拠⑫は公判廷外のBの供述を内容とする証拠であり，その真実性が問題となる。するとYが不同意（326Ⅰ）をした場合は原則どおり証拠能力が否定される。

● 何罪の「故意」がないのかを明確に論述すべきである。

● 「Vが2回突いたと感じたのは，Vが怒りのあまり興奮し，勘違いをおこしたため」という問題文にない事情を述べており，不適切である。

● 「やむを得ずにした行為」を認定するに当たっては，最低限，Aに一度腹部を蹴られても，なお両手でAの両肩をつかんで離さなかったことを指摘すべきである。

● 〔設問4〕では，まず真実義務に関する規程5条を摘示した後，規程23条（秘密保持義務）や規程46条（誠実義務）を摘示し，弁護人はこれらの義務に背いてまで真実発見に協力してはならないことを述べ，あくまで被告人の犯罪を立証する義務は検察官に課されていること，規程82条1項2文により，弁護人は積極的真実義務を負わないことから，弁護人は，裁判所・検察官による実体的真実の発見を積極的に妨害し，あるいは積極的に真実をゆがめる行為（規程75参照）をしてはならないという消極的真実義務を負うにとどまる，などと論述するのが適切な論理展開であると考えられる。

● 本答案は，「人命が関わる事件の公判では無罪の主張は許されない」としているが，そうすると，弁護人は人命が関わる事件では積極的真実義務を負うということになり，規程82条1項2文や規程46条に反することになるから，妥当でない。

令和元年

(2) そこで検察官としては以下のように，３２１Ｉ③の要件を満た
し例外的に伝聞例外として証拠能力が認められると主張する。証
拠⑫は「検察官の面前における供述を録取した書面」である。
「相反する」とは，要証事実との関係で異なる結論を導く場合を
いう。本件ではＡの犯人性という要証事実について証拠⑫ではこ
れが認定されるが，公判廷のＢの供述ではこれを導けない。よ
って「相反する」ものである。本規定が証拠能力の付与を問題に
していることから，「信用すべき特別の状況」とは外部付随的な
事情から判断される。本件ではＢはＡの目前で供述することを拒
んでいる。Ａがいるかいないかという外部的な事情の変化がある
から，証拠⑫は「信用すべき特別の状況」で作成された。

以　上

※　実際の答案は４頁以内におさまっています。

● 本問では，「検察官が取調べを請
求しようと考えた証拠」が問われて
おり，検察官は，「新たな証拠」の
取調べを請求しようと考えている。
この点，証拠⑫（Ｂの検察官面前の
弁解録取書）は，検察官が既に証拠
調べ請求をしている（【事例】６参
照）ので，本問において，証拠⑫の
取調べを請求するのは明らかな誤り
である。

# 一般教養

# 平成27年

[一般教養科目]

　次の文章は，東ヨーロッパ諸国の社会主義体制が1960年代から1970年代に経験した困難について述べたものである。これを読んで，後記の各設問に答えなさい。

　　あらゆる社会には多くの変化と不確実性が存在する。経済活動が過去の反復に過ぎないような静態的な社会では，新たな意思決定は全く不要であろう。ところが現実には，どのような規模の経済でも不確実性は存在し，「変化」は常に起こっており，ビジネスを行う者にとっては個別的・具体的な知識に基づいた新たな意思決定と経済コストの削減が日々の重要課題となっている。このような場合，統計量で表現できる種類の情報は中央計画当局に送ることはできても，現場の人間だけが知っている「特殊な知識」は中央の計画当局が集中的に管理し利用することはできない。技術知識にはデータとして存在するものだけではなく，時々刻々変化し瞬間的に生まれるような種類のものが多くあり，それが実際の生産現場での生産性を左右し，競争の雌雄を決することがある。紙一重の差によって勝敗が決まる経済競争にとって重要なのは，現場の人間が有する具体的・個別的な知識なのである。社会主義計画経済では，この種の知識を収集・管理することができない。

　　いかなる体制下でも現場の人間は，時々刻々変化する世界の経済条件をすべて知ることはできないから，変化と不確実性に正確に対処することはできない。ところが市場経済では，こうした変化に関する情報をすべて知る必要がないメカニズムが作動する。重要な情報は，ある財・用役が相対的にどれほどの重要性と稀少性を変化させたのかということなのである。この相対的な重要性や稀少性の変化の指標が市場で形成される「価格」なのである。「価格」は各経済主体が知る必要のない個々の事象を捨象して，意思決定にとって必要かつ十分な情報を圧縮した形で提供する。社会主義計画経済はこの「価格」の担う重要な役割への理解が欠如していたことに，致命的欠陥があったといえよう。

　　市場機構では，各人は自分の知識と技能に最大限の活動の余地を与えて，与えられた価格情報のもとで自分の経済活動を最もうまく計画できる状態をつくり出す。政府は資源の利用についての条件（規制など）は定めるが，いかなる目的のためにそれが利用されるのかについては干渉しない。そこには形式的な規則や法が存在するだけで，法が「特定の目的」「特定の人々」という選択的な意図を含んでいない。

　　他方，社会主義計画経済では，資源利用は特定のプランに従って，その時々の必要性に対する政治局ないしは国家計画委員会の判断に従って選択される。選択は必然的にその時々の「事情」に依存し，集団や個人の意識的な利害調整が不可避になる。結局，誰かの意見によって，誰の利益が優先されるのかが決定されなければならない。各産業部門での産出量水準，消費や投資の水準，産業間の投資資金の配分，価格と賃金も「人が」（匿名の市場ではなく）決定することになる。ある人

の労働がどれほど有益なのか，ある財がどれほど重要なのかという判断が，一部少数の人によって下され，割り当てられる。その結果，経済的な地位改善の努力と政治的な決定権限は容易に結合する。経済問題が即，政治問題となり，誰の利益が重要であり，誰がその問題の解決に強い力を持っているのかが人々の最大の関心事となるのである。

こうした問題は，いずれの経済体制でも程度の差はあれ存在し，完全に払拭することはできない。しかし社会主義計画経済システムが，最も端的にこの欠陥を露呈することになった。

（猪木武徳『戦後世界経済史　自由と平等の視点から』）

〔設問１〕

下線部から読み取れる内容を踏まえ，市場機構の機能に関する著者の見解を１０行程度でまとめなさい。

〔設問２〕

20世紀末の社会主義体制の瓦解後，市場機構は，名実ともに世界経済の中心的・主導的な機構となった。その一方で，それが，各種の社会問題の温床となっているとの批判もある。これに関連して，経済社会の在り方をめぐって，以下の２つの理論的立場が想定される。

　A：市場機構に，社会的な規制を加える必要はない。
　B：市場機構に，社会的な規制を加える必要がある。

ここで，仮にBの立場を取るとすれば，その正当性はいかに主張できるであろうか。具体的な事例（Bの主張の論拠となる事例）を取り上げつつ，１５行程度で立論しなさい。

　設問1は，東ヨーロッパ諸国の社会主義体制が20世紀後半に経験した困難についての記述を通じて，市場機構の機能に関する著者の見解を問うものである。その内容を要約するには，社会主義計画経済が収集・管理できない「この種の知識」（下線部）とは何かを踏まえた上で，市場機構において価格が果たすメカニズムやその重要性を正確に把握する必要がある。「この種の知識」がもたらす変化の指標が市場で形成される「価格」であり，これが各経済主体の意思決定にとって必要かつ十分な情報を圧縮した形で提供することから，市場機構には社会主義計画経済に対する相対的優位性が認められることを明らかにすることが求められる。

　設問2では，市場機構にも一定の限界があり，これに対処するため社会的な規制が加えられる必要があるとの立場（Bの立場）から，その正当性を具体的な事例を使って説得的に論証する能力が問われている。正当性の論証に際しては，設問1と同様に，価格の調整能力を特徴とする市場機構の機能を正確に理解した上で，価格が市場機構において重要な情報を圧縮して提供する機能の限界を示すような具体例，例えば価格に反映されない情報があることや，あるいは価格が持つ情報の質にも限界があることを表す具体例を示し，自己の立場を積極的に正当化することが求められる。

　いずれの設問においても，全体として指定の分量内で簡明に記述する能力も求められる。

## MEMO

［設問1］

社会には多くの変化と不確実性が存在し，紙一重の差で勝敗が決まる経済競争では，数値で表現できない「特殊な知識」を含む多くの情報に対処し適切な意思決定を行う必要がある。社会主義経済では，中央当局が目的・資源割当等の意思決定を行うため上記の「特殊な知識」が収集・管理されず，適切な情報収集・処理ができないことになる。

他方，市場機構では，多くの情報が意思決定にとり必要十分な，価格という形で圧縮され，各経済主体が自分の知識・技能を最大限に活用し適切な意思決定をなしうる状態がつくりだされる。

また，これに加えて，市場機構では，中央当局が政治的な意思決定をするわけではないため，経済問題と政治問題の分離を促す，という効用が生じる。

このように市場機構は，個人の意思決定を最適なものとし，政治問題と経済問題の分離を促すという機能を有している。

［設問2］

市場機構自体が合理的に機能している場合でも，他の領域に弊害が生じることから，市場機構に社会的な規制を加える必要がある。以下具体例とともに述べる。

第一に，水俣病やイタイイタイ病など，公害問題の例がある。経済的には工場等での廃棄物にかけるコストは低く抑えることが合理的であり，これで市場機構それ自体は，合理的に機能しうる。しか

し，それでは廃棄物が環境に悪影響をもたらし，公害問題を発生させるなどの弊害が生じうる。そこで，社会的な観点から，排気ガス排出制限や配置・設置規制などといった規制を加える必要がある。

第二に，近時わが国で問題化している，ブラック企業の例である。経済主体としては，人件費や福利厚生費といったコストを抑えることが合理的であり，このような状況下でも市場機構は機能しうる。しかし，それでは，過労やワーク・ライフ・バランスへの悪影響といった弊害が生じうる。そこで，社会的な観点から，最低賃金の保障や，福利厚生を充実させる企業への補助金といった施策などによって，労働環境の保障を図る必要がある。

このように，市場機構それ自体としては合理的に機能しており，一見，弊害は生じていないように思える場合でも，他の領域（自然環境，労働環境など）に弊害・悪影響を及ぼすことがありうる。そこで，社会的な観点からの規制を加えるべきである。

以 上

● 市場機構では，現場の人間が有する個別・具体的な知識がもたらす変化の指標が「価格」であり，各経済主体の意思決定にとって必要かつ十分な情報を圧縮した形で提供される「価格」を知ることで，変化に関するすべての情報を知る必要がなくなるというメカニズムが市場機構で作動する。本答案は，市場機構のメカニズムに言及できていない点で，要約がやや不十分である。

● 社会主義計画経済では，「価格」は匿名の市場ではなく「人」が決定し，経済問題と政治問題が混同する形で提供される。この点で，市場機構に相対的優位性が認められ，本答案はこの点に言及している。

● 出題趣旨によれば，「価格に反映されない情報があることや，あるいは価格が持つ情報の質にも限界があることを表す具体例」を示すことが求められている。本答案は，具体例として①公害問題，②ブラック企業の例を挙げている。この点，①公害問題の例では，近年では環境に配慮されているという情報も「価格」を形成する情報となっているが，過去では環境に配慮されているという情報が「価格」に反映されない結果生じた問題が公害問題であると考えることができ，「価格に反映されない情報があること」の具体例として，適切といえる。また，②ブラック企業の例では，正常な労働環境の下，適正な人件費等を企業が負担し，これに見合うリターンを得るための「価格」が市場で形成されるはずであるところ，ブラック企業では劣悪な労働環境の下，低く人件費が抑えられているという「質」の悪い情報が「価格」を形成し，その結果，ブラック企業の温床になっていると考えられ，「価格が持つ情報の質にも限界があること」の具体例として，適切といえる。

## 再現答案②　B評価（S・Hさん　順位2位）

設問1
　どのような規模の経済でも不確実性や「変化」は存在し，ビジネスを行う者にとっては個別的・具体的な知識に基づいた新たな意思決定と経済コストの削減が重要課題である。
　しかし，現場の人間は変化する世界の経済条件のすべてを知ることはできない。そこで，重要となるのが，ある財・用役が相対的にどれほどの重要性と希少性を変化させたかという重要な情報の変化の指標である「価格」である。「価格」は各経済主体が知る必要のない個々の事象を捨象して，意思決定にとって必要かつ十分な情報を圧縮した形で提供する。
　社会主義計画経済では，市場により形成される「価格」の担う重要な役割への理解が欠如していたために，個別的・具体的知識の収集管理ができなかった。一方，市場機構は，各人は自己の知識と技能に最大限の活動の余地を与え，自分の経済活動を最もうまく計画できるよう価格情報を与えるという機能を有する。

設問2
　Aの立場は，何が正しく，何が正しくないかは誰にも判断できないのであるから，市場において大多数が正しいと判断したものを正しいものとして，正しくないと判断したものを正しくないものとして扱うしかない。したがって，市場に委ねていれば，正しくないものは自然と淘汰され，正しいものが残るのであって，これに社会的規制を加えることは，むしろ市場を歪めるとの考えを根拠とするも

● 「各経済主体が知る必要のない」情報を捨象した「価格」だけ知っていれば，自己の経済活動を最もうまく計画できるとする点で，「市場機構において価格が果たすメカニズム」を適切に把握できている。

● 「社会主義計画経済が収集・管理できない『この種の知識』」の内容が把握できている。また，市場機構における「価格」の重要性も適切に把握されており，出題趣旨に沿う。

● 本問では，Aの立場を詳細に検討することは求められていない。Aの立場について論述するとしても，Aの立場は市場機構における「価格」の調整能力を重んじる立場であることを簡潔に説明する程度で足りると思われる。

のと思われる。
　確かに，大多数が正しいと判断したものを正しいものとして扱うしかない場面も多いが，多数派の判断が妥当でない結果を招く場合も存在する。
　たとえば，公衆浴場の経営が考えられる。現代においては自家風呂が普及しているため，公衆浴場の重要は高くなく，市場にのみ委ねていると淘汰される対象である。しかし，自家風呂を持たない者にとっては衛生的で文化的な生活をおくるために必要不可欠なものである。したがって，かかる者たちのために，距離制限をかける等して既存の公衆浴場事業者を保護しなければならない。
　このように，多数の者にとっては不要だが，少数の者にとっては必要不可欠なものが市場に委ねているだけでは保護されず，少数者の生活が脅かされる。
　したがって，このような場面ではまさに社会的規制が必要なのであるから，Bの立場が正当である。
　　　　　　　　　　　　　　　　　　　　　　以　上

● 本答案は，Aの立場に反対する形でBの立場の正当性を主張しようとしている。本答案が論述しているAの立場は「大多数が正しいと判断したものを正しいものとして扱う（多数者の判断が妥当である）」というものであるが，Aの立場はあくまで市場機構の機能を最優先する立場にすぎず，多数者の判断が妥当かどうかに着目した立場ではない。本答案は，Aの立場を正しく把握できなかったため，これに反対する形で提示した具体例も「少数者保護」の事例になっており，出題趣旨が求める「価格に反映されない情報があることや，あるいは価格が持つ情報の質にも限界があることを表す具体例」を挙げることができていない。この点で，出題趣旨に合致しない論述になっている。

第1　設問1
　市場機構においては，現場のビジネスの具体的な知識を収集・管理することが可能となる。市場経済では，ある財・用益が相対的にどれほどの重要性と稀少性を変化させるかという指標として「価格」が形成される。その「価格」を利用して，自分の活動を効率的に行うことができるというところに，市場機構の機能がある。
　また，市場機構においては，特定の目的や，特定の人々という対象を利することが目的とされていないため，人々は可能な限り平等な機会を有することができるという機能も市場機構にはある。
第2　設問2
　市場機構に社会的な規制を加えない場合には，情報を有する者と有しない者とで情報の非対称性が生まれ，市場機構において重要な意義のある「価格」の正当性を適切に判断できないという問題が生じ得る。
　市場機構においては，市場で形成される「価格」が意思決定にとって必要かつ十分な情報を提供するというフィクションがあるが，「価格」は常にすべての事象を反映して形成されるわけではない。したがって，その「価格」が適切なものかを判断する必要が生じるが，判断に必要な情報を有する者と有しない者とが存在する状況においては，その情報の非対称性を後見的

な規制によって解消する必要があるのである。そういう意味で，市場機構に社会的な規制を加える必要がある。
　また，市場機構の競争にこぼれ落ちた者に対して，最低限度の生活を保障するためにも，市場機構に，社会的な規制を加える必要はあるのである。

以　上

● 「社会主義計画経済が収集・管理できない『この種の知識』」が何かを把握できている。

● 市場機構における「価格」の重要性については述べられているが，メカニズムまでは把握されていない。

● 社会主義経済についての言及がない。そのため，市場機構の社会主義計画経済に対する相対的優位性を示すという出題趣旨の要求に応えられていない。

● 設問2では，「価格」というシステムを最大限尊重する市場機構で生じる「各種の社会問題」を論じた上で，Bの立場を正当化することが求められており，そのためには，「価格に反映されない情報があることや，あるいは価格が持つ情報の質にも限界があることを表す具体例」を示すことが必要になる。本答案は，「価格」を知っていれば個別・具体的な知識の変化を全て知る必要がないという市場機構の機能を正しく把握できておらず，「価格」の正当性を判断するために「情報」を知る必要があるという誤った前提に立ってしまっている。また，本答案は情報格差の具体例を論じようとしているが，その不都合性や社会的規制を加える必要性に関する説明も抽象的であり，具体例とはいい難い。

# 平成28年

[一般教養科目]

以下の［A］［B］の文章を読んで，後記の各設問に答えなさい。

［A］　インターネットの普及によって人々は，様々な情報に簡単にアクセスできるようになってきている。その一方で，「知識」と「情報」を概念的に区分することに固有の関心＝利害（interest）を持つ人々も，いまだに存在する。例えば法律・医療・会計などの領域では，各種の専門家が一定の条件下で知識を独占的に運用し続けている。個々の学問分野において研究者が果たしている役割も，基本的にこれと同じである。すなわち研究者は，「斯界の権威」として学問的知識の生産や流通にコミットし続けている。

〔設問1〕

　一般に「学問的知識」が「学問的知識」であるためには，何が求められるであろうか。学問における専門家集団（いわゆる研究者のコミュニティー）の役割に触れつつ，15行程度で論述しなさい。

［B］　インターネットの普及によって（地理的・空間的に）遠方にいる人々と，手軽にコミュニケーションを取ることが可能になってきている。その一方で，（地理的・空間的に）身近な人々との関係が，より疎遠になる傾向が認められる。人々が中間的な集団から解放されることを「個人化（individualization）」と呼ぶならば，グローバル化は個人化と軌を一にしている。グローバル化＝個人化は今日，社会の各所に多大な影響を及ぼしつつある。例えば家族や地域のコミュニティーは，その中で恒常的な解体圧力にさらされている。

〔設問2〕

　グローバル化＝個人化が進行する中で，「国家」はいかなる立場に置かれているであろうか。具体的な事象を取り上げつつ，15行程度で論述しなさい。

▶ **MEMO**

平成28年

　設問1及び2は，共に，インターネットを始めとする情報技術の発展による今日の社会の様相の変化を題材とするものである。

　設問1は，情報技術の発展により専門的知識と情報一般の区別が曖昧になりつつある中，学問領域を例にとって，専門的知識と情報一般がどのように区分されるかについての一般的な理解を問うている。学問的知識の存立要件のみならず，それが専門家集団によってどのように担保されているかについても的確に説明することが求められる。

　設問2では，グローバル社会においては，国家そのものが「中間的な集団」として位置付けられつつあることを前提に，グローバル化（個人化）が，国家的な結合を弱める側面と再強化する側面を併せ持つことにつき，適切な具体例を挙げつつ説明することが求められる。

　いずれの設問においても，全体として指定の分量内で簡明に記述する能力も求められる。

# ▶ MEMO

平成28年

第1 設問1について
1 「学問的知識」が「学問的知識」であるためには，当該学問の複雑性，探究の困難性が求められる。
2 インターネットの普及等，情報化社会の現代においては，人々は様々な「情報」に簡単にアクセスすることができる。客観的事実として見れば，「情報」と同一といえる「知識」は，研究者が発見し発信する点で，「情報」と区別される。研究者は，真理探究を目的として精神的営為活動を繰り返す中で新たな真理の発見をし，それを社会へ発信する。すなわち，新たに発見された真理，事実を研究者のコミュニティーが独占的に運用している限り，それは「情報」ではなく「知識」となる。
　仮に，一般人が事実を発見したり，それを社会へ発信する場合，それは「知識」ではなく「情報」となる。一般人が発見できず，日々当該学問の真理探究を行う専門家たる研究者が発見でき，発信することができる分水嶺は，やはり当該学問の難解さであると考えられる。
3 以上より，「学問的知識」が「学問的知識」であるためには，上記のような学問の特殊性である。
第2 設問2について
1 グローバル化・個人化が進行する中で，「国家」は解体される立場にあるともいえるが，多国籍「国家」という新たな

様相を呈することにもなるといえる。
2 確かに，グローバル化・個人化が進めば，「国家」の構成員たる国民が「国家」から流出するおそれがあり，それが増えれば増えるほど，「国家」は解体せざるを得なくなってしまうことになる。世界中でテロ活動を行うイスラム国の出現や，EUから離脱することを国民投票で決したイギリスも，「国家」の解体の結果としてのナショナリズムの台頭ともいえる。
3 しかし，グローバル化・個人化が進めば，同時に「国家」に外部から構成員が流入することもある。例えば，スポーツ界では，よりレベルの高い日本で競技をするため，日本に流入するアジア外国人選手も多数存在する。また，企業においても外国人労働者が増え，その言語能力を活かして多数活躍している。これらは，結果的に日本の産業を増強することにも資する。このように考えれば，ただ単にグローバル化・個人化が「国家」を危うい立場に追い込むということは，必ずしも妥当ではない。
4 以上より，グローバル化・個人化によって「国家」は解体される立場にあるだけではなく，新たな多国籍の「国家」として創出される立場にあるともいえる。
　　　　　　　　　　　　　　　　　　　　　　　以　上

● 出題趣旨によれば，「専門的知識と情報一般がどのように区分されるかについての一般的な理解」，「学問的知識の存立要件のみならず，それが専門家集団によってどのように担保されているか」が問われている。本答案は，「学問的知識」の存立要件を明確に示した上で，「研究者が発見し発信する」ことが「知識」を「情報」と区分させ，「新たに発見された真理，事実を研究者のコミュニティーが独占的に運用している限り，それは『情報』ではなく『知識』となる」として，専門家集団の役割を明確に論じており，出題趣旨に全面的に合致する。

● 本答案は，グローバル化＝個人化により，「国家」は解体される立場にあるとしつつ，新たな（多国籍の）「国家」として創出される立場にあるとしている。この点，出題趣旨によれば，「グローバル化（個人化）が，国家的な結合を弱める側面と再強化する側面を併せ持つこと」について説明することが必要となるところ，本答案は，「国家的な結合を弱める側面」，「再強化する側面」の双方について言及できている。
　もっとも，「国家的な結合を弱める側面」の具体例として挙げられているイギリスのEU離脱は，むしろ国家を超えた組織体であるEUからイギリスという「国家」に回帰する動きといえるため，適切といえるかは疑問である。また，「再強化する側面」の具体例として挙げられているものも，インターネットの普及によるコミュニケーションを前提とするものではない。

## 再現答案②　A評価（K・Sさん　順位187位）

設問1
　学問的知識が，情報の単なる概念的整理であるならば，誰でも簡単にアクセスできるはずである。しかし，学問的知識は，学問における専門家集団により独占的に創出され，社会に通用している。このような創出と通用が許容されてはじめて，学問的知識であるということができる。では，かかる特徴はいかにして生じるのか。
　かかる創出と通用が社会において受容されるためには，当該知識が専門家集団の権威によって裏付けられることを要する。裏を返せば，単なる情報を，批判的検証によって学問的知識の次元に彫琢することが，専門家集団の役割であるということもできる。
　以上を要するに，「学問的知識」が「学問的知識」であるためには，専門家集団による批判的な検証による彫琢を受け，社会において妥当性が所与のものであるとして受容され，通用することを要するということができる。

設問2
　国家は，宗教や民族といった紐帯によって，社会の統合を実現してきた。例えば，１９６０年代までのヨーロッパでは，教会などの宗教的共同体が，法的な形ではないにせよ，生活や文化の基盤をなしていた。
　かかる状況において，グローバル化は，遠方の人間との交流

● 本答案は，「学問的知識」は情報の単なる概念的整理ではなく，専門家集団によって創出・通用され，社会に受容されるものとして「情報」と区分し，それを担保する専門家集団の役割として，「単なる情報を，批判的検証によって学問的知識の次元に彫琢すること」と述べており，出題趣旨に合致する。

● 設問２は，「グローバル化＝個人化が進行する中で」としており，グローバル化が進行する前の時点について論述することは，行数制限が設けられている一般教養科目において得策とはいえない。

を容易にし，個人を土地的制約から解放した。これは，個人がその地域の文化や宗教的共同体から自由になるということをも意味する。このことは，移民の流入によってさらに顕著な特徴をもって社会に現出する。このような状況においては，共有されるべきルールが消散の危機に陥り，個別の文化集団同士の衝突の危険が顕在化する。具体例を挙げれば，同性愛を許容する社会のルールは，性的少数者の要請にこたえるものであるが，キリスト教やイスラム教のルールと衝突し，かかるルールは消散の危機に陥る。また，このような見解の相違は，アメリカにおけるテロリズムによるデモへの妨害などといった近時の事件に顕在化しているのである。
　かかる状況においては，地域社会のみならず，国家もまた，解体の危機にさらされる。国家もまた，ルールの定立者であるからである。他方で，国家は，統合の担い手であった以上，何らかの形で社会の分断を回避する要請にさらされている。つまり，国家は，解体圧力とともに，統合の要請という二重拘束の状況に置かれた，のっぴきならない立場にあるのである。
　　　　　　　　　　　　　　　　　　　　　以　上

● 本答案は，「共有されるべきルールが消散の危機に陥り，個別の文化集団同士の衝突の危険が顕在化する」ことが，「国家」を解体の危機にさらす旨論述している。しかし，グローバル化＝個人化（身近な人々との関係が疎遠になること・中間的な集団から解放されること）が「ルールの消散・文化の衝突」を招くものであるのかは疑問であり，説明を要する。また，本答案は「国家」を「ルールの定立者」としており，たとえルールが消散の危機に陥っても，必ずしも「国家」が解体の危機にさらされることにはならないとも思える。さらに，出題趣旨によれば，グローバル化＝個人化が「国家的な結合を再強化する側面」について述べることが求められるところ，本答案は，「国家」それ自体の立場を述べるにとどまっている。

設問1
　「学問的知識」が「学問的知識」であるためには，各種の専門家が一定の条件下で知識を独占的に運用し続けていることが求められる。この考え方に対しては，インターネットの普及によって，人々は様々な情報に簡単にアクセスできるようになってきており，データの客観的正確性があれば，「学問的知識」といえるとの反論が想定される。しかし，「学問的知識」といえるには，各種の専門家が一定の条件下で知識を独占的に運用し続けていくことにより，理論の提唱，発信，深化を図ることができ，「情報」に権威を与えることができる。例えば，あの有名な学者の先生が言っていることだから，このデータや考え方は信頼できるといったようなものである。「情報」には，誰もが容易にアクセスできるものの，「情報」は「学問的知識」と異なり，体系立っていることはほとんどなく，物事の一部，一側面しか見ていないことが多いから，素人が「情報」に接することはかえって有害ですらある。以上より，「学問的知識」が「学問的知識」であるためには，データの客観的正確性だけではなく，各種の専門家が一定の条件下で知識を独占的に運用し続けていることが求められる。
設問2
　グローバル化＝個人化が進行する中で，「国家」は，その意味が再考される立場に置かれている。グローバル化＝個人化が

●　本答案は，「学問的知識」と「情報」を区分し，その理由として，「各種の専門家が一定の条件下で知識を独占的に運用し続けていくことにより，理論の提唱，発信，深化を図ること」ができ，「情報」に権威を与えることができるためである旨論述しており，専門的知識と情報一般がどのように区分されるかについての一般的な理解を問う出題趣旨に沿う。

進行する中で，SNSや，外国人の往来が活発化し，ボーダレス化が進むことにより，主権国家体制が揺らいでいる。TPPやハーグ条約の締結等，我が国もグローバル化の名の下に，変容を迫られている。一方で，イギリスのEU離脱，アメリカが世界の警察としての役割を縮小していることから，今後も主権国家体制が続いていくと考えられる。しかし，それまで，国家は，暴力装置を独占していたが，近年，IS等のテログループの登場により，国家は暴力装置を独占しているとはいえなくなっている。以上から，国家の存在意義，その意味づけを考え直さなければならない状況といえ，グローバル化＝個人化が進行する中で，「国家」は，その意味が再考される立場に置かれている。

　　　　　　　　　　　　　　　　　　　　　　　　　以　上

●　出題趣旨によれば，国家そのものが地域等と同じ「中間的な集団」として位置付けられつつあることを前提に，グローバル化＝個人化によって国家的な結合が弱められると同時に，再強化されることについて論述することが求められている。この点，本答案は，「主権国家体制が揺らいでいる」「国家は暴力装置を独占しているとはいえなくなっている」等と論述しており，一般的な意味としての「国家」を想定しているものと思われるが，「中間的な集団」として位置付けられつつある「国家」についての検討が十分にできておらず，出題趣旨に合致しない。

## 再現答案④　C評価（M・Hさん　順位298位）

第1　設問1

「学問的知識」が「学問的知識」であるためには，容易に流通，獲得しえない高度の専門性が求められる。そして，そこでは大学教授をはじめとする知識人と呼ばれる専門家集団の役割が，以下のとおり，大きな影響を与えている。

　例えば，法律の領域において，法律の条文については，六法全書を引けば，あるいは法務省のhpを検索すれば，誰しもがその条文に記載されている文言について知ることができる。また，判例についても，事件名や年月日をインターネットで検索すれば，当該判例の主文やその理由について誰しもが容易に把握することができる。

　他方で，どのような条文の文言がどのように解釈された結果，当該判例の理由付けが導き出されているのかについては，法律の素人が検索等により容易に知ることはできない。

　すなわち，ここでの条文や判例が単なる「情報」であるのに対し，法的解釈が「学問的知識」なのである。そして，単なる「情報」である条文や判例について，それらを丁寧に判読し，容易に流通，獲得しえない高度の専門性を有する「学問的知識」へと変貌させる役割をもつのが，まさに専門家集団である。

第2　設問2

1　グローバル化，個人化が進行する中で，「国家」はその組織力，求心力を弱められる立場に置かれている。

2　例えば，フェイスブックやtwitter等のSNS（ソーシャルネットワークサービス）が普及している現代においては，人々は世界中の他者と容易にコミュニケーションをとることができる。その結果，人々は国家という帰属主体に固執する意義，必要が弱くなっている。

　また，ビジネスの現場においても，人，商品等を需要する人々はその供給先を国内に限定して求める必要がなくなっている。その結果，人々はある国家に帰属する国民としてではなく，国家を離れた一個人として存在することが求められる。

3　このように，インターネットの普及によって遠方の人々と容易にコミュニケーションをとることが可能となり，人々が中間的な集団から解放されることにより，国家はそれ自体の組織力，求心力を弱められる結果となる。

以　上

● 　「学問的知識」の存立要件を示しているが，［A］によれば，研究者は学問的知識の「流通」にコミットし続けているとある。この点，本答案は，「学問的知識」の具体例として「法的解釈」を摘示し，「法的解釈」は法律の素人が検索等により容易に知ることはできないとした上で，「学問的知識」を「容易に流通，獲得しえない高度の専門性を有する」ものとしており，［A］と矛盾するおそれがある。

● 　適切な具体例を挙げて，グローバル化＝個人化が人々の帰属主体としての「国家」を弱めていることを論述できており，出題趣旨に合致する。

● 　出題趣旨によれば，グローバル化＝個人化は，「国家」を解体圧力にさらすだけではなく，逆に「国家」を再強化する側面もあることについても説明を求めており，本答案は，1つの側面しか捉えることができていない。

# 平成29年

[一般教養科目]

　次の文章は，アリストテレス（紀元前384 ～ 322 ）『弁論術』（戸塚七郎訳）の中の一節である。これを読んで，後記の各設問に答えなさい。


　説得推論が推論であるということ，また，いかなる意味で推論であるのか，そして，弁証術の推理とはどういう点で異なるか，は先に述べた。つまり，説得推論においては，弁証術の場合のように，遠くから多くの議論を重ねて結論を導くということであってはならないし，議論の段階をすべて押えながら導くというのであってもならないのである。というのは，前者は議論が長すぎて，聴衆にははっきりしなくなるし，後者は，判りきったことまで述べるため，無用なお喋りになるからである。じつにこのことが，大衆の前では，教養豊かな弁論家よりも教養に欠ける弁論家のほうが説得力を持つ理由となっている。この点は，詩人たちが，大衆の間では教養のない人のほうが語る術に長けている，と言っている通りである。というのは，教養豊かな人々は普遍的で一般性のあることを述べるが，教養のない人は，自分が経験的に知っていることに基づいて，つまり，聴き手にとって卑近なことを，語るからである。それゆえ，議論をひき出すのは，人々が抱く見解ならどんなものからでもよいという訳ではなく，或る限られた見解，例えば，聴き手である裁判官とか，その裁判官が「あの人なら」と認めている人々の見解に基づくのでなければならないし，その上，その見解はすべての人，もしくは大多数の人々もそう思っているものである，ということが明らかでなければならない。また，必然的な前提だけでなく，概ね真とされている前提をももとにして結論を導くことが必要である。


（注）説得推論（enthymeme）については，別の箇所において，以下の説明がされている。
　　　「或るいくつかの命題があり，それらが普遍的に，もしくはほとんどの場合に真であることから，他の命題をそれらから，それらとは別に，結論として導き出すことは，弁証術においては推論と呼ばれ，弁論術においては説得推論と称されるのである。」


〔設問１〕

　本文中において，アリストテレスは，弁証術（dialectic）と弁論術（rhetoric）をどのように区別しているか。文中の言葉を適宜自分の言葉に置き換えつつ，１５行程度でまとめなさい。


〔設問２〕

　アリストテレスの言う弁論術は，今日においても，様々な場面で活用されている。弁論術は，それをどう使用するかによって，功罪相半ばする技術である。弁論術を使用することの功罪につ

いて，説得力のある具体例を一つ以上挙げつつ，２０行程度で論じなさい。

平成29年

　設問1及び2は，アリストテレスの「弁論術」を題材として，説得の技術である弁論術の意義について，弁証術との区別を踏まえた理解を問うものである。

　設問1は，本文の記載内容を前提に，弁証術と弁論術の区別について問うものである。弁証術及び弁論術それぞれの意義・特徴につき，的確に説明することが求められるが，その際，単に文中の表現を引用するのではなく，その内容を正確に理解した上で，自己の言葉に置き換えて説明することが求められる。

　設問2は，設問1で問われた弁証術と弁論術の区別についての理解を踏まえた上で，様々な場面において，弁論術が有用とされる場合及び弁論術を用いることが適切でないとされる場合について，具体例を挙げつつ，的確に論じることが求められる。

　いずれの設問においても，全体として指定の分量で簡潔に記述する能力も求められる。

# MEMO

設問1

　弁証術では，推論が重んじられる。推論は，「遠く」から，すなわち普遍的・一般的な原理原則を議論の出発点として，議論の段階をすべて押えながら正確に結論を導くことが求められる。そのため，弁証術によると，「遠く」からの議論ゆえに長すぎて論旨が不明確となったり，自明な論理則まで述べるゆえ聴衆にとっては議論が無益に感じられてしまったりして，説得力に欠ける面がある。

　これに対して，弁論術では，説得推論が求められる。説得推論は，聴き手にとって卑近なことを議論の出発点として，自明な議論はある程度省略しながら結論を導くことが求められる。そのため，弁論術を用いれば，教養のない弁論家のほうがむしろ，聴き手にとって身近で，簡素な議論を展開することにより，説得力を持つことがある。また，弁論術を用いるのであれば，或る限られた権威ある人によって支持された見解でなければならないし，同時に，大多数の人々も共感できるものでなければならない。

設問2

　裁判員裁判を具体例に挙げて，弁論術を使用することの功罪について論じる。

　裁判員は，一般人を対象として抽選によって選出される。そのため，裁判員は必ずしも法律知識に通じているとは限らず，裁判員裁判では，検察官・弁護人は，こうした裁判員を「聴き手」と

して，弁証術でなくて弁論術を用いることが考えられる。

　弁論術は，一方ではメリットをもたらす。弁論術では，聴き手にとって卑近な事柄が出発点となり，一般国民にとっても直感的に自明と思われる法律論を適宜省きながら，弁論が行われる。そのため，身近でわかりやすい議論がなされ，その結論としての判決はより一般国民に受け入れられやすいものとなることが考えられる。また，弁論家側の法律家にとっても，弁論の前の争点整理が進んだり，既知の論点につき見直しが迫られたりすることがあるなどのメリットがある。

　他方で，弁論術はデメリットもある。特に，裁判員裁判の行われる刑事事件では，深刻な問題を生じうる。すなわち，「教養のない」検察官・弁護人によって，感情論を交えた弁論術が用いられれば，裁判員にとってはそれが説得的に映ることはあっても，犯罪の成否や量刑に関し不当な判決が下されるおそれが否定できない。このような弁論術の「罪」は，真実発見と社会正義の実現を是とする刑事裁判の真髄に真っ向から反する事態になりかねない。

以　上

● 　設問1は，弁証術と弁論術の区別に関して問うものであるところ，本答案は，本文の記載を前提に「弁証術及び弁論術それぞれの意義・特徴」について的確に説明することができており，出題趣旨に合致する。

　ただし，出題趣旨によれば，「単に文中の表現を引用するのではなく，その内容を正確に理解した上で，自己の言葉に置き換えて説明すること」が求められているところ，本答案は，文中の表現の引用・要約がほとんどであり，自己の言葉に置き換えた説明を意識できれば，なお良かった。

● 　設問2は，弁論術を使用することの功罪について問うものであるところ，本答案は，裁判員裁判を例として，弁論術のメリット（功）・デメリット（罪）を具体的に論じることができており，特に難点のある記載もない。そのため，本答案は，「弁論術が有用とされる場合及び弁論術を用いることが適切でないとされる場合について，具体例を挙げつつ，的確に論じること」を求める出題趣旨に合致する論述ができている。

● 　全体的に，必要な内容を分かりやすく簡潔にまとめ上げた論述ができており，その意味で，「全体として指定の分量で簡潔に記述する能力」を求める出題趣旨に合致する。

## 再現答案② A評価（R・Kさん 順位247位）

第1 設問1

1 弁証術は，ある命題からある命題を導くために，多くの議論を重ねる。すなわち，色々な意見を考慮しながら，緻密に論理的な論証を重ねる。そして，結論を導くために論じる必要のある全てのテーマについて，いずれの意見が正しいかを論じるのである。

　弁証術の特徴として，一般人からして長すぎて，わかりきったことまで論じるという点があげられる。そして，かかる弁証術は，教養豊かな人々が，普遍的一般的に論じるのに用いられる。しかし，大衆受けは悪い。

2 他方，弁論術は，長い議論はせず，わかりやすい。その代わり，普遍性や一般性はない。

　すなわち，卑近なことをたとえとして，わかりやすい考え方を提示する。そして，ここにいうわかりやすい例は，大多数の人にとっておおむね真といえれば良く，一般的に真とはいえなくとも良い。

第2 設問2

　弁論術のメリットとして，一般聴衆に対して伝わりやすく，スローガンに向かって一致団結したい場合に有効である点があげられる。また，緻密な論証が不要とされる点も，弁論術を用いる者にとってはメリットといえる。例えば，政治家が行政改革を進めたいときに，有権者に向かって，「市役所の窓口に座っている市

役所職員はいつも暇そうでしょ。そんな人たちに税金から給料を払うなんて無駄遣いだから，市の職員なんて削減すれば良い。」と訴える例が挙げられる。このような演説は一般聴衆にとってわかりやすいし，何が「無駄遣い」かについて緻密な論証をしなくとも，有権者の理解を得て，行政改革を一気に進めることができる。

　一方で，弁論術にはデメリットもある。まず，上述した「緻密な論証が不要」という点が，そのままデメリットにもなる。すなわち，上記の例に即していえば，行政職員のうち，どの役職が不要であり，どの役職が必要かについて，緻密な検証がなされないため，真に必要な役職までも人員がカットされる可能性がある。言い換えれば，「市の職員のうち，市立中学校の職員は，生徒数が増加しているから人手不足であり，人員確保が必要だ。」という旨の緻密な反論を誰かが述べても，再反論なしに受け入れてもらえない事態が生じる。

　また，様々な視点を考慮することも難しくなるという点もあげられる。上記の例に即していえば，人員カットされる対象となる職員の雇用の安定や，生活保障などの視点が全く欠けた議論になる。

以 上

● 本答案は，本文中で挙げられる弁証術の特徴としての「遠くから多くの議論を重ねて結論を導く」と，「議論の段階をすべて押えながら導く」というキーワードを自分の言葉で言い換えることができており，出題趣旨に合致する。

● 「卑近」は本文中の言葉であるから，自分の言葉に言い換えることができれば良かった。

● 弁論術を使用することの功罪について，具体例に即して論じることができている。また，具体例そのものも，非常に分かりやすい。

● 本答案や再現答案①は，弁論術を使用することの「功罪」の，「功」の部分で掲げた具体例を，「罪」の部分でも用いており，「説得力のある具体例」を挙げることを求める設問2に適合した優れた論述といえる。

1　設問1

　弁証術と弁論術は，推論の過程で前提をすべて証明することを要するか否かという，推論の仕方が異なる点で区別される。

　弁証術は教養豊かな人々によりなされる議論であり，必然的な前提だけを基にして結論が導かれる。命題一つ一つをすべて証明することになるため冗長になりがちであり，また普遍性も高い。したがって，緻密で穴がなく反証されにくい推論である一方で，聴衆が直感的には理解しにくく，説得力に劣るという難点がある。

　これに対して，弁論術は教養のない人々によりなされるものであり，必然的な前提だけでなく，おおむね真とされている前提も，逐一証明することなくそのまま基礎として結論を導いて良いとされる。証明すべき命題が少ないため短い議論で結論までたどり着き，また前提とされるのは聴き手にとって卑近で具体的な事柄であるため直感的に理解がしやすい。さらに，聴き手が一目置く権威ある人々の見解で，かつ大多数の人々も正しいと認めるとされる見解から結論が導かれるため，説得力に長ける。しかし，証明なしに前提とされた命題が一つでも偽であると反証されれば，推論が崩されてしまうという弱点がある。

2　設問2

　弁論術の長所は聴衆が直感的に理解することができ，納得しやすい点である。そのため，一方的に語り掛ける場面では聴衆に強いインパクトを与えることができ有効的である。例えば，テレビCMで人気女優が，化粧品がいかに優れものかを語ることは弁論術の有効的な活用法である。数十秒間で視聴者にインパクトを与えることができ，美容のプロといえる女優の美容に関する発言は権威があり，説得力が増す。

　他方で弁論術の短所は，推論に穴があり反証されやすい点である。そのため，鋭い反論にさらされる場面では議論が崩され逆に全く説得力に欠ける推論となってしまうおそれがある。例えば国会における政策議論で弁論術は適さない。安倍首相は集団的自衛権の必要性を世論に訴えるために赤ん坊を抱く母親と戦車の絵が描かれたフリップを用いていた。これは，具体的なイメージを用いて，子ども・女性など罪もない無力な国民を戦闘から守るために自衛権が必要であるということを聴衆に直感的に理解させるものではある。しかし，国会においては提案される法案等は反論にさらされ，本当に最善の案であるのか，必要性があるのかという点が吟味される。そのため，緻密さに欠ける弁論術による主張は簡単に穴を突かれ，議論に負けてしまう。したがって，このような厳密な議論が交わされる場面では弁論術は適さない。

以　上

● 　本答案は，弁証術と弁論術の意義・特徴について，問題文を適宜引用できている上，弁証術につき「緻密で穴がなく反証されにくい推論」，「聴衆が直感的には理解しにく」い等，その特徴を自分の言葉で説明できており，出題趣旨に合致する。

　しかし，弁論術を「教養のない人々によりなされるもの」と定義することはできない。教養のある人でも弁論術を使うことは可能だからである。また，弁論術につき「証明なしに前提とされた命題が一つでも偽であると反証されれば，推論が崩されてしまうという弱点がある」と述べるが，問題文からここまでのことは読み取れない。

● 　なぜテレビCMが弁論術に当たるのか説明できると，なお良かった。

● 　A評価の再現答案①②は，弁論術を使用することの功罪について，1つの具体例を用いていわば表裏のようにその「功」「罪」を説明しているのに対し，本答案及び再現答案④は，「功」「罪」の説明に当たりそれぞれ別の具体例を用いて説明している。

　この点，問題文は，「弁論術を使用することの功罪について，説得力のある具体例を一つ以上挙げ」ることしか求めていないが，「功」「罪」のいずれも説明できる具体例を摘示した方が，より「説得力のある具体例」を挙げたことになるものと推察される。

## 再現答案④ C評価（T・Nさん 順位461位）

第1 設問1について

1 弁証術とは，論点を推論していくうえで，当該問題点とは，関係性の希薄な一般的なものから，議論の段階を全て押さえながら，多くの議論を重ねて論証をするものである。そして，その論証においては，どの議論の段階もメリハリをつけずにどれも同程度の重要性をもって論じていく。また，弁証術の論証の対象となるものは，人々が疑問に思うことすべてであり，冗長な語り口となってしまう。

2 弁論術とは，論点を論証していくうえで，当該問題点と関連性の強い具体的なものから，議論にメリハリをつけて，主要な争点を中心的に論じていくものである。そして，その議論の対象となるものは，多くの人が共通して持っている大前提に関する疑問に限定されている。

3 以上のように，弁証術と弁論術では，まず，議論の出発点が，卑近なものなのか，一般的普遍的なものなのかで異なっている。また，その論証の過程においても，すべての論点を，その重要性を考慮せずに網羅的に長々と述べるのか，メリハリをつけて重要なものを中心的に論じていくのかで異なっている。そして，議論の対象も，人々が疑問に思うことすべてを対象とするのか，大多数の人々が共通して感じている疑問を対象とするのかで異なっている。

第2 設問2について

● 問題文中の言葉をそのまま使ってしまっている。

● 出題趣旨によれば，「弁証術及び弁論術それぞれの意義・特徴」を的確に説明することが求められていたところ，本答案は，弁論術に関する説明では，その意義・特徴を自分の言葉で噛み砕いて説明できている。
　　もっとも，問題文の（注）にある説得推論の説明が踏まえられておらず，説明し切れていない。

1 弁論術を使用することの功績は，他人に物事を説明する際に分かりやすくなり，伝えやすくなっているということである。例えば，テレビ通販において電化製品を販売する場合があげられる。電化製品の性能を説明していく中で，弁証術のように当該製品の特長を普段の消費者の生活とは無関係に一つずつ五月雨式に紹介していくと消費者は当該商品が必要なのか判別しかねるため，その商品は売れないことになりやすい。一方で，消費者の普段の生活を念頭に置いて，消費者が不便に感じていることを解消できる機能から説明していけば，消費者がその商品を購入すれば，どのようなことができるのか理解しやすく，企業にとっても商品が売れ，消費者にとっても真に必要な製品を手に入れることができ，相互にとって良い結果となる。
　　以上の通り，弁論術を用いることの功績は，他者に効率的な説明ができるという点である。

2 弁論術を使用することの罪責は，他者に説明することが容易となる結果，他者を信じさせやすくなり，他者を騙しやすくなることである。例えば，詐欺師が人を騙そうとする場合に，その人の悩みを聞いてその悩みに近い物事から語っていき，不要なものををも，重要なものであるかのように信じ込ませて，当該物を購入させるということができるようになってしまう。
　　以上より，弁論術を用いることの罪責は，説明のしやすさを用いて他者を騙しやすくなってしまうという点である。以　上

● 出題趣旨によれば，「弁論術が有用とされる場合及び弁論術を用いることが適切でないとされる場合」を論じることが求められていたところ，本答案は，「功」の具体例として「テレビ通販において電化製品を販売する場合」を挙げ，「罪」の具体例として「詐欺師が人を騙そうとする場合」を挙げている。
　　もっとも，再現答案③においてコメントしたとおり，1つの具体例に対して弁論術を使用することの「功」「罪」をそれぞれ論じた方が，より説得的な論述になったと思われる。

# 平成30年

[一般教養科目]

　次の文章は，ナンシー・フレイザーとアクセル・ホネットとの論争の書である『再配分か承認か？』のうち，ナンシー・フレイザーによって書かれた文章の一部である。これを読んで，後記の設問に答えよ。

　現代の世界では，社会正義への要求はより明確な形で二つのタイプに分類されつつあると思われる。第一のタイプは，非常になじみ深い再配分に関する要求であり，それは資源と富のより公正な配分を求める。たとえば，北から南への再配分・富者から貧者への再配分・経営者から労働者への（近年まで存続していた）再配分の要求である。たしかに，近年の自由市場主義イデオロギーの再燃によって再配分の支持者は守勢に立たされている。それにもかかわらず，過去百五十年間にわたり社会正義を理論的に考察するときにはほぼたえず，平等主義的再配分の主張はパラダイムとして機能してきた。

　だが今日では，われわれは「承認の政治」という第二のタイプの社会正義の要求に直面することがますます多くなっている。承認の政治が目指す目標をきわめて簡潔に定式化するとすれば，それは差異を肯定的に扱う世界，すなわち，対等な敬意を受ける代償としてマジョリティや支配的文化規範への同化がもはや求められることのないような世界である。たとえば，ジェンダーの差異のみならず民族的マイノリティ・「人種」的マイノリティ・性的マイノリティに特有なパースペクティヴの承認への要求である。近年このタイプの要求は，政治哲学者の関心を引いているだけではなく，承認を中心に置く正義の新しいパラダイムを発展させようとする人たちの関心をも引いている。

　一般的に言って，われわれは新しい状況に直面している。かつては配分を中心においていた社会正義の言説は，いまや一方では再配分に対する要求と他方における承認に対する要求へとますます引き裂かれている。そのうえいよいよ承認の要求が優勢になりつつある。共産主義の退場・自由市場イデオロギーの高まり・原理主義的形式と進歩主義的形式の両方における「アイデンティティ・ポリティクス」の登場，これらすべての展開が相重なって，平等主義的再配分の要求を根絶するまでには至っていないにせよ，それを脱中心化してきた。

　この新たな状況において，二種類の正義の要求は実践的観点でも知的観点でもしばしば相互に無関係なものとして掲げられている。たとえば，フェミニズムのような社会運動の中で男性支配に対する改善策として再配分に注目する政治的動向は，その代わりにジェンダーの差異の承認を強調する政治的動向からますます孤立化している。そうした傾向は理論的次元においてもほぼ同様である。やはりまたフェミニズムを事例として挙げれば，アカデミズムの世界ではジェンダーを社会関係の一つと理解する学者は，ジェンダーをアイデンティティあるいは文化的コードと解釈する学者と距離をおいて不安定なまま共存を維持している。こうした状況は，あらゆる領域で社会的政治から文

化的政治を切り離し，平等の政治から差異の政治を分離するという，広範に見られる現象の一つの例証にすぎない。

　（中略）今日の正義は再配分と承認の両方を必要としているというのが，私の包括的な見解である。

【出典】ナンシー・フレイザー／アクセル・ホネット
加藤泰史監訳『再配分か承認か？　政治・哲学論争』

〔設問１〕

　筆者は，本文中で，社会正義の実現のための手段として，「再配分」と「承認」の２つを挙げている。それぞれの特徴について，具体例を挙げつつ，１５行程度で述べなさい。

〔設問２〕

　筆者は，社会正義の実現のためには「再配分」と「承認」の両方が必要であり，そのいずれか一方だけでは十分ではないと主張している。

　この見解の論拠について考察した上で，筆者の主張に対するあなた自身の考えを２０行程度で論じなさい。なお，解答に当たっては，筆者の主張に対する賛否を明らかにするとともに，あなたの考えを裏付ける適切な具体例を踏まえること。

平成30年

　設問1は，社会正義の実現に関する記述を前提に，社会正義実現のための手段としての「再配分」と「承認」についての理解を問うものである。

　回答に当たっては，「再配分」及び「承認」の意義を正確に読み解いた上で，それぞれの特徴について，適切な具体例を挙げつつ，的確に説明することが求められる。

　設問2は，「今日の正義は再配分と承認の両方を必要としている」という筆者の主張に対する，各自の見解を問うものである。

　上記のような筆者の主張の論拠については本文中で明確にされていないことから，回答に当たっては，「再配分」と「承認」についての正確な理解を前提として，両者の関係について考察を深めることが求められる。その上で，上記のような主張に対する賛否を明確にするとともに，適切な具体例を挙げつつ，自身の見解を的確に論じることが求められる。

　いずれの設問においても，全体として指定の分量で簡潔に記述する能力も求められる。

▶ **MEMO**

第1 設問1
1(1) 再配分とは，資源と富のより公正な分配を意味する。平等主義的再分配の主張は，過去百五十年間にわたり社会正義を理論的に考察するときにはほぼたえずパラダイムとして機能してきた。
(2) 再配分の例には，北から南への再配分，富者から貧者への再配分，経営者から労働者への再配分がある。再配分は資源と富が平等に分配された社会を実現することができる点で社会正義の実現に寄与する。
2(1) 承認とは，差異を肯定的に扱う世界，対等な敬意を受ける代償としてマジョリティや支配的文化規範への同化がもはや求められることのないような世界をいう。近年，承認の要求が優勢になるにつれて，平等主義的再配分の要求は脱中心化している。
(2) 承認の例としては，ジェンダーの差異，民族的マイノリティ，「人種」的マイノリティ，性的マイノリティに特有なパースペクティヴの承認がある。承認は少数者が多数派への同化を求められることのない世界を実現する点で社会正義の実現に寄与する。
3 また，再配分と承認は相互に無関係なものとして掲げられているという特徴がある。
第2 設問2
1 筆者が，社会正義の実現のために再配分と承認の両方が必要であると主張する論拠は，過去において社会正義の実現過程で再配分と承認の両方が必要であった例が多いという経験則にあると解

する。
2 私は，筆者の主張に賛成である。
3 以下，人種差別解消運動を例に私の見解を述べる。
(1) 人種差別，とりわけ米国における黒人差別撤廃運動は，承認と再配分の融合により成し遂げられてきたものであった。
ア まず，黒人が差別されているという事実すら社会問題となっていなかった時代，キング牧師をはじめ黒人差別に直面している人々が黒人差別の実態を国際社会に訴え，国際社会と問題意識を共有した。その結果，黒人の人権保護の必要性に気づいた国際社会は，差別を促進する政策を非難するとともに，黒人にも，白人と同様，基本的人権が保障されていることを承認した。
イ しかし，政策決定権を有する立場の職種に白人が多い状況では黒人差別撤廃運動は加速しなかった。国際社会から黒人の人権が承認された後，黒人の人権保障を加速させたのは，教育資源の再分配であった。
すなわち，アファーマティブアクションを含む教育機会の再分配により，黒人は自らの体験を差別と認識し，社会に声を上げることができるようになった。また，高等教育を受けた黒人が，オバマ大統領のように国の政治を動かす中枢で働くようになったことは，黒人差別撤廃に不可欠であった。
(2) 以上のように，過去において人類が社会正義を実現する過程で

● 出題趣旨によれば，設問1では，「再配分」及び「承認」の特徴について，適切な具体例を挙げつつ，的確に説明することが求められているところ，本答案は，「再配分」及び「承認」の意義を的確に摘示するとともに，適切な具体例を挙げることができており，出題趣旨に合致する。

● 本答案は，「社会正義の実現のためには『再配分』と『承認』の両方が必要であり，そのいずれか一方だけでは十分ではない」という筆者の見解の論拠について，正面から考察できている。

● 本答案は，自身の見解を述べるに当たり，具体例を非常に詳細かつ説得的に論述できているだけでなく，この具体例を踏まえて，「現代において人々が取り組む必要のある社会正義の実現においても，承認と再分配は孤立して掲げられるのでは不十分である……したがって，私は筆者の意見に賛成である。」旨論述し，筆者の主張に対する自身の見解を的確に論じることができており，出題趣旨に合致する。また，「再配分」と「承認」の関係について深く考察できている。

は，承認だけでも再分配だけでも不十分であり，両者が密接に関連して相互に機能してはじめて社会正義が実現されてきたという歴史がある。

　そうであるとすれば，現代において人々が取り組む必要のある社会正義の実現においても，承認と再分配は孤立して掲げられるのでは不十分であると考えられる。

4　したがって，私は筆者の意見に賛成である。

以　上

※　実際の答案は２頁以内におさまっています。

1　設問1について
　「再配分」とは，資源と富のより公平な配分を指し，「承認」とは，差異を肯定的に扱い，対等な敬意を受ける代償としてマジョリティや支配的文化規範への同化がもはや求めないことである。前者は平等主義的であり，過去１５０年間にわたり社会正義の考察において重要視された。後者はいわば文化的・差異的であり，共産主義の退場（衰退），自由市場イデオロギーの高まり，「アイデンティティ・ポリティクス」の登場により，現代において前者をおさえるほどに高まりを見せている。
　具体的には，前者では北から南への再配分，富者から貧者への再配分，経営者から労働者への再配分，後者ではジェンダーの差異のみならず民族的マイノリティ，人種的マイノリティ，性的マイノリティへの承認などが要求される。
2　設問2について
　「再配分」と「承認」は，現代において，しばしば相互に無関係，しかし両立・共存するものとして掲げられることが，筆者が再配分と承認の両方を必要とすることの論拠になる。両者は相互に打ち消しあうものではなく，しかし全く同一のものではないことは，再配分と承認が社会正義の実現においてそれぞれ担う役割の範囲は重なり合わず，補い合うものであるといえるからである。

　私は筆者の考えに賛成である。
　再配分は，金銭的な平等を志向するものである一方，承認は，文化的な差異の肯定による精神的安定を志向するものである。金銭的平等のみで差別等が残るようでは，憲法が保障するような人間らしい生活をおくる権利が満たされているとはいえない。一方で，いくら文化的差異が肯定されたとしても，金銭的に恵まれなければ，そもそもの生活がままならない可能性がある。
　具体的に，性的マイノリティの人々に関して考察する。
　再配分のみ行われた場合，性的マイノリティの人々に補助金等を与えることで，金銭的な面での生活の向上は図ることができる。マイノリティであるがゆえに法的に保障を受けられない範囲，社会上金銭的に不利益を受けている範囲につき，金銭的援助によって補うことは可能である。もっとも，それだけでは，マイノリティゆえの差別的取り扱いや法的に保障を受けえないことに対する自己肯定感の低下等，精神的な面での安定性は害されたままであり，社会正義が実現されているとはいえない。
　そこで，やはり，金銭的平等を志向する再配分と精神的安定を志向する承認の両方があることによって，はじめて，社会正義が実現されるものと考える。
　　　　　　　　　　　　　　　　　　　　　　以　上

● 　出題趣旨によれば，設問1では，「再配分」及び「承認」の特徴について，適切な具体例を挙げつつ，的確に説明することが求められているところ，本答案は，「再配分」及び「承認」の意義を的確に摘示するとともに，適切な具体例を挙げることができており，出題趣旨に合致する。

● 　本答案は，「再配分」「承認」の両者が無関係，しかし両立・共存するものであること（それぞれ担う役割の範囲は重なり合わず，補い合うものであること）が「社会正義の実現のためには『再配分』と『承認』の両方が必要であり，そのいずれか一方だけでは十分ではない」という筆者の見解の論拠になると考察している。
　そして，本答案は，「再配分」は金銭的平等を志向するもの，「承認」は精神的安定を志向するものと考え，この両者が社会正義の実現に必要であると考えており，両者の内容を踏まえつつ，具体例を挙げて的確に論理展開できている点で，出題趣旨に合致する。

第一　設問1
1　社会正義実現のための手段としての再配分とは，平等主義に基づき資源と富の公平な配分を要求するものである。
　再配分は，過去150年にわたり，社会正義実現のための手段として中心的な立場を有していた。
　例えば，欧米諸国とアフリカや南米諸国の格差についての南北問題においては，豊かな前者から，貧しい後者への支援がその解決策として主張されてきた。
2　社会正義実現のための手段としての承認とは，社会的弱者集団を社会的多数派と対等の存在として，敬意を受けることを要求するものである。
　近年で共産主義の後退，自由市場イデオロギーの高まりにより，承認の要求が高まり，再配分の要求が脱中心化している。
　例えば，上述の南北問題との関係では，承認の要求は，人種マイノリティの存在を認め尊重することで，多数派と共存するという形で現れる。
第二　設問2
1　私は，筆者の考えに賛成である。理由を女性官僚の人数が少ない点につきどのようなアプローチをとるべきかという問いに沿って検討する。
2　再配分による解決手段のみをとり，女性の官僚登用試験に

おけるスコアを上乗せする手段をとった場合，このような方法は，男性官僚への逆差別となるおそれがあり，また，その場しのぎの政策となると考えられる。よって，再配分の方法によるのみでは不十分である。
3　そして，承認による解決手段のみをとり，男女の性差を承認する手段をとった場合，差異に基づく不利益の受忍を強いる結果につながりかねない。そのため，承認による解決手段のみでは不十分である。
4　以上より，両方の手段を用いることが必要である。
　例えば，欧米先進国のように女性の任官数の下限を定め，男性官僚との協調を可能とするため，セミナー等を開くなど，再配分，承認の双方のアプローチにより問題解決を図ることが求められる。

以　上

● 「再配分」の意義を正確に読み解き，その特徴を的確に説明することができている。

● 「再配分」の具体例は，問題文に示されている「北から南への再配分・富者から貧者への再配分・経営者から労働者への……再配分」を摘示すれば十分である。

● 「承認」の特徴も的確に説明することができている。

● 「承認」の具体例も，問題文に示されている「ジェンダーの差異」，「民族的マイノリティ・『人種』的マイノリティ・性的マイノリティに特有なパースペクティヴの承認」を摘示すべきである。

● 本答案は，再現答案①②と異なり，筆者の見解の論拠について考察できていない。

● 「再配分」は，問題文によれば「資源と富のより公正な配分」であるところ，本答案にいう「女性の官僚登用試験におけるスコアを上乗せする手段」が「資源と富のより公正な配分」といえるのか，疑問の余地がある。

● 再現答案①②と比べると，本答案は，具体例の内容や論理展開の説得力に欠ける。

第1　設問1
　「再配分」とは，資源と富のより公正な配分を求めることを特徴とする。例えば，北から南への再配分，富者から貧者への再配分，経営者から労働者への再配分などが挙げられる。
　一方，「承認」とは，対等な敬意を受ける代償としてのマジョリティや支配的文化規範への同化がもはや求められることのない世界を特徴とする。例えば，ジェンダーの差異，民族的マイノリティ，「人権」的マイノリティ，性的マイノリティなどの承認である。
　そして，現在においては，承認の要求が平等主義的再配分の要求に対して優勢になりつつある。

第2　設問2
　私は，筆者の考えに賛成する。
　社会正義の実現のためには，まず経済的な平等が要求されるため，資源と富の「再配分」が要求される。一方，文化的観点からの社会正義の実現においては，むしろ差異を承認することが要求される。
　例えば，アイヌ民族においては，本土の人々に比べて経済的に劣後している面があるため，経済的な面からは富の再分配が必要となる。
　しかし，アイヌ民族には独自の文化，伝統，技術があり，それらが対等な敬意を受ける代償としてマジョリティや支配的文

化規範への同化を求められないことこそが必要となる。
　したがって，「再配分」と「承認」のいずれか一方が欠けても社会正義の実現を図ることはできず，両方が必要となる。
　　　　　　　　　　　　　　　　　　　　　　　　　以　上

● 　本答案は，再現答案①②③が論述できている「再配分」の特徴（過去150年間にわたり社会正義を理論的に考察するときにはほぼたえず，パラダイムとして機能してきたこと）を論述できていない。これは，本答案が「再配分」の「意義」を「特徴」と誤って把握してしまったために起きたミスと考えられる。

● 　本答案も，再現答案③と同様，筆者の見解の論拠について考察することができていない。

● 　本答案は，具体例として「アイヌ民族」を引き合いに出しつつも，論述内容自体はほとんど問題文の引用であり，独自の考察が全くなされておらず，説得力に欠けている。

令和元年

# 問題文

　次の文章は，ハーバート・スペンサー著『政府の適正領域』のうち，「第一の手紙」からの抜粋である。これを読んで，後記の設問に答えなさい。

　（前略）現存の諸政府は複雑で不必要な制度をたくさん抱えているから，それらを分析することから社会の原理に到達しようとすることは，果てしなく面倒な仕事で，そこから何か満足のいく結果を引き出すことは不可能でないとしても極めて難しいだろう。明確な観念を得るためには，われわれは問題を抽象的に考慮し，社会をその原初的条件において想像し，そこからおのずと生ずるであろう状況と要請とを見なければならない。そうすれば，人民と政府との間に存在すべき関係を適切に判断することができよう。

　それでは，人々がいかなる法律をも認めることなしに一緒に生きている——自分自身が帰結を恐れることから生ずる拘束を別にすると，自分の行為にいかなる拘束も課されることなく——自分自身の感情の衝動だけに従い——と想像してみよう。その結果はどうなるか？　弱い者——体力が弱い者か，影響力を持たない者か——はもっと強力な人々によって抑圧される。しかし後者の人々もまた，さらに高位にある人々による専制を経験する。そして最も有力な者といえども，彼らが傷つけた人々が力を合わせて果たそうとする復讐を受けるはめになる。それゆえ万人はすぐに次の結論に至る。——共同体全体の利益も自分個人の利益も，何らかの保護の共通の絆にはいることによって一番よく実現するだろう——。そこで万人は自分の仲間の決定と，ある一般的な制度に従うことに合意する。次第に人口が増え，紛争も多くなるので，彼らはこの仲裁権力を一人あるいは複数の人々に移譲するのが便利だろうと考えるようになる。公共の仕事に費やされる彼らの時間を考慮して，彼らは他の人々によって支えられることになるだろう。ここでわれわれは共同体の要請から自然に発生する政府を持つことになる。だがその要請とは何か？政府は通商の規制——各人にどこで買いどこで売るかを命令すること——という目的から設立されたのか？　人々は自分が信じなければならない宗教，自分が行わねばならない儀式，各日曜日に何度教会に行かねばならないか，といったことを命じてほしいだろうか？　教育がその目的として考えられるだろうか？　人々はチャリティをどう行うか——誰に，どれだけ，どのような仕方で与えるか——を命令してくれるように頼むだろうか？　道路や鉄道といった交流の手段を自分たちのために設計し建設することを要求するだろうか？　家内の業務を指図する——一年のどの時期に自分の牛を殺して，食事の時にどれだけの肉を食べるべきかを命ずる——至高の権力を作り出すだろうか？　要するに，人々は〈全能者〉が社会のメカニズムの設計にあたって無神経だったため政府がいつも介入していなければ何もうまくいかないということがわかったという理由で，政府を欲するだろうか？　否。人々は以下のことを知っている，あるいは知っ

ているべきだ。——社会の法則は，自然な悪が自らを矯正するような性質のものである。神による創造の他の部分と同様に，すべての要素を均衡状態に保つ美しい自己調整原理が社会の中にも存在する。さらに，外的性質への人為的干渉はしばしば正しいバランスを破壊して，矯正されるべき悪よりも大きな悪を産み出すから，共同体の行動のすべてを立法によって規制しようとする試みは，苦しみと混乱以外にはほとんど何ももたらさないだろう。

そうすると，人々は何のために政府を求めるのか？　通商の規制のためでも，人々の教育のためでも，宗教を教えるためでも，チャリティを管理するためでも，道路と鉄道の建設のためでもなく，単に人間の自然権を守るため——人身と財産の保護のため——強者が弱者を襲うのを妨げるため——要するに，正義の執行のためにすぎない。これが政府の自然な，元来の任務だ。政府はそれよりも少ないことも多くのことも行うことを許されるべきではない。

【出典】ハーバート・スペンサー

森村進編訳『ハーバート・スペンサー　コレクション』

〔設問1〕

本文における著者の主張を，10行程度でまとめなさい。

〔設問2〕

本文を著者が記したのは1840年代前半である。当時，イギリスにおいては義務教育も国営鉄道も存在せず，教育や鉄道事業は政府以外の機関・団体によって行われていた。

本文における著者の主張は，今日の社会においてどのように評価し得るか，25行程度で論じなさい。

なお，論述に当たっては，以下のテーマのうち一つを取り上げ，それに対する政府の関与の在り方について，自らの見解を提示すること。

① 商業の規制

② 教育

③ 道路・鉄道の建設

　設問1は，本文から読み取ることのできる著者の主張に関する正確な理解を問うものである。解答に当たっては，政府の成立やその在り方に関する著者の考え方を正確に理解した上で，自分の言葉で的確に論述することが求められる。

　設問2は，上記著者の主張の評価について，各自の見解を問うものである。解答に当たっては，上記主張の根拠や時代的背景等を踏まえた上で，上記主張を今日の社会においてどのように評価し得るかにつき，自身が選択したテーマを題材に自身の立場を明確に示し，説得的に論述することが求められる。また，本文が記された時代からの社会情勢の変化等を意識しつつ，人々の生活や民間の活動に政府が関与することの肯定的側面及び否定的側面について的確に分析し，両者を比較検討した上で，具体的かつ説得的な考察をすることが求められる。

　いずれの設問においても，全体として指定の分量で簡潔に記述する能力も求められる。

▶ **MEMO**

第1　設問1
　現在の政府は複雑で不必要な制度を多く抱えている。
　そもそも，共同体において立法による規制がなければ，弱いもの
は強いものに抑圧され，力関係のみに依存した無秩序の連鎖とな
る。そこで，共同体は仲裁権力として政府に立法による規制を委ね
て共同体の利益の調整を図ることとした。
　もっとも，社会はすべての要素を均衡に保つ自己調整原理が働い
ている。それにもかかわらず，共同体の行動をすべて立法で規制し
ようとすることにより，自己調整により発生した均衡状態が破壊さ
れてしまう。
　そのため，政府は元来の任務としての力関係による無秩序状態か
ら人民の人身と財産の保護を図る必要があり，むしろそれ以上のこ
とはしてはならない。
第2　設問2
　著者の主張が展開された1840年代前半は物的資本・人的資本
がそこまで多くない時代であったため，義務教育を政府以外の機
関・団体に委ねたとしても不都合は生じず，むしろ政府の干渉がこ
れらの発展を阻害していた。
　もっとも，グローバリゼーションにより多様な人的資本や物的資
本がとめどなく流入してくる今日の社会において，著者の主張の前
提となる社会の自己調整原理が機能しないため，かかる著者の主張
は妥当でない。

● 出題趣旨によると，政府の成立や
その在り方に関する著者の考え方を
正確に理解した上で，自分の言葉で
的確に論述することが求められてい
る。本答案は，政府の成立を簡潔に
論述した上で，政府の在り方につい
て，社会に自己調整原理が働いてい
ることを根拠に，政府の任務が無秩
序状態から人民の人身と財産の保護
を図ることであると論述しており，
出題趣旨に全面的に合致する。

　すなわち，単一で固有の価値観のみが社会の当然の前提となって
いた時代には，政府以外の機関や団体が青年に新たな視点や価値観
を提供することを通じて，適切と思われる思想は普及し不適切と思
われる思想は淘汰されていきながら青年の知的探究心が満たされて
いく営みが行われてきた。その意味で，政府以外の機関による多様
な価値観の提供に自己調整原理が働いており，政府による関与は良
しとされてこなかった。
　もっとも，グローバリゼーションによって多様な価値観が流入し
てきた今日では，情報が過剰であり，社会の当然の前提となる価値
観が存在しなくなっている。そのような中で，政府が情報を統制せ
ずに民間に委ねたとすると，自己に都合のいい偏った考えばかりが
提供され，青年がそれを摂取することとなってしまう。したがっ
て，政府が関与しないとなると，自己調整原理による均衡状態が生
まれるどころか，むしろ均衡が破壊される恐れがある。
　確かに，戦前のような政府による一定の思想の押し付けのような
過度な関与は適切ではない。しかしながら，適度な関与として学習
指導要領の制定や教科書指定によって偏りのない価値観に学生が触
れる機会を与えながら，学生自身が何が適切であるかということを
見極めていくという教育のあり方が求められるのだと私は考える。
したがって，自己調整原理がうまく機能しない社会における政府に
よる仲裁権力としての重要性が増してきているのであると思う。
　　　　　　　　　　　　　　　　　　　　　　　　　　以　上

● 著者の主張の根拠である社会の
「自己調整原理」がその当時の時代
的背景においては機能していたこと
や，問題文が記された時代からの社
会情勢の変化を踏まえて，今日の社
会において著者の主張が妥当ではな
いことを明確に示し，説得的に論述
することができており，出題趣旨に
合致する。また，選択したテーマ
（②教育）に対する政府の関与の在
り方について，政府以外の機関・団
体に政府が関与することの肯否両側
面について的確に分析し，両者を比
較検討した上で，具体的かつ適切な
考察をすることができており，出題
趣旨に合致する。

## 再現答案②　A評価（S・Sさん　順位91位）

第1　設問1

　社会の原理に到達しようとするためには，我々は問題を抽象的に考慮し，社会をその原始的諸条件において想像し，そこからおのずと生ずるであろう状況と要請とを見なければならない。人々がいかなる法律にも拘束されることなく生きているという原始的諸条件においては人が自分の衝動だけに従う結果，強者が弱者を虐げるようになるという弊害が生じる。その結果，人々は利益実現のために共通の要請を持つようになる。そこから自然に発生するのが政府である。そして人々が政府に対して要請するのは，社会が神による創造の他の部分と同様にすべての要素を均衡状態に保つ美しい自己調整原理を有していることからすれば，単に人間の自然権を守るため，人身と財産の保護のため，強者が弱者を襲うのを妨げるためという正義の執行のためにすぎない。そのため，政府はこれよりも少ないことも多くのことも行うことを許されるべきではない。

第2　設問2

(1)　②教育について述べていく。

(2)　筆者の考え方によれば，政府は単に人間の自然権，人身と財産の保護，強者から弱者を保護するというような正義の執行のためだけに制度を持つべきであり，過不足は許されないことになるため，教育についての制度を政府が持つことは許されないことになる。

　　今日の社会は，人々の差異を排斥することなく個性として尊重される，差異を受け入れていく社会となり，様々な考えを持つ人々が共存する多様化した社会となっている。このような差異を持つ人々との間で社会が成り

立っているのは同じ共同体に所属する人たちに同一の規範が与えられているためである。つまり，大きな枠組みとしての共通のルールを持つことでそれを基礎とした上で個性を発揮することになるため，社会として成り立たせることができるのである。しかし，筆者のいうように教育について政府が制度を持たず，政府以外の機関・団体に教育を委ね，大枠さえも決めなければ，施される教育内容が機関によって異なり人々が同一の規範を持つことができなくなるため，そもそも社会の存立さえ困難，不可能となってしまう事態が生じる。そのため，今日の社会においては筆者の考え方は支持できない。

(3)　そのため，政府は教育に対して関与し制度を持つべきである。もっとも，政府が教育に関するすべての制度について持つことになると，教育内容などが政府の恣意に歪められ，結果として人々の個性を潰すことに繋がりかねない。そのため，今日の社会における教育部分への政府の関与は，教育制度の大枠の構築の範囲に関してのみ認めるべきである。

　　これにつき日本を例にとってみると，学校教育法で小学校6年，中学校3年という義務教育の制度を定め，教育内容については大枠として法的拘束力のある学習指導要領の作成や教科書検定の制度により定めている。その一方で教育内容の細部については直接の現場のものに委ねるという制度を設けている。

　　かかるように政府が大枠だけ作り，その中身については現場で教える指導者の裁量に委ねることで，差異たる個性を潰さずに人々が同一の規範を持つことができるため効果的だといえる。　　　　　　　　　以　上

● 再現答案②〜④は，いずれも，問題文の文章のうち，第1段落の要約を冒頭に論述しているが，第1段落は，人民と政府との間に存在すべき関係（政府の成立やその在り方）を探るためのアプローチの仕方を述べるにすぎず，これが著者の主張の核心と捉えるのは不適切と思われる。

● 本答案は，著者の主張を今日の社会においてどのように評価し得るかについて，②教育をテーマに掲げ，今日の社会情勢に触れつつ，社会の存立の要件としての「同一の規範」というキーワードを用いて自身の立場を明確に示し，説得的に論述することができている。また，政府が関与することの肯定的側面・否定的側面についても的確に分析することができており，具体的な考察をすることができている。もっとも，著者の主張は1840年代前半のものであり，当時のイギリスでは義務教育も存在しなかったという時代的背景を示すことができていないため，社会情勢の変化を明確に意識できていない点では，出題趣旨に合致せず不十分である。

令和元年

第1　設問1
　人民と政府との間に存在すべき関係を適切に判断するためには問題を抽象的に考慮し、社会をその原初的条件において想像し、そこからおのずと生ずるであろう状況と要請を見るべきである。そして、原初的条件においては強者が弱者を抑圧し、最も有力な者も複数のより弱い者による復讐をうけるため、共同体全体や利益と自分の利益を最大化するために、万人は自分の仲間の決定とある一般的な制度に従うことに合意する。さらに人口や紛争の増加から、共同体の要請により政府が発生する。このような要請を受けて政府が発生したという経緯からすれば、社会の自己調整原理が働く部分にまで政府が介入すべきではなく、政府の任務は人間の人身や財産といった自然権の保護に限られるべきである。

第2　設問2
　本文の著者は、政府が自然権を守る以外の任務を負うものではないと主張するが、むしろ今日の社会においては自然権を守るために政府が多様な任務を担うべきである。
　その例として教育が挙げられる。著者が本文を記した当時のイギリスにおいては義務教育も存在せず、教育は政府以外の機関・団体によって行われていたが、これは今日ほど政府の力が強くなく、教育その他に割けるリソースがなかったことによると考えられる。一方で、現在では社会がより複雑、高度化して

いる。そのため、社会を発展させ幸福の総量を増大させるためには均質な基礎教育の機会を国民に与えることが有効である。また、義務教育のように政府が教育に介入することがないとすると、学歴が職業選択や収入に大きな影響を与える現代社会においては地域や貧富による教育格差が生じ、このような格差が固定化されてしまう。そして、このような格差の放置は実質的には上の者が下の者を抑圧する状態を放置するに等しく、さらには貧困による治安の悪化を招き、結局は人身や財産といった自然権の保護に反する結果につながりうる。
　そうだとすれば、現代では政府の力が大きくなり、義務教育を行うことが可能である以上、自然権の保護という政府の任務を実質的に果たすために、そのような均質な教育を施す形で教育という分野に介入することも必要となると考えられる。
　　　　　　　　　　　　　　　　　　　　　　　以　上

● 問題文の文章のうち、第1段落の要約を述べるべきでない理由については、再現答案②コメント参照。

● 問題文によれば、「人口が増え、紛争も多くなる」と「仲裁権力を一人あるいは複数の人々に移譲するのが便利だ」と考えるようになる。このように、人口と紛争の増加は、政府が発生するプロセスの1つにすぎず、政府の存在やその在り方の核心となるものではないと思われる。

● 本答案は、著者の主張の時代的背景について、政府の力が強くなく教育に割けるリソースがなかったために義務教育が存在しなかったとしているが、「現存の諸政府は複雑で不必要な制度をたくさん抱えている」という問題文の記述（スペンサーは政府の力が大きすぎることを批判するリバタリアニズムの先駆者の一人）からすれば、著者の主張を正しく理解できていない。

● 本答案は、社会がより複雑・高度化し、政府の力が大きくなった今日では、政府が義務教育を行わなければ「人身や財産といった自然権の保護に反する」、「自然権の保護という政府の任務を実質的に果たすために、……教育という分野に介入することも必要となる」旨述べているが、この見解は著者の主張と矛盾するものである。そのため、著者の主張が今日の社会ではどのように評価し得るかについては、社会の中に存在する「自己調整原理」が今日の社会ではどのように働いているのか（働いていないのか）について明確に言及しなければ、説得的な考察ができているとは評価できない。

## 再現答案④　C評価（M・Yさん　順位15位）

設問1

人民と政府の関係は，万人の万人に対する闘争という原初的条件で想像し，その状況からの要請を見なければならない。

原初的条件では，強者が抑圧し，弱者が強者に復讐するということが行われる。そこで，共同体全体の利益や個人の利益を守るために，決定と制度に従う合意がなされる。この決定と制度というものが，共同体から要請される政府である。

もっとも，この政府は，あくまでも自然権を守る限度の任務しか与えられるべきでない。なぜなら，社会には自己調整原理があるため，それ以上の任務はバランスを破壊するからである。

設問2

1　政府は自然権を守る限度に留めるべきであり，教育にも介入すべきでないという主張は，逆に自然権を守れなくなるおそれがあり，教育分野については妥当しない。

2　理由

筆者の1840年代は，産業革命による大量生産，大量消費の流れとなってから数十年しか経っていない。産業革命により単純労働が重視された結果，上流階級以外の児童は労働力として見られており，教育の機会がなかった。つまり，教育の機会を民間に任せると，エリートしか通うことができず，格差の再生産が行われる。

このようにエリートと労働者階級に分かれるとすると，政府は自然権保護という当初の目的すら離れるといえる。

たしかに，政府が教育分野に介入することは，戦前の日本のように，国にとって都合の良い軍国教育などが行われてしまうおそれがある。これこそ「矯正すべき悪よりも大きな悪を生み出す」ともいえる。

しかし，教育内容も民主的に決めたとすれば，上記のようなことは起こらない。

よって，教育分野については筆者の主張が妥当しない。

以　上

● 問題文の文章のうち，第1段落の要約を述べるべきでない理由については，再現答案②コメント参照。

● 出題趣旨によれば，自分の言葉で的確に論述することが求められているところ，本答案の論述は，問題文中の表現の引用・要約がそのほぼすべてを占めており，出題趣旨に合致しない。

● 本問では，「著者の主張は，今日の社会においてどのように評価し得るか」が問われている。しかし，本答案は，本文が記された1840年代前半の教育分野において，著者の主張が妥当しないことを論じるにとどまっており，今日の社会における著者の主張の妥当性については何ら論じられていない。このように，本答案は設問に正面から答えられておらず，そのため，低い評価がなされたものと推察される。

令和元年

司法試験予備試験
論文5年過去問 再現答案から出題趣旨を読み解く。法律実務基礎科目・一般教養科目

2020年6月10日　第1版　第1刷発行
2022年6月10日　　　　　第2刷発行

編著者●株式会社　東京リーガルマインド
　　　　LEC総合研究所　司法試験部

発行所●株式会社　東京リーガルマインド
　　　　〒164-0001　東京都中野区中野4-11-10
　　　　　　　　　アーバンネット中野ビル
　　　　LECコールセンター　　☎ 0570-064-464
　　　　　　　受付時間　平日9:30 ～ 20:00 / 土・祝10:00 ～ 19:00 / 日10:00 ～ 18:00
　　　　　　　※このナビダイヤルは通話料お客様ご負担となります。
　　　　書店様専用受注センター　　TEL 048-999-7581 / FAX 048-999-7591
　　　　　　　受付時間　平日9:00 ～ 17:00 / 土・日・祝休み
　　　　www.lec-jp.com/

印刷・製本●株式会社シナノパブリッシングプレス

©2020 TOKYO LEGAL MIND K.K., Printed in Japan　　　　　　　　ISBN978-4-8449-7197-9
複製・頒布を禁じます。
本書の全部または一部を無断で複製・転載等することは、法律で認められた場合を除き、著作者及び出版者の権利侵害になりますので、その場合はあらかじめ弊社あてに許諾をお求めください。
なお、本書は個人の方々の学習目的で使用していただくために販売するものです。弊社と競合する営利目的での使用等は固くお断りいたしております。
落丁・乱丁本は、送料弊社負担にてお取替えいたします。出版部（TEL03-5913-6336）までご連絡ください。

# 【速修】矢島の速修インプット講座　⮕ Input

## 講義時間数

## 144時間

| | | | |
|---|---|---|---|
| 憲法 | 20時間 | 民訴法 | 16時間 |
| 民法 | 32時間 | 刑訴法 | 16時間 |
| 刑法 | 28時間 | 行政法 | 16時間 |
| 会社法 | 16時間 | | |

### 通信教材発送／Web・音声DL配信開始日

2022/7/4(月)以降、順次

### Web・音声DL配信終了日

2023/9/30(土)

### 使用教材

矢島の体系整理テキスト2023
※レジュメのPDFデータはWebup致しませんのでご注意ください。

### タイムテーブル

講義
4時間　途中10分休憩あり

### 担当講師

矢島 純一
LEC 専任講師

### おためしWeb受講制度

おためしWEB受講制度をお申込みいただくと、講義の一部を無料でご受講いただけます。

詳細はこちら→

### 矢島講座ラインナップ

[速修]矢島の
速修インプット講座

[論完]矢島の
論文完成講座

[短答]矢島の
短答対策シリーズ

[最新]矢島の最新
過去問とヤマ当て講座

[スピチェ]矢島の
スピードチェック講座

選択科目総整理講座
[矢島の労働法]

## 講座概要

　本講座（略称：矢島の【速修】）は、既に学習経験がある受験生や、ほとんど学習経験がなくても短期間で試験対策をしたいという受験生が、**合格するために修得が必須となる事項を効率よくインプット学習**するための講座です。合格に必要な重要論点や判例の分かりやすい解説により科目全体の**本質的な理解を深める講義**と、覚えるべき規範が過不足なく記載され自然と法的三段論法を身に付けながら知識を修得できるテキストが両輪となって、本試験に対応できる実力を養成できます。忙しい毎日の通勤通学などの隙間時間で講義を聴いたり、復習の際にテキストだけ繰り返し読んだり、自分のペースで無理なく合格に必要な全ての重要知識を身に付けられるようになっています。また、本講座は直近の試験の質に沿った学習ができるよう、**テキストや講義の内容を毎年改訂**しているので、本講座を受講することで直近の試験考査委員が受験生に求めている知識の質と広さを理解することができ、試験対策上、誤った方向に行くことなく、**常に正しい方向に進んで確実に合格する力**を修得することができます。

## 講座の特長

### 1 重要事項の本質を短期間で理解するメリハリある講義

　最大の特長は、**分かりやすい講義**です。全身全霊を受験指導に傾け、寝ても覚めても法律のことを考えている矢島講師の講義は、思わず惹き込まれるほど面白く分かりやすいので、忙しい方でも途中で挫折することなく受講できると好評を博しています。講義中は、日頃から過去問研究をしっかりとしている矢島講師が、**試験で出題されやすい事項を、試験で出題される質を踏まえて解説**するため、講義を聴いているだけで確実に合格に近づくことができます。

### 2 司法試験の合格レベルに導く質の高いテキスト

　使用するテキストは、**全て矢島講師が責任をもって作成**しており、合格に必要な重要知識が体系ごとに整理されています。**受験生に定評のある基本書、判例百選、重要判例集、論証集の内容がコンパクト**にまとめられており、試験で出題されそうな事項を「矢島の体系整理テキスト」だけで学べます。矢島講師が過去問をしっかりと分析した上で、合格に必要な知識をインプットできるようにテキストを作成しているので、**試験に不必要な情報は一切なく、合格に直結する知識を短時間で効率よく吸収できるテキスト**となっています。すべての知識に**重要度のランク付け**をしているため一目で覚えるべき知識が分かり、受験生が講義を**復習しやすい工夫**もされています。また、テキストの改訂を毎年行い、**法改正や最新判例に完全に対応**しています。

### 3 短答対策だけでなく論文対策にも直結するインプットを実現

　論文試験では、**問題文中の事実に評価を加えた上で法的な規範にあてはめて一定の結論を導くという法的三段論法**をする能力の有無が問われます。論文試験に通用する学力を修得するには、知識のインプットの段階でも、法的三段論法をするために必要な知識を修得しているということを**意識することが重要**です。矢島の【速修】のテキストは、論文試験で書く重要な論点については、規範と当てはめを区別して記載しており、**講義では規範のポイントや当てはめの際の事実の評価の仕方のコツを分かりやすく**説明しています。講師になってからも論文の答案を書き続けている矢島講師にしかできない質の高いインプット講義を聴いて、**合格に必要な法的三段論法をする能力を身に付けて合格**を確実なものとしてください！

## 通学スケジュール ☐ …無料で講義を体験できます。

| 科目 | 回数 | 日程 |
|---|---|---|
| 憲法 | 1 | 22.5.28（土） |
| | 2 | 31（火） |
| | 3 | 6.4（土） |
| | 4 | 7（火） |
| | 5 | 11（土） |
| 民法 | 1 | 6.14（火） |
| | 2 | 18（土） |
| | 3 | 21（火） |
| | 4 | 25（土） |
| | 5 | 28（火） |
| | 6 | 7.2（土） |
| | 7 | 5（火） |
| | 8 | 12（火） |
| 刑法 | 1 | 7.16（土） |
| | 2 | 19（火） |
| | 3 | 23（火） |
| | 4 | 26（火） |
| | 5 | 30（土） |
| | 6 | 8.2（火） |
| | 7 | 6（土） |
| 会社法 | 1 | 8.9（火） |
| | 2 | 16（火） |
| | 3 | 20（土） |
| | 4 | 23（土） |
| 民訴法 | 1 | 8.27（土） |
| | 2 | 30（火） |
| | 3 | 9.3（土） |
| | 4 | 6（火） |
| 刑訴法 | 1 | 9.10（土） |
| | 2 | 13（火） |
| | 3 | 17（土） |
| | 4 | 20（火） |
| 行政法 | 1 | 9.24（土） |
| | 2 | 27（火） |
| | 3 | 10.1（土） |
| | 4 | 4（火） |

18：00～22：00

**生講義実施校**

**水道橋本校**　03-3265-5001

〒101-0061　千代田区神田三崎町2-2-15　Daiwa三崎町ビル（受付1階）

JR水道橋駅東口より徒歩3分、都営三田線水道橋駅より徒歩5分。
都営新宿線・東京メトロ半蔵門線神保町駅A4出口から徒歩8分。
■受付／平日11:00～21:00 土・日・祝9:00～19:00
■開室／平日9:00～22:00 土・日・祝9:00～20:00

※通学生限定、Webフォローについては水道橋本校にお問い合わせください。
※通学生には、講義当日に教室内で教材を配布いたします。

## 通信スケジュール

| 科目 | 回数 | 教材・DVD発送/Web・音声DL配信開始日 |
|---|---|---|
| 憲法 | 1 | |
| | 2 | |
| | 3 | 22.7.4（月） |
| | 4 | |
| | 5 | |
| 民法 | 1 | |
| | 2 | |
| | 3 | |
| | 4 | 8.1（月） |
| | 5 | |
| | 6 | |
| | 7 | |
| | 8 | |
| 刑法 | 1 | |
| | 2 | |
| | 3 | |
| | 4 | 8.29（月） |
| | 5 | |
| | 6 | |
| | 7 | |
| 会社法 | 1 | |
| | 2 | |
| | 3 | 9.12（月） |
| | 4 | |
| 民訴法 | 1 | |
| | 2 | |
| | 3 | 9.26（月） |
| | 4 | |
| 刑訴法 | 1 | |
| | 2 | |
| | 3 | 10.11（火） |
| | 4 | |
| 行政法 | 1 | |
| | 2 | |
| | 3 | 10.24（月） |
| | 4 | |

## 受講料

| 受講形態 | 科目 | 回数 | 講義形態 | 一般価格 | 大学生協・書籍部価格 | 代理店書店価格 | 講座コード |
|---|---|---|---|---|---|---|---|
| | | | | | 税込（10%） | | |
| 通学・通信 | 一括 | 36 | Web※1 | 112,200円 | 106,590円 | 109,956円 | 通学：LA22587<br>通信：LB22597 |
| | | | DVD | 145,750円 | 138,462円 | 142,835円 | |
| | 憲法 | 5 | Web※1 | 19,250円 | 18,287円 | 18,865円 | |
| | | | DVD | 25,300円 | 24,035円 | 24,794円 | |
| | 民法 | 8 | Web※1 | 30,800円 | 29,260円 | 30,184円 | |
| | | | DVD | 40,150円 | 38,142円 | 39,347円 | |
| | 刑法 | 7 | Web※1 | 26,950円 | 25,602円 | 26,411円 | |
| | | | DVD | 35,200円 | 33,440円 | 34,496円 | |
| | 会社法/民訴法/刑訴法/行政法※2 | 各4 | Web※1 | 15,400円 | 14,630円 | 15,092円 | |
| | | | DVD | 19,800円 | 18,810円 | 19,404円 | |

※1 音声DL＋スマホ視聴付き　※2 いずれか1科目あたりの受講料となります

■一般価格とは、LEC各本校・LEC提携校・LEC通信事業本部・LECオンライン本校にてお申込される場合の受付価格です。　■大学生協・書籍部価格とは、LECと代理店契約を結んでいる大学内の生協、購買会、書店にてお申込される場合の受付価格です。　■代理店書店価格とは、LECと代理店契約を結んでいる一般書店（大学内の書店は除く）にてお申込される場合の受付価格です。　■上記大学生協・書籍部価格、代理店書店価格を利用される場合は、必ず本冊子を代理店窓口までご持参ください。

【解約・返品について】　1. 弊社所定定書面をご提出下さい。実施済受講料、手数料等を清算の上返金します。教材等の返送料はご負担頂きます（LEC申込規定第3条参照）。
　　　　　　　　　　　2. 詳細はLEC申込規定（http://www.lec-jp.com/kouzamoushikomi.html）をご覧下さい。

**教材のお届けについて**　通信教材発送日が複数回に分けて設定されている講座について、通信教材発送日を過ぎてお申込みいただいた場合、それまでの教材をまとめてお送りするのに10日程度のお時間を頂いております。また、そのお待ちいただいている間に、次回の教材発送日が到来した場合、その教材は発送日通り送られるため、学習順序と、通信教材の到着順序が前後する場合がございます。予めご了承下さい。*詳細はこちらをご確認ください。→
https://online.lec-jp.com/statics/guide_send.html

**LEC Webサイト** ▷▷▷ **www.lec-jp.com/**

## 📖 情報盛りだくさん！

 資格を選ぶときも、
講座を選ぶときも、
最新情報でサポートします！

### 最新情報
各試験の試験日程や法改正情報、対策講座、模擬試験の最新情報を日々更新しています。

### 資料請求
講座案内など無料でお届けいたします。

### 受講・受験相談
メールでのご質問を随時受付けております。

### よくある質問
LECのシステムから、資格試験についてまで、よくある質問をまとめました。疑問を今すぐ解決したいなら、まずチェック！

### 書籍・問題集（LEC書籍部）
LECが出版している書籍・問題集・レジュメをこちらで紹介しています。

## 📖 充実の動画コンテンツ！

 ガイダンスや講演会動画、
講義の無料試聴まで
Webで今すぐCheck！

### 動画視聴OK
パンフレットやWebサイトを見てもわかりづらいところを動画で説明。いつでもすぐに問題解決！

### Web無料試聴
講座の第1回目を動画で無料試聴！気になる講義内容をすぐに確認できます。

スマートフォン・タブレットからはQRコードでのアクセスが便利です。 ▷ ▷▷

## ● 自慢の メールマガジン 配信中！ （登録無料）

LEC講師陣が毎週配信！ 最新情報やワンポイントアドバイス、改正ポイントなど合格に必要な知識をメールにて毎週配信。

# www.lec-jp.com/mailmaga/

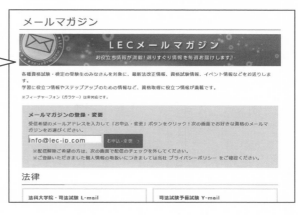

## ● LEC E学習センター

新しい学習メディアの導入や、Web学習の新機軸を発信し続けています。また、LECで販売している講座・書籍などのご注文も、いつでも可能です。

# online.lec-jp.com/

## LEC 電子書籍シリーズ

LECの書籍が電子書籍に！ お使いのスマートフォンやタブレットで、いつでもどこでも学習できます。

※動作環境・機能につきましては、各電子書籍ストアにてご確認ください。

# www.lec-jp.com/ebook/

LEC書籍・問題集・レジュメの紹介サイト **LEC書籍部** www.lec-jp.com/system/book/

- LECが出版している書籍・問題集・レジュメをご紹介
- 当サイトから書籍などの直接購入が可能(＊)
- 書籍の内容を確認できる「チラ読み」サービス
- 発行後に判明した誤字等の訂正情報を公開

＊商品をご購入いただく際は、事前に会員登録(無料)が必要です。
＊購入金額の合計・発送する地域によって、別途送料がかかる場合がございます。

※資格試験によっては実施していないサービスがありますので、ご了承ください。

# LEC 全国学校案内

*講座のお問合せ、受講相談は最寄りのLEC各校へ

## LEC本校

### ■北海道・東北

**札 幌**本校　☎011(210)5002
〒060-0004 北海道札幌市中央区北4条西5-1　アスティ45ビル

**仙 台**本校　☎022(380)7001
〒980-0022 宮城県仙台市青葉区五橋1-1-10　第二河北ビル

### ■関東

**渋谷駅前**本校　☎03(3464)5001
〒150-0043 東京都渋谷区道玄坂2-6-17　渋東シネタワー

**池 袋**本校　☎03(3984)5001
〒171-0022 東京都豊島区南池袋1-25-11　第15野萩ビル

**水道橋**本校　☎03(3265)5001
〒101-0061 東京都千代田区神田三崎町2-2-15　Daiwa三崎町ビル

**新宿エルタワー**本校　☎03(5325)6001
〒163-1518 東京都新宿区西新宿1-6-1　新宿エルタワー

**早稲田**本校　☎03(5155)5501
〒162-0045 東京都新宿区馬場下町62　三朝庵ビル

**中 野**本校　☎03(5913)6005
〒164-0001 東京都中野区中野4-11-10　アーバンネット中野ビル

**立 川**本校　☎042(524)5001
〒190-0012 東京都立川市曙町1-14-13　立川MKビル

**町 田**本校　☎042(709)0581
〒194-0013 東京都町田市原町田4-5-8　町田イーストビル

**横 浜**本校　☎045(311)5001
〒220-0004 神奈川県横浜市西区北幸2-4-3　北幸GM21ビル

**千 葉**本校　☎043(222)5009
〒260-0015 千葉県千葉市中央区富士見2-3-1　塚本大千葉ビル

**大 宮**本校　☎048(740)5501
〒330-0802 埼玉県さいたま市大宮区宮町1-24　大宮GSビル

### ■東海

**名古屋駅前**本校　☎052(586)5001
〒450-0002 愛知県名古屋市中村区名駅4-6-23　第三堀内ビル

**静 岡**本校　☎054(255)5001
〒420-0857 静岡県静岡市葵区御幸町3-21　ペガサート

### ■北陸

**富 山**本校　☎076(443)5810
〒930-0002 富山県富山市新富町2-4-25　カーニープレイス富山

### ■関西

**梅田駅前**本校　☎06(6374)5001
〒530-0013 大阪府大阪市北区茶屋町1-27　ABC-MART梅田ビル

**難波駅前**本校　☎06(6646)6911
〒542-0076 大阪府大阪市中央区難波4-7-14　難波フロントビル

**京都駅前**本校　☎075(353)9531
〒600-8216 京都府京都市下京区東洞院通七条下ル2丁目
東塩小路町680-2　木村食品ビル

**京 都**本校　☎075(353)2531
〒600-8413　京都府京都市下京区烏丸通仏光寺下ル
大政所町680-1 第八長谷ビル

**神 戸**本校　☎078(325)0511
〒650-0021 兵庫県神戸市中央区三宮町1-1-2　三宮セントラルビル

### ■中国・四国

**岡 山**本校　☎086(227)5001
〒700-0901 岡山県岡山市北区本町10-22　本町ビル

**広 島**本校　☎082(511)7001
〒730-0011 広島県広島市中区基町11-13　合人社広島紙屋町アネクス

**山 口**本校　☎083(921)8911
〒753-0814 山口県山口市吉敷下東 3-4-7　リアライズⅢ

**高 松**本校　☎087(851)3411
〒760-0023 香川県高松市寿町2-4-20　高松センタービル

**松 山**本校　☎089(961)1333
〒790-0003 愛媛県松山市三番町7-13-13　ミツネビルディング

### ■九州・沖縄

**福 岡**本校　☎092(715)5001
〒810-0001 福岡県福岡市中央区天神4-4-11　天神ショッパーズ福岡

**那 覇**本校　☎098(867)5001
〒902-0067 沖縄県那覇市安里2-9-10　丸姫産業第2ビル

### ■EYE関西

**EYE 大阪**本校　☎06(7222)3655
〒530-0013　大阪府大阪市北区茶屋町1-27　ABC-MART梅田ビル

**EYE 京都**本校　☎075(353)2531
〒600-8413　京都府京都市下京区烏丸通仏光寺下ル
大政所町680-1 第八長谷ビル

【LEC公式サイト】www.lec-jp.com/　QRコードから　かんたんアクセス!

## LEC提携校

\* 提携校はLECとは別の経営母体が運営をしております。
\* 提携校は実施講座およびサービスにおいてLECと異なる部分がございます。

### ■ 北海道・東北

**北見駅前校【提携校】** ☎0157(22)6666
〒090-0041　北海道北見市北1条西1-8-1　一燈ビル　志学会内

**八戸中央校【提携校】** ☎0178(47)5011
〒031-0035　青森県八戸市寺横町13　第1朋友ビル　新教育センター内

**弘前校【提携校】** ☎0172(55)8831
〒036-8093　青森県弘前市城東中央1-5-2
まなびの森　弘前城東予備校内

**秋田校【提携校】** ☎018(863)9341
〒010-0964　秋田県秋田市八橋鯉沼町1-60
株式会社アキタシステムマネジメント内

### ■ 関東

**水戸見川校【提携校】** ☎029(297)6611
〒310-0912　茨城県水戸市見川2-3092-3

**所沢校【提携校】** ☎050(6865)6996
〒359-0037　埼玉県所沢市くすのき台3-18-4　所沢K・Sビル
合同会社LPエデュケーション内

**東京駅八重洲口校【提携校】** ☎03(3527)9304
〒103-0027　東京都中央区日本橋3-7-7　日本橋アーバンビル
グランデスク内

**日本橋校【提携校】** ☎03(6661)1188
〒103-0025　東京都中央区日本橋茅場町2-5-6　日本橋大江戸ビル
株式会社大江戸コンサルタント内

**新宿三丁目駅前校【提携校】** ☎03(3527)9304
〒160-0022　東京都新宿区新宿2-6-4　KNビル　グランデスク内

### ■ 東海

**沼津校【提携校】** ☎055(928)4621
〒410-0048　静岡県沼津市新宿町3-15　萩原ビル
M-netパソコンスクール沼津校内

### ■ 北陸

**新潟校【提携校】** ☎025(240)7781
〒950-0901　新潟県新潟市中央区弁天3-2-20　弁天501ビル
株式会社大江戸コンサルタント内

**金沢校【提携校】** ☎076(237)3925
〒920-8217　石川県金沢市近岡町845-1　株式会社アイ・アイ・ピー金沢内

**福井南校【提携校】** ☎0776(35)8230
〒918-8114　福井県福井市羽水2-701　株式会社ヒューマン・デザイン内

### ■ 関西

**和歌山駅前校【提携校】** ☎073(402)2888
〒640-8342　和歌山県和歌山市友田町2-145
KEG教育センタービル　株式会社KEGキャリア・アカデミー内

### ■ 中国・四国

**松江殿町校【提携校】** ☎0852(31)1661
〒690-0887　島根県松江市殿町517　アルファステイツ殿町
山路イングリッシュスクール内

**岩国駅前校【提携校】** ☎0827(23)7424
〒740-0018　山口県岩国市麻里布町1-3-3　岡村ビル　英光学院内

**新居浜駅前校【提携校】** ☎0897(32)5356
〒792-0812　愛媛県新居浜市坂井町2-3-8　パルティフジ新居浜駅前店内

### ■ 九州・沖縄

**佐世保駅前校【提携校】** ☎0956(22)8623
〒857-0862　長崎県佐世保市白南風町5-15　智翔館内

**日野校【提携校】** ☎0956(48)2239
〒858-0925　長崎県佐世保市椎木町336-1　智翔館日野校内

**長崎駅前校【提携校】** ☎095(895)5917
〒850-0057　長崎県長崎市大黒町10-10　KoKoRoビル
minatoコワーキングスペース内

**沖縄プラザハウス校【提携校】** ☎098(989)5909
〒904-0023　沖縄県沖縄市久保田3-1-11
プラザハウス　フェアモール　有限会社スキップヒューマンワーク内

※上記は2022年5月1日現在のものです。

# 書籍の訂正情報の確認方法と
# お問合せ方法のご案内

このたびは、弊社発行書籍をご購入いただき、誠にありがとうございます。
万が一誤りと思われる箇所がございましたら、以下の方法にてご確認ください。

## 1 訂正情報の確認方法

発行後に判明した訂正情報を順次掲載しております。
下記サイトよりご確認ください。

## www.lec-jp.com/system/correct/

## 2 お問合せ方法

上記サイトに掲載がない場合は、下記サイトの入力フォームより
お問合せください。

## lec.jp/system/soudan/web.html

フォームのご入力にあたりましては、「Web教材・サービスのご利用について」の
最下部の「ご質問内容」に下記事項をご記載ください。

> ・対象書籍名（○○年版、第○版の記載がある書籍は併せてご記載ください）
> ・ご指摘箇所（具体的にページ数の記載をお願いします）

お問合せ期限は、次の改訂版の発行日までとさせていただきます。
また、改訂版を発行しない書籍は、販売終了日までとさせていただきます。

※インターネットをご利用になれない場合は、下記①～⑤を記載の上、ご郵送にてお問合せください。
①書籍名、②発行年月日、③お名前、④お客様のご連絡先（郵便番号、ご住所、電話番号、FAX番号）、⑤ご指摘箇所
　送付先：〒164-0001 東京都中野区中野4-11-10 アーバンネット中野ビル
　　　　　東京リーガルマインド出版部 訂正情報係

> ・正誤のお問合せ以外の書籍の内容に関する質問は受け付けておりません。
>  また、書籍の内容に関する解説、受験指導等は一切行っておりませんので、あらかじ
>  めご了承ください。
> ・お電話でのお問合せは受け付けておりません。

# 講座・資料のお問合せ・お申込み

## LECコールセンター 0570-064-464

受付時間：平日9：30～20：00／土・祝10：00～19：00／日10：00～18：00
※このナビダイヤルの通話料はお客様のご負担となります。
※このナビダイヤルは講座のお申込みや資料のご請求に関するお問合せ専用ですので、書籍の正誤に関する
　ご質問をいただいた場合、上記「②正誤のお問合せ方法」のフォームをご案内させていただきます。